JN450895

다문화 가정과 부모교육

이신동 · 김진호 · 이상희
이경숙 · 차재경 · 황은진 · 주소영

창지사

머리말

이제 우리는 다양성을 수용할 수밖에 없는 사회에 살고 있다. 문화적 다양성, 경제적 다양성, 인종적 다양성, 종교적 다양성 등등. 이런 다양한 사회에 잘 적응하는 일은 우리가 발전시켜 나아가야 할 역량이자 재능이다. 이제 국가는 이런 다양성을 적극적으로 수용하고, 이를 국가 발전에 잘 활용하는 일에 관심을 가져야 할 것이다. 특히 문화적 다양성은 이제 선택사항이 아니고, 필수사항이다.

우리는 다른 선진국들, 즉 미국과 같은 나라에 비해 상당히 늦게 다문화 생태 환경으로 진입했다. 미국은 처음부터 다양한 이주민을 기반으로 출발하였지만, 우리는 밀레니엄을 전후로 사회·문화적인 변화의 흐름에 편승하면서 다문화 환경에 직면하게 되었다. 다문화 국가에 진입하게 되면 다양한 문화적 배경을 가진 사람들이 서로 얽혀 살아야 하는데 이 과정에서 여러 가지 문제가 나타나게 된다. 그중 교육적 문제가 가장 해결하기 어려운 것으로 타문화에서 나타나는 지적 가치의 혼란, 주류 사회의 수용과 적응, 문화가 다른 학교생활에 적응, 이중언어의 습득 등이 그것이다. 이러한 교육관련 이슈들을 해결하기 위한 기초적 해결 방안으로 다문화 가정의 부모교육이 대안이 될 수 있을 것이다.

다문화 사회의 교육적 문제를 해결하는 중요한 열쇠 중 하나는 다문화 아동을 기르는 부모교육에서 찾을 수 있다. 우리나라에 살고 있는 다문화 가정은 대개 경제적으로 뒤처진 경제적 소외계층이 대부분이다. 따라서 다문화에 대한 인식이 부족하거나 아동을 가르치는 방법이나 사회에 적응시키는 기술이 부족하다. 특히 동남아시아를 비롯한 개발도상국에서 이주한 노동자 또는 결혼이주민 계층이 많아 자녀의 교육과 사회적 성공에 대한 관심뿐만 아니라 자녀양육을 위한 지식 수준이 낮은 편이다. 따라서 이런 다문화 가정의 자녀들을 우리 사회에 잘 적응시키고 주류로 합류시키기 위해서는 다문화 가정의 부모들을 대상으로 하는 교육이 절실하다고 생각된다.

이 책은 한국연구재단이 인문사회분야 중점연구소로 지정한 순천향대학교 특수아동교육연구소(SECI)에서 수행하는 연구의 일환으로 집필되었다. 우리 연구소는 '소외계층과 다문화 가정의 장애·영재 학생들을 위한 한국형 헤드 스타트 프로그램 개발 및 적용'이라는 연구주제로 지난 3년간 연구를 수행해 왔다. 소외계층 및 다문화 가정의 아동이 장애 위험군 아동이 되지 않도록 적절한 프로그램을 개발하고, 조기에 중재하여 이들에게 전문적인 지원 서비스 제공을 목적으로 하고 있다. 또한 이런 가정에 태어난 우수한 영재아동이 있다면 조기에 발굴하여 그들이 가지고 있는 잠재력을 적극 계발(啓發)하려는 것이다. 국내에서 이런 소외계층 및 다문화 가정의 아이들을 돕는 일은 멀리 아프리카나 동남아시아 국가에 가서 돕는 봉사활동과 버금가는 일이며 유니세프나 UN과 같은 단체들이 하는 국제적인 지원과도 같은 의미를 갖는다고 할 수 있다.

이 책은 총 10장으로 구성되었다. 그 구성을 살펴보면, 1장 다문화 사회와 교육, 2장 다문화 사회의 아동과 가족의 이해, 3장 다문화 가정의 이해, 4장 다문화 가정 부모교육, 5장 부모교육 프로그램, 6장 다문화 가정 부모의 역할과 자질, 7장 다문화 가정 부모의 양육태도와 부모-자녀 관계, 8장 다문화 특수아동과 가정의 이해, 9장 부모상담, 10장 다문화 가정 부모교육의 실제 운영 등이다.

특히 이 책은 다문화 가정 및 가족에 대한 이해뿐만 아니라 다문화 가정의 부모교육의 방법, 부모교육 프로그램, 부모의 양육 태도와 부모-자녀 관계에 대한 이해, 다문화 가정의 특수아동 이해, 부모상담, 마지막으로 다문화 가정 부모교육의 실제 운영사례 등 다문화 부모교육과 관련된 내용을 총 망라하여 다루고 있다. 이 책은 교사를 양성하는 교육대학이나 사범대학 학생들을 위한 교재로 사용되면 좋을 것으로 보인다. 이 책 속에는 아직 여러 가지 부족한 부분이 있지만 다문화 가정의 부모교육에 대한 적절한 책이 출판되지 않은 실정이기에 부족하나마 교사를 위한 다문화 가정 부모교육에 미력하나마 도움이 되기를 기대해 본다.

이 책이 나오기까지 여러모로 도움을 주신 창지사의 김기섭 사장님과 편집을 맡아주신 직원들에게 심심한 감사를 드리며, 원고 집필과 교정을 위해 긴 시간 동안 여러 자료와 씨름하며 애를 쓴 우리 SECI의 황은진 박사, 이경숙 박사, 차재경 박사, 주소영 박사에게 모든 공을 돌리고 감사드리고 싶다.

2017. 12

학성산이 보이는 연구실에서

대표저자 이 신 동

차 례

1
다문화 사회와 교육

■ 학습목표

1. 다문화주의에 대한 다양한 관점을 안다.
2. 다문화교육에 대한 개념 모형을 이해한다.
3. 한국의 다문화교육현황을 알고, 정부 부처의 다양한 다문화교육정책을 알고 적용할 수 있는 다문화 역량을 가진다.

한국사회는 외국인 노동자와 유학생, 국제 결혼가정 등의 증가로 다양한 인종과 문화가 공존하는 다문화 사회가 되어 가고 있으며 이런 다문화 추이는 우리나라뿐 아니라 세계 다른 나라에서도 나타나는 현상이다. 다문화 사회에 대해 이해하고 다문화 사회에 적응할 수 있는 역량을 가지기 위해서 본 장에서는 다문화주의에 대한 다양한 입장과 다문화교육 이론에 대해 알아보고자 한다. 그리고 우리나라의 다문화 가정 자녀의 교육 현황과 교육부, 여성가족부, 통일부 등 정부 주요 부처의 다문화 가정 아동을 지원하는 교육 정책에 대해 살펴보고자 한다.

1. 다문화교육의 이해

일반적으로 둘 이상의 다양한 인종이나 민족, 언어, 종교, 사회문화적 배경을 지닌 구성원으로 이루어진 사회를 다문화 사회라고 부른다. 다문화주의 철학자인 테일러(Taylor, 1992)는 사회의 문화적 주류집단이 소수집단의 문화를 존중하고 그 지위를 동등한 것으로 인정하는 '인정의 정치(politics of recognition)'를 다문화주의라고 정의하였다(장인실 외, 2012 재인용). 다문화주의는 초기에는 민족 및 인종 관점에서 소수 집단을 인정하는 데에 사용되었지만, 현재는 언어, 종교, 성, 성적 지향성, 장애 등 다양한 측면에서의 사회적 소수 집단과 다양한 문화 주체가 사회적으로 상호 존중하며 화합하는 확대된 개념으로 사용되고 있다. 또한 다문화주의는 민족적, 문화적, 종교적 서구 중심의 세계관에서 벗어나 개인 및 사회·문화적 소수 집단을 인정하는 문화적 다양성이 공존하는 세계사회를 추구하는 세계시민사회 개념과 연관되어 있다. 다문화주의는 문화의 우열을 가리지 않고 다양한 문화를 그대로 인정하며, 다양한 문화와 인종이 함께 조화된 공존의 상태를 말한다.

1) 다문화교육

다문화는 한 사회 안에 민족, 인종, 문화, 종교 등에 있어서 정체성을 달리하는 다양한 집단이 존재하는 현상을 말한다(김태원, 김유리, 2011). 한 사회에 존재하는 다문화는 사회의 주류 문화나 계층에 의해 통제되거나 관리되어 차별과 배제를 받아 왔다. 다문화주의란 사회에 존재하는 인종적, 민족적, 종교적, 문화적 다양성이 차별이나 배제되지 않고 인정되며, 교육 및 사회 복지 및 권리에서 형평성을 지원하며 보장하는 것을 말한다(변수정 외, 2014).

강제적 또는 자발적 이민에 의해 다양한 인종과 문화가 공존하게 된 미국, 유럽 국가를 중심으로 다문화와 다문화교육에 대한 논의가 시작되었다. 특히 미국의 다문화주의는 교육, 정치, 사회 전반에 뿌리 깊게 있는 흑인에 대한 인종 차별에 대한 저항과 차별을 없애기 위한 시민운동과 연계되어 발달하여, 어떤 개인도 자신이 속한 인종이나 민족의 차별로 인해 차별받지 않는 다문화주의를 형성하게 되었다. 인종 차별에 대한 저항과 정의 운동은 인종뿐 아니라 성, 종교, 성 취향성 등에 있어 다양성과 다양한 관점을 수용하는 것으로 확대되었다.

다문화주의는 태도나 사고와 관련된 철학으로 한정되는 관념이 아니라, 모든 교과목에 포함되며, 학습될 수 있는 교과 내용이다(Howe & Lisi, 2017). 다문화교육을 다른 나라에 대한 문화, 지식을 학습하는 것과 혼동할 수 있다. 예를 들어 일본의 풍습, 문화, 언어, 음식 등에 대해 배우는 것은 일본에 대해 배우는 것이다. 다문화교육은 한국에 거주하는 일본인이나 일본인 부모를 둔 한국 국적의 아동과 그 가정이 가지는 풍습, 문화, 가치 등에 대해 공부하는 것이다.

다문화교육에 대한 대표적인 학자들의 정의는 다음과 같다.

뱅크스는 다문화교육이란 학교 교육 개혁운동의 일환으로서 학교나 다른 교육기관을 변화시키고자 모든 사회계층, 성별, 인종, 그리고 문화 집단 등이 학습을 위해 균등한 기회를 갖는 것이라고 정의하고 있다(Banks, 2008). 따라서 다문화교육이란 교육에서 성별, 인종, 신앙, 정치성향, 경제력 등에 의해 차별받지 않고 자신의 잠재능력을 발현할 수 있도록 모든 사람이 동일하게 교육기회를 제공받는 기회균등을 의미한다. 뱅크스는 다문화교육은 최소한 개념이며 사회개혁운동이며, 과정이라고 보고 있다(Banks & Banks, 2010).

베넷은 다문화교육이란 민주주의 가치관과 신념에 기초하여 문화적으로 다양한 사회에서 문화적 다원주의를 지지하는 교수-학습 접근법이라고 설명하고 있다(Bennett, 2007). 즉 다문화교육은 사회주류문화가 아닌 다양한 문화가 선호하는 교수 방법들을 사용하여 학생들이 가진 잠재능력을 최대한 발현할 수 있도록 지원하는 교육이다(서종남, 2011). 베넷은 다문화교육의 목적으로 역사를 보는 다양한 관점 개발, 자문화의식 강화, 문화교류능력 강화, 인종주의·성차별주의·다른 유형의 편견과 차별에 대한 저항, 자신이 속한 지역과 세계 권력의 유기체 관계에 대한 인지, 사회 참여 능력 향상을 제시하였다(Howe & Lisi, 2017).

미국 다문화교육학회(National Association of Multicultural Education, NAME)는 다문화교육은 “사회 정의, 형평, 동등, 인간 존엄성”과 연관되어 있으며 학생들이 민주사회에서 살아가는 데 필요한 태도와 가치를 배우며, 모든 학생이 학업에 있어 높은 성취 수준을 이루도록 돕는 교육으로 정의하고 있다. 미국의 다문화교육은 지금까지 유럽·미국 백인, 기독교, 남성의 사회 지배계층 중심관점(White Anglo-Saxon Protestant, WASP)에서 벗어나서 사회에서 소수자인 유색인종, 여성, 경제적 취약계층의 목소리를 반영할 수 있도록 교육과정과 내용을 변화하려는 운동으로, 교육에서 다양한 문화와 계층의 현실적 필요를 충족하는 교육 철학이며 교육 운동이다. 따라서 다문화교육은 교수, 학습, 학업 성취에 있어 문화가 미치는 영향을 인지하며, 사회 정의와 형평성이 교육의 중요한 쟁점임을 역설하는 교육 모형으로(Howe & Lisi, 2017), 주류 문화, 인종, 종교, 성 등에 있어 편견이나 편애 같은 사고 경향에 대해 학생들이 비판적 사고를 할 수 있고, 편견에 대해 적극적으로 대응할 수 있으며, 다양한 사람과 상호작용할 수 있도록 가르치는 교육이다(신순식, 김태선, 신은정, 2010).

2) 다문화교육의 개념 모형

(1) 제임스 뱅크스(James Banks)의 다문화교육과정 개혁에 대한 4가지 접근법

제임스 뱅크스는 다문화교육을 학생들의 참여 정도와 활동 내용에 따라 4단계로 제시하는 다문화교육과정 개혁 모형을 제시하였다(Banks, 2008).

〈표 1-1〉 뱅크스의 다문화교육과정 개혁에 대한 4가지 접근법

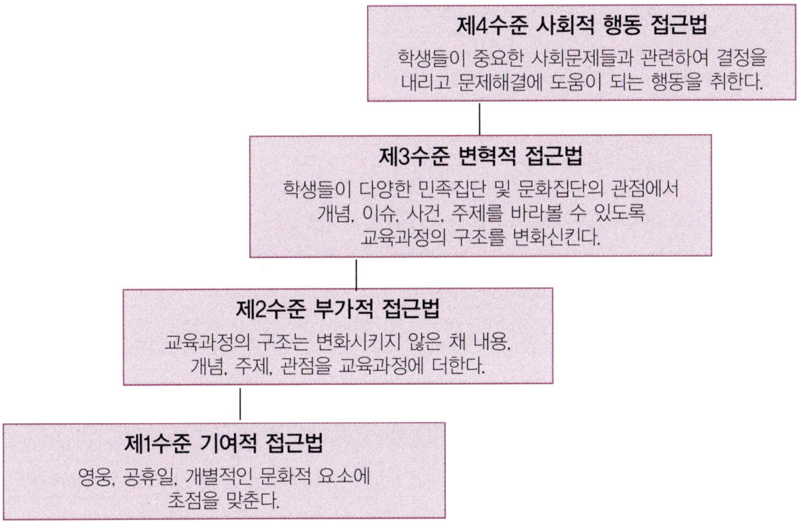

출처: Banks(2008).

제1수준은 기여적 접근으로 사회에서 문화적으로 소수인 집단이 가지는 특수성에 관심을 가지는 것이다. 예를 들어 사회적으로 소수 문화 집단의 유명한 인물, 음식, 예술, 공휴일, 명절 등에 대해 초점을 맞추어서, 교사가 수업시간에 이들의 음식, 의복, 명절 등을 소개하며 학생들에게 이벤트적인 경험을 제공하는 활동을 하는 수업이다. 하지만 이 수준은 인종차별, 억압과 같은 사회적 이슈 대신에 소수 집단에 대한 피상적인 지식만을 제공한다(나장함, 2010).

제2수준은 부가적 접근으로 교사는 교육과정을 변형하지 않고 추가적으로 개념, 주제, 내용을 덧붙여서 교수한다. 특정 시기에 특정 인종이나 민족에 대해 언급할 뿐이어서, 일회적 수업이지 지속적 수업이 되지 않으므로 교육과정 전체를 변화시키지 않는다. 제1, 제2수준의 다문화교육은 소수 민족 집단의 가치, 역사, 문화에 대해 배우지만 사회 주류 집단의 관점을 벗어나지 않으며, 이 소수 집단에 속한 학생들의 요구를 반영하지 않으므로 교육과정의 변화를 유도하지 못하는 한계점을 가지고 있다(이신동, 김진호, 이상희, 이경숙, 차재경, 이영, 2017).

제3수준은 변혁적 접근으로 교사는 학생들이 다양한 민족, 다양한 문화의 관점에서 사건, 쟁점, 개념을 볼 수 있도록 교육과정에 변화를 주는 단계이다. 교사는 학생이 지배 집단과 피지배 집단의 관점에서 사건이나 인물을 비판적으로 사고하고 결론을 도출할 수 있도록 교육과정을 적극적으로 바꾼다. 그래서 학생들은 타집단뿐 아니라 자신이 속한 집단의 가치와 가정을 비판적으로 사고하고 분석하여 표면적 현상 속에 감추어진 권력관계와 자신의 인식을 비판적으로 자각할 수 있도록 한다.

제4수준은 사회적 행동 접근으로 학생이 학습한 내용에 대해 의사 결정을 하며, 개인적, 사회적, 시민적 행동으로 실천할 수 있도록 교육과정을 구성한다.

현실적으로 학교의 다문화교육은 제1, 제2수준을 가장 많이 사용하며 최대치는 제3수준이 목표치가 된다(Howe & Lisi, 2017).

(2) 칼 그랜트와 크리스틴 슬리터의 다문화교육 모형

칼 그랜트(Carl Grant)와 크리스틴 슬리터(Christine Sleeter)는 다문화교육의 목표를 학생의 문화에 따른 차별화 교수, 다른 문화 간에 긍정적 인간관계 형성하기, 단일 집단 연구, 타문화에 대한 공감·이해·수용, 다문화교육, 다문화 사회 재건을 위한 교육으로 제안하였다(Sleeter & Grant, 1987).

문화적 차이에 따른 차별화 교수는 다른 문화 출신의 학생에게 자신의 문화 특성에 맞는 교수 방법으로 개별화된 교육을 함으로써 이 학생이 수업에 참여할 수 있도록 돕는 교수를 말한다.

다른 문화 간의 인간관계 형성은 다양한 문화에 대해 공감하고 이해하며 다름에 있어 수용함을 통해 타문화에 대해 긍정적인 적응력을 높이는 것이다.

제인 엘리엇의 "파란 눈, 갈색 눈(Blue eyes, Brown eyes)" 수업

백인으로만 구성된 아이오아 소도시에 위치한 초등학교에서 3학년을 가르치던 교사 제인 엘리엇은 마틴 루터 킹 목사 암살 사건이 발생하자, 흑인에 대한 사회적 편견과 차별을 학생들의 눈높이에서 가르치기 위해 수업을 계획하였는데, 이것이 일명 "파란 눈, 갈색 눈(Blue eyes, Brown eyes)" 수업이다. 엘리엇은 학생들에게 파란 눈을 가진 학생이 갈색 눈보다 우수하다고 말하면서 갈색 눈을 가진 학생들에게는 갈색 옷깃을 달도록 하였다. 물을 마실 때도 푸른 눈 학생이 먼저 마시고 쉬는 시간에도 먼저 나가서 쉬도록 하였고, 갈색 눈 학생은 여러 가지 불이익과 차별을 하루 동안 받았다. 파란 색 눈을 가진 학생들은 자기들끼리만 어울리며, 갈색 눈을 가진 학생들을 무시했다. 갈색 눈을 가졌다는 이유만으로 당하는 불이익에 학생들은 억울해했고, 갈색 눈을 가진 학생들의 행실은 금방 엉망이 되었고, 수업 시간에 집중하지 못하였으며, 시험에도 낮은 성적을 보였다.

다음 날 엘리엇 교사는 자신이 잘못 알았다고 하면서 갈색 눈을 가진 학생이 우수하다고 하였다. 이번에는 파란 눈을 가진 학생은 옷에 어리석음을 뜻하는 갈색 옷깃을 달게 되었고, 수업시간, 휴식시간, 물 마시는 것 등에서 차별과 불이익을 받았다. 어제 수업에 적극적으로 참여하며 대답을 잘 하던 푸른 눈의 학생은 금방 의기소침해졌고 질문에 대답하지 못하며, 시험에서도 낮은 성적을 보였다. 반대로 갈색 눈의 학생은 신이 나서 자기들끼리만 어울리면서, 파란 눈의 학생을 열등하다고 무시하였다. 다음날 제인 엘리엇은 학생들을 모아놓고, 사실 눈의 색깔에 따른 능력은 거짓이었다고 하면서, 학생들이 눈의 색깔로 인해 차별을 경험하였을 때 어떻게 느꼈는지 그리고 이처럼 사회에 존재하는 차별이 있는지에 대해 토론하였다. 초등학교 3학년 학생들은 자신이 경험한 합당치 않은 차별에 대해 말하면서 미국 사회에 존재하는 인종 차별과 편견을 이야기하였다. 이 실험에 참여한 백인 학생은 실험을 통해 차별을 경험하였으며 마틴 루터 킹 목사 암살이 사회에 존재하는 인종에 대한 편견과 차별, 갈등이 원인임을 알게 되었다. 제인 엘리엇의 수업은 '분열된 교실(Divided class)'이란 제목으로도 유 튜브에 관련 동영상이 업로드되어 있다.

단일 집단 연구는 민족, 계층, 성, 장애 등으로 사회에 주류가 되지 못하는 대상의 문화와 역사에 대해 연구하고 이들이 사회에 기여한 측면을 살펴보고 차별로 인한 갈등, 사회적 주류 집단의 관점을 논의한다.

다문화교육은 모든 교과목에서 문화적, 인종적 내용과 관점을 포함하여 교수하며, 선호하는 교수 방법이 학생마다 다양하기 때문에 다양한 교수 방법과 평가 방법을 사용한다.

다문화 사회 재건을 위한 교육은 사회적 양심과 시민 책임 의식 계발을 목적으로 한다. 사회 내에 형성된 사회, 계층화를 이해하고 사회구조 개혁 의식을 가지도록 교수한다.

(3) 베넷(Bennett)의 다문화교육 모형

베넷은 다문화교육에서 가르쳐야 할 내용을 평등교육, 교육과정 개혁, 다문화 역량, 사회 정의 추구 교육으로 보았다(Bennett, 2009).

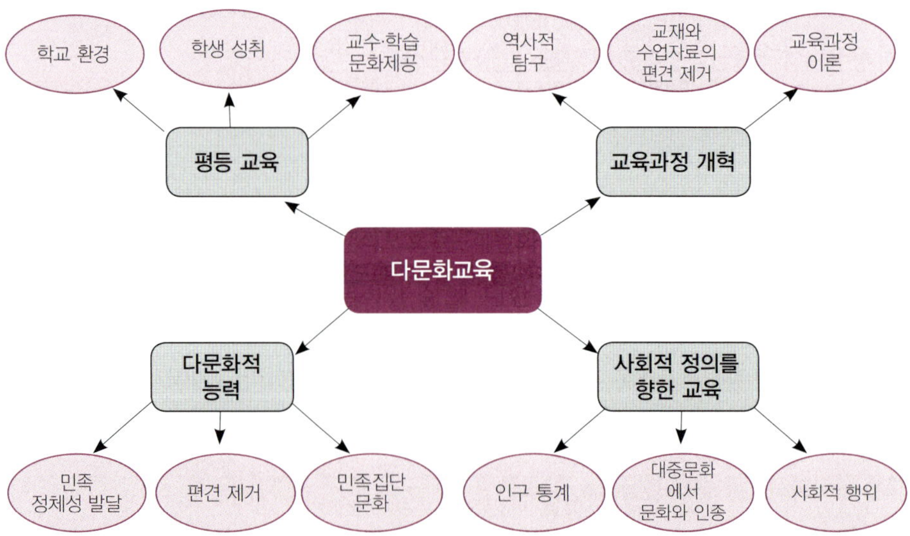

[그림 1-1] 베넷의 다문화교육의 개념도

출처: Bennett(2001).

평등교육이란 경제적 소외계층이나 소수 인종계 학생, 학교 부적응 학생이 공평하고 동등한 교육을 받을 수 있는 학교 환경과 교수·학습 문화를 제공함으로써 모든 학생이 자신의 잠재능력을 발현할 수 있도록 차별받지 않으며, 모든 학생의 학업 성취도가 향상되는 것을 강조한다(장인실, 차경희, 2012).

교육과정 개혁 교육은 과거 또는 현재의 지배 민족이나 국가뿐 아니라 현재 다양한 소수 민족 집단이나 국가의 역사에 대해 탐구하여 문화적인 차이에 대해 이해하며, 다민족적이고 전 지구적 관점에서 역사를 탐구하며 현상을 분석한다. 소수 민족, 피지배 민족이나 피지배 계층에 속하는 학생을 포함한 모든 학생을 대상으로 다문화교육을 실시하는 데 집중한다.

다문화 역량 교육은 다문화 사회에서 요구하는 문화 다양성을 이해하고 조율할 수 있는 능력을 개발하는 교육으로 다양한 민족이 공유하는 언어, 신호, 몸짓과 같은 의사소통방법을 해석하고 다양한 가정문화나 다른 문화의 관습을 이해하고 수용할 수 있는 정도를 말한다.

사회 정의 교육은 인종, 성, 계급에 따라 차별하는 사회 불평등에 대한 지식과 인식을 높이고 이런 차별을 해소하는 사회 제도와 기관의 개혁에 적극적인 참여를 강조한다(이신동 외, 2017).

3) 다문화주의의 역사

국가 간의 물질적 교류뿐 아니라 인적 교류가 많아지면서 세계 모든 나라는 다양한 국가로부터 이주하는 다른 문화를 가진 사람들이 증가하여 다문화 현상이 나타나고 있다. 나라마다 다문화주의를 수용하고 실천하는 방식도 차이가 있다(조원탁 외, 2014).

(1) 동화주의

동화주의는 정치, 사회, 문화적 측면에서 주류인 다수의 집단 문화에 동화될 것을 요구한다. 용광로 이론(Melting pot theory)으로 대변되는 동화주의는 각각의 다양한 문화가 존재하지만 이민자나 소수집단은 주류 집단의 문화와 제도에 융합하도록 요구받으며, 자신의 고유성과 정체성을 포기할 것을 요구받는다(Howe & Lisi, 2017). 예를 들자면 미국, 프랑스, 호주 등의 국가에서 이민자들에게 주류 사회에 적응할 것을 요구하여, 학교에서 모국어 사용을 금지하거나, 주류 사회 문화의 구성원으로 거듭나기를 강요했던 정책을 말한다(장인실 외, 2012). 새로운 국적을 취득하는 경우, 공식적인 언어와 문화를 수용해야만 하며, 이민자는 자기 문화의 특징과 문화적 정체성을 사적으로는 은밀하게 지킬 수 있지만 공식적으로는 다수의 주류문화에 자신을 일치시켜야만 한다. 동화주의를 채택한 사회에서는 이민자 자녀의 정규 학교 취학정책을 지원하여 동화가 순조롭게 이루어지도록 한다. 캐나다와 호주에서 원주민의 자녀를 사회 주류 문화인 백인 유럽 문화에 동화시키고자 부모로부터 분리하여 기숙학교에서 교육하면서 원주민 고유문화, 부족 언어를 배울 수 있는 기회를 박탈한 것이 대표적인 예이다(Elias et al., 2012; Kirmayer, Simpson, & Cargo, 2003).

(2) 배제주의

이민자나 외국인 노동자들에게 노동과 같은 특정 영역에 한하여 사회적으로 권리를 허용하지만 사회구성원과 동일하게 시민권, 복지체계, 학교 교육 기회를 가지는 것을 거부하며, 이들을 배제하는 유형을 말한다. 배제주의는 이민자와 그 가정을 자국의 구성원으로 받아들여지기를 꺼리며, 외국인의 정착을 원칙적으로 차단한다(성연옥, 2013). 그래서 이주 집단의 공식적인 권한을 인정하지만 함께 부정한다. 이주민은 사회의 구성원이 아닌 잠시 체류하는 손님으로 간주하여 정책의 대상에 포함하지 않는다(박진경, 2010). 일본, 우리나라가 외국 이주 노동자 자녀에 대해 법적으로 교육권을 부여하지 않는 형태를 예로 들 수 있다.

(3) 다문화주의

다문화주의는 자유주의적 다문화주의와 비판적 다문화주의로 분류할 수 있다. 자유주의적 다문화주의는 어떤 집단에 대해서도 공식적인 차별과 배제를 금지하고, 모든 집단의 형평한 기회 접근을 강조한다(Kymlicka, 1995). 문화적 다양성과 서로의 차이에 대한 관용을 강조한다. 하지만 다양성은 개인적 차원으로 한정되며, 주류문화의 언어 및 규범을 따르도록 한다. 자유주의적 다문화주의는 문화들 저변에 놓인 권력관계나 위계에 무관심하다는 비판을 받는다. 이에 반해 비판적 다문화주의는 다양성의 공평한 인정을 위해서는 사회에 존재하는 집단 간의 불평등한 권력관계의 변혁을 강조한다(Banks, 2008; May, 2009). 그리고 사회에 존재하는 불평등한 권력배분과 인종주의를 논쟁으로 삼고 사회 비주류, 소수 집단의 가치, 문화가 존중되기 위해서 사회나 정치에 적극적인 참여를 강조한다. 비판적 다문화주의는 사회에 존재하는 위계구조를 밝히고 소수 집단의 의견을 표출하여 사회의 구조화된 억압과 차별을 줄임으로써 소수집단의 가치와 문화가 사회 속에서 의미를 가지게 된다고 본다.

(4) 상호문화주의

상호문화주의는 특정한 한 문화가 다른 문화를 지배하거나 획일화하는 것에 반대하며, 상이한 문화가 서로 동등한 위치에서 상호 접촉하고 교류하는 것을 강조한다. 다문화주의가 다양한 문화의 독립성을 인정하지만 서로 간의 교류가 없으므로 긴밀성은 없고 다양성만 인정하는 한계가 나타나자, 진정한 상호 인정은 계속적인 상호작용과 접촉 그리고 대면을 통해서만 가능하기 때문에 상호문화교류를 강조한다(홍종열, 2012). 상호문화주의는 유럽에서 실행되어 왔는데, 자국 내에 있는 다양한 민족 문제를 교육적으로 해결하며, 유럽 통합을 준비하는 과정에서 점증적으로 전 지구적인 상호의존관계를 고려하게 되었다. 상호문화주의는 문화 간 대화를 통해 상호 교류하고 협력함으로써 다양한 문화와 집단이 하나로 동화되는 것이 아니라 상호 공유하는 형태를 가지며, 교육은 문화와 상호보완적인 관계 속에서 교류를 위한 중요한 역할을 하게 된다.

4) 국제이해교육

다문화교육은 한 국가 안에서 여러 민족이나 다양한 계층 집단이 존재하므로 다양한 문화 간에 발생하는 갈등을 해소하고 공존하기 위해 실행되는 교육이다(장인실, 2006). 이에 반해 국제이해교육은 세계화에서 출발하여 타지역 사람들이나 그들의 문화에 대한 이해 증진을 목표로 하는 교육이다. 국경을 초월하여 국제 지향적인 세계시민으로서의 삶에 역점을 둔다(김현덕, 2007). 국제이해교육은 제2차 세계대전 이후 세계 평화와 협력을 위해 UNESCO가 전개해 온 교육이다(서종남, 2011). 세계가 상호의존적으로 되어 가고 전 지구가 하나의 지역 공동체처럼 세계화가 진전됨에 따라 지구 전체가 공통의 문제나 이슈를 경험하게 되어, 세계적 문제나 어려움은 한 나라나 한 지역 국가 공동체만으로는 해결할 수 없게 되었다. 또한 세계에 있는 한 나라의 사건, 문제, 활동이 다른 나라와 타지역에 있는 개인에게 영향을 미치게 되었다. 따라서 국가를 초월한 전 세계인이 하나라는 공동체 시각을 가지는 것이 중요해졌고 국제이해교육이 필요하게 되었다. 국제이해교육은 지구라는 하나의 공동체 속에서 세계시민으로서 가져야 할 보편타당한 윤리와 가치를 가지며, 다양한 문화를 이해하고 인정하는 태도를 함양하며, 지구공동체에서 더불어 함께 살아가는 것을 배우도록 한다.

국제이해교육이 글로벌 경쟁력을 가지면서 인류 보편적인 가치를 추구하고 전지구적 이슈에 관심을 갖고 참여하는 확대된 세계시민을 육성하기 때문에 부분적으로 세계시민교육과 유사하다. 세계시민은 국가 시민성의 공간적 범주를 넘어서 세계적인 소양과 역량을 갖춘 개인을 말한다. 세계시민교육을 개발한 Oxfam(2006)은 세계시민의 소양을 다음과 같이 말하고 있다(윤인진, 2012, 14쪽 재인용).

- 자신이 속한 국민국가를 넘어선 더 넓은 세계에 대한 이해와 세계 시민으로서의 자신의 역할에 대한 이해력을 가진 자
- 다양성을 존중하고 가치 있게 여기는 자
- 세계가 어떻게 작동하는가를 이해하는 자
- 사회의 부정의에 분노하는 자
- 지역적 수준에서 전 지구적 수준에 이르는 공동체에 참여하는 자
- 세계가 보다 평등하고 지속가능한 장소가 되도록 노력하는 자
- 자신의 행동에 책임을 지는 자

국제이해교육은 다문화교육과는 다르다. 하지만 두 교육이 공통적으로 평등과 사회정의 증진을 목표로 하며, 문화 간 이해능력과 유대관계 형성을 강조하고 자신의 문화와 다른 문화에 대한 이해와 지식 함양, 사건을 다양한 관점에서 바라보는 비판교육을 강조하기 때문에 이 두 교육이 함께 논의되고 있다(구정화, 2008).

2. 한국의 다문화 사회로의 전환과 현황

2015년 국내에 거주하는 외국인 주민 수는 17,111,013명으로 총 인구 대비 3.4%이다(통계청, 2016). 이들 중 1,363,712명(79%)은 한국 국적을 가지지 않고 있으며, 외국인 근로자, 결혼이민자, 유학생, 외국 국적 동포가 이에 해당한다. 10년 전인 2006년의 외국인 주민 수는 536,627명으로 전체 1.1%이었던 것에 비하면 10년 사이 3배 정도 증가하였다. 이처럼 다른 문화, 언어, 성장배경을 가진 외국 국적자들의 한국 사회 유입은 한국 사회로 하여금 하나의 가치나 문화가 아닌 다양한 가치와 문화를 수용하고 인정하는 다문화와 다양화에 관심을 가지게 했다. 또한 결혼이민자의 자녀 출산은 학교에서의 다문화교육에 대한 이해와 필요성을 강조하

게 하였다.

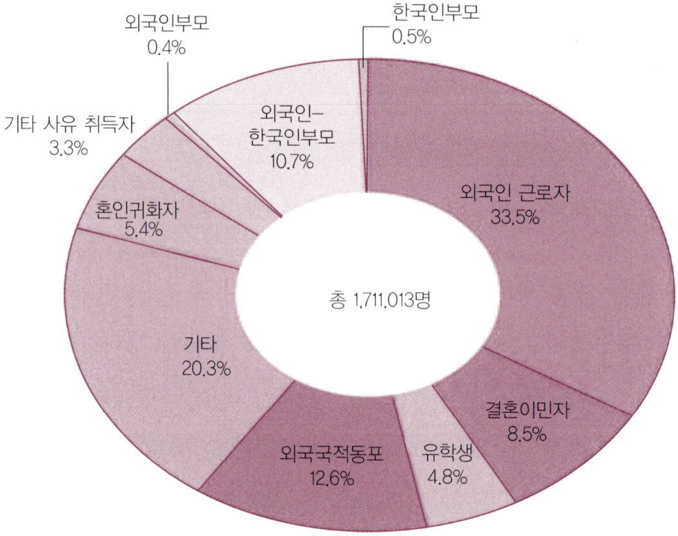

[그림 1-2] 국내 외국인 거주자의 구성

출처: 통계청(2016) 재구성.

1) 다문화 사회로의 전환

한국은 1980년대 산업화 시기에 국내 노동임금 상승과 3D 업종 기피 현상으로 노동자가 부족하여, 중국과 동남아시아 국가로부터 외국인이 단기방문으로 국내로 들어오기 시작하였다. 1993년 산업연수생제도가 만들어져서 '근로 연수생'이란 이름으로 중국과 동남아시아 국가에서 외국인 근로자가 유입되었다(조원탁 외, 2014). 하지만 다문화란 말이 사회적으로 논의되기 시작한 것은 2000년대 중반 결혼이주여성이 대거 유입되어 가정을 꾸미고 자녀가 태어나기 시작했을 때부터이다. 외국인 근로자나 유학생의 경우 한국에 체류 기간이 만료되면 한국을 떠나야 했지만 국제결혼으로 한국사회에 들어온 해외이주여성은 한국 사회의 구성원이 되며 자녀를 출산하였고, 이들의 가정은 '다문화 가정'이라 불리며, 사회적 이슈와 관심이 되고 있다.

다문화 가정 학생은 국제결혼가정, 외국인가정, 탈북가정, 난민가정의 자녀들을 말한다. 국제결혼가정 자녀는 국내 출생과 중도입국 자녀로 구분할 수 있다. 다문화 가정 학생으로 언급할 때 협의로는 한 부모가 한국국적을 가진 국제결혼가정의 자녀만을 의미하며, 광의로는 외국 근로자 또는 유학생의 자녀, 난민 자녀까지 포함한다. 보통은 한국 국적을 가진 사람과 결혼한 해외이주자의 자녀를 다문화 가정 아동으로 언급하는데, 학생을 차별하는 목적으로 구별 짓지 않도록 유의해야 한다. 한국 사회는 고령화와 저출산으로 인해 인구가 줄어들고 출산율이 낮아지며 전체 학생 수도 급격히 감소하고 있다. 하지만 다문화 학생 수는 전체 학생 수 대비 2017년 현재 1.9% 증가하고 있으며, 다문화 가정 자녀의 50%가 미취학 아동이기 때문에 다문화 학생 수는 계속 증가할 것으로 예상되고 있다.

〈표 1-2〉 전체 학생 수와 다문화 가정 학생 수의 추이

연도 학생	2013	2014	2015	2016	2017
전체 학생 수	7,187,384	6,986,116	6,819,927	6,635,784	6,468,629
다문화 학생 수(%)	55,780(0.78)	67,806(0.97)	82,536(1.21)	99,186(1.50)	109,387(1.70)

출처: 한국교육개발원(2017a).

2) 다문화 가정과 다문화 아동 현황

다문화 가정 아동의 부모 출신국을 순위별로 보면 베트남, 중국, 필리핀, 중국 동포, 일본 순으로 조사되었다. 중국과 중국 동포를 합치면 다문화 가정 아동의 1/3이 중국 출신 부모를 두고 있으며, 약 1/3은 베트남 출신의 부모를, 나머지 1/3은 일본, 필리핀 출신의 부모를 두고 있는 것으로 조사되었다.

〈표 1-3〉 연도별 부모 출신국별 다문화 가정 학생 수

	베트남	중국	중국(한국계)	일본	필리핀	기타	계
2012	3,408	7,709	8,173	12,933	7,553	7,178	46,954
2013	6,326	10,824	8,468	13,117	8,639	8,406	55,780
2014	11,218	13,992	9,341	13,225	9,696	10,334	67,806
2015	17,247	17,182	10,773	13,153	11,103	13,078	82,536
2016	17,247	17,182	10,773	13,153	11,103	13,078	82,536
2017	29,019	24,338	12,367	11,502	13,123	19,038	109,387

출처: 교육부(2017).

중도입국 아동은 결혼이민자가 한국인 배우자와 재혼한 이후 본국에서 데려온 자녀로 부모 출신국에서 성장하다가 대부분 청소년기에 입국한다. 최근 다문화 가정 중 재혼가정의 비율이 증가하고 있으며 자녀의 학교급이 높을수록 다문화 재혼가정의 비율도 높다. 즉 부모의 재혼으로 외국에서 중도입국하는 학생은 저학년보다는 고학년 학생이, 초등학교보다는 중·고등학생이 더 많다. 중도입국 아동은 한국 중·고등학교로 전학하므로 인해 한국어 습득과 한국 문화 및 학교 적응에 어려움을 보인다. 특히 부모가 한국 배우자와 재혼하여 구성된 가정은 전 배우자의 한국 자녀, 국내 출생 다문화 자녀, 중도입국 외국 자녀로 구성되어 가정 안에서의 스트레스가 크다(류방란, 오성배, 2012). 중도입국 학생은 정서적으로 민감한 시기에 가족 해체, 부모로부터의 분리 양육, 새로운 가족 구성, 타국으로의 이주 및 새로운 언어습득 및 학교 적응 등의 문제를 가지고 있어 이들의 심리, 정서적 불안을 이해하고, 이들의 심리적 안정 지원과 사회구성원이 될 수 있도록 도와주는 상담프로그램, 한국어 교육, 진로교육이 함께 제공되어야 한다.

〈표 1-4〉 연도별 학교급별 다문화 가정 학생 수(2012~2015)

	국제결혼 가정									외국인 가정		
	초등학교			중학교			고등학교			초등 학교	중학교	고등 학교
	소계	국내 출생	중도 입국	소계	국내 출생	중도 입국	소계	국내 출생	중도 입국			
2012	31,951	29,282	2,669	9,179	8,194	985	3,083	2,536	547	1,789	448	326
2013	35,829	32,823	3,006	10,305	9,162	1,143	4,358	3,793	565	3,531	975	500
2014	44,808	41,546	3,262	11,702	10,316	1,386	6,312	5,562	750	3,417	804	422
2015	54,156	50,191	3,965	12,443	11,054	1,389	7,411	6,688	723	6,006	1,384	735

출처: 한국교육개발원(2015).

외국인 가정 자녀는 외국인 근로자, 외국기업, 주재원, 유학생, 재외 동포 등 외국 국적을 가진 부부 사이에서 출생한 자녀이다. 이들은 「헌법」 제6조 제2항 및 「UNESCO 아동의 권리에 관한 협약」에 의해 한국에서 교육받을 권리를 가진다. 미등록 외국인 자녀의 경우에도 「초·중등교육법 시행령」 제19조 및 제75조에 따라 거주사실 확인만으로 초·중학교 입학이 가능하다.

〈표 1-5〉 2017년 다문화 가정 아동의 교육기관 등록 현황

구분	초	중	고	각종 학교	계
국내출생	68,610	12,265	8,335	104	89,314
중도입국	4,843	1,722	1,063	164	7,792
외국인 가정	9,280	1,958	936	107	12,281
합계	82,733	15,945	10,334	375	109,387

출처: 교육부(2017).

북한 이탈주민의 자녀는 북한에서 태어나 한국으로 입국한 아동이나 청소년과 한국에서 출생한 새터민 자녀를 말한다. 현재 북한 이탈 주민의 수가 증가함에 따라 탈북 학생의 수도 증가하고 있다. 탈북 학생은 하나원에서 3개월 동안 한국

사회적응 교육을 받은 후 일반인과 함께 사회생활을 하게 된다. 탈북 학생의 학교 중도탈락률은 남한 학생의 6배 이상으로 다문화 학생 중 학교 부적응이 가장 높으며 사회적 편견으로 인해 노출에 대한 어려움을 가지고 있어 한국 적응에 사회적, 심리적 문제를 경험하고 있다(서미, 조영아, 양대희, 문소희, 이은별, 김혜영, 2016).

〈표 1-6〉 연도별 탈북 학생 수

	초등학교	중학교	고등학교	합계(명)
2007년	341	232	114	687
2008년	495	288	183	966
2009년	562	305	276	1,1143
2010년	773	297	347	1,417
2011년	1,020	288	373	1,681
2012년	1,204	351	437	1,992
2013년	1,159	478	385	2,022
2014년	1,128	684	371	2,183
2015년	1,224	824	427	2,475
2016년	1,143	773	601	2,517

출처: 한국교육개발원(2017b).

이외에도 적은 수이만 난민으로 인정받은 가정의 자녀도 다문화 가정 자녀이다. 2016년까지 한국으로의 난민 신청자 수는 22,792명이며 이 중 난민 인정을 받은 사람은 약 3%인 672명에 불과하다. 2012년 난민 신청자 아동 수는 173명이며 난민 신청자가 증가하면서 이들의 자녀 수도 증가하는 추세이다. 하지만 난민으로 인정받은 사람이 적기 때문에 단기 체류 연장으로 불안정한 체류 신분 및 무국적자가 많으며, 취업이 금지되어 있어 거주 및 경제적 측면에서 여러 어려움을 겪고 있다.

학교급별 다문화 학생 수가 많은 순서는 초등학교, 중학교, 고등학교 순으로 학교급이 낮을수록 학생 수가 많다. 다문화 가정 학생은 비다문화 학생과 비교해서 초등학교에서는 취학률에 격차가 없지만, 중학교에서는 2.8%, 고등학교에서는 진학률의 격차가 3.6%, 고등교육기관 진학률 격차는 14.8%에 달하여 학교급이 올라가면서 그 격차가 커지는 것으로 나타나고 있다(정해숙 외, 2016). 이들의 고등교육 진학 및 이수율은 사회에서의 적응 및 취업과도 관계가 있어 다문화 가정 학생에 대한 교육적 지원정책에 관심을 가질 필요가 있다. 학교 중단 이유의 순위를 보면 학교생활과 문화가 달라서(18.3%), 학교 공부가 어려워서(18.0%), 입학과 유학 준비(15.3%), 돈을 벌어야 해서(14.4%), 그냥 다니기 싫어서(11.1%) 순으로 조사되어 학교생활 적응과 학업에서 다문화 가정 학생이 겪는 어려움을 줄일 수 있도록 교육적, 행정적 지원이 마련될 필요성이 제기되고 있다. 특히 9.4%의 다문화 가정 학생이 차별을 경험하였다고 조사되어(여성가족부, 2015), 학교와 교사가 관심을 가질 필요가 있다.

〈표 1-7〉 학교급별 다문화 가정 학생 수

구분	초	중	고	대안학교 등 기타	계
2012	33,740	9,627	3,409	178	46,954
2013	39,360	11,280	4,858	282	55,780
2014	48,225	12,506	6,734	341	67,806
2015	60,162	13,827	8,146	401	82,536
2016	73,972	15,080	9,816	318	99,186
2017	82,733	15,945	10,334	375	109,387

출처: 교육부(2017).

3. 한국의 다문화교육정책

한국의 다문화 가정 및 아동 지원정책은 2008년에 만들어진 「다문화가족지원법」을 근간으로 한다. 또한 다문화 가정 아동 지원정책은 교육과 함께 의료, 건강, 법 등이 함께 지원되는 통합적 성격을 가지고 있어서 교육부 이외에도 여성가족부, 통일부, 문화체육관광부, 보건복지부 등이 함께 다문화 가정 아동 교육지원 사업을 추진하고 있다(이신동 외, 2015). 본 절에서는 「다문화가족지원법」과 「재한외국인 처우기본법」을 알아보고 정부부처인 여성가족부, 교육부, 통일부의 다문화교육 지원정책을 살펴보고자 한다.

1) 「다문화가족지원법」과 「재한외국인처우기본법」

「다문화가족지원법」은 2008년 3월 21일에 제정되어 9월 22일부터 시행되었다. 국제결혼의 증가 등 사회의 변화에 따라 다문화 가정이 안정적인 가족생활을 할 수 있도록 지원법 마련을 통해 각종 지원정책의 틀을 제공하고 있다(이경희, 2010). 「다문화가족지원법」 제2조는 다문화가족을 출생 시부터 대한민국 국적을 취득한 국민과 결혼이민자 또는 귀화자로 이루어진 가족으로 규정하고 있어 법에서 의미하는 다문화 가정과 사전적 의미의 다문화 가정 간의 차이가 있어 문제점으로 지적되고 있다.

「다문화가족지원법」은 6개 분야로 구성되어 있다.

1. 다문화 가정 구성원의 안정된 생활을 위한 국가와 지방자치단체의 의무 (제1~제4조)
2. 다문화 가정에 대한 사회의 이해 증진(제5조)
3. 결혼이민자 등을 위한 생활정보 제공 및 교육 지원(제6조)−사회적응 교육, 직업 교육, 한국어 교육 등

4. 평등하고 행복한 가정보호(제7조~제9조)–가족 상담, 부부 교육, 가족생활 교육, 가정 내 폭력 예방, 가정 내 문화 차이에 대한 가족 상담, 의료 및 건강관리 지원 서비스
5. 아동교육, 보육지원(제10조): 방과 후 교육프로그램, 언어발달 프로그램, 교재 및 학습 지원
6. 언어 서비스 지원 및 다문화가족지원센터 설치, 운영(제11조~제12조)

「재한외국인처우기본법」은 2007년에 제정·시행되었는데, 국내에 체류하는 외국인이 한국 사회에 적응하고 개인의 능력을 발휘할 수 있도록 하며, 한국 국민과 재한 외국인이 상호 이해하고 존중하는 사회 환경을 만들어 사회통합을 이루는 것을 목적으로 한다. 「다문화가족지원법」이 다문화가족 생활과 삶의 질 향상이 목적이라면 「재한외국인처우기본법」은 외국인 개인의 적응과 능력 발휘에 중점을 두며, 두 법은 모두 사회 통합을 목표로 한다(김이선, 2011).

2) 여성가족부의 다문화 가정 학생 지원정책

여성가족부는 제1차 다문화가족지원정책 기본계획(2010~2012), 제2차 다문화가족지원정책 기본계획(2013~2017)을 수립하였다.

제1차 기본계획은 다문화가족지원정책을 총괄 조정할 수 있는 추진체계 정비, 국제결혼중개 관리 및 입국 전 검증 시스템 강화, 결혼이민자 정착 지원 및 자립 역량 강화, 다문화 자녀의 건강한 성장 환경조성, 다문화에 대한 사회적 이해 제고를 과제로 삼고 있다. 다문화 가정 자녀와 부모에 대한 하위 과제로 다문화 가정 자녀를 글로벌 인재로 육성하는 맞춤형 교육지원을 강화하고 유아의 언어 발달 지원, 학부모의 자녀교육 역량 강화, 학교 부적응 자녀 지원을 위한 인프라 확충을 계획하고 있다.

제2차 기본계획에서는 다양한 문화가 있는 다문화가족 구현, 다문화가족 자

녀의 성장과 발달 지원, 안정적인 가족생활 기반 구축, 결혼이민자의 사회·경제적 진출 확대, 다문화가족에 대한 사회적 수용성 제고, 정책추진체계 정비를 정책 과제로 삼고 있다. 자녀와 가정에 대한 하위 아젠다로는 자녀의 건강한 발달 지원, 한국어 능력 향상, 학교생활 초기적응 지원, 기초학력 향상 및 진학지도 강화, 공교육 등에 대한 접근성 제고 및 상대방 문화·제도에 대한 이해 제고, 쌍방향 문화교육 확대 및 사회적 지지 환경조성을 계획하고 있다. 현재는 제3차 계획(2018~2022) 수립을 위한 연구와 공청회가 진행 중이다.

여성가족부에서는 해외이주여성이나 외국인 근로자 등이 자녀 교육에 필요한 정보를 얻을 수 있도록 다문화가족 코디네이터(사례관리사), 다누리 콜센터, 통·번역 서비스, 다문화가족 서비스 종합안내지('Rainbow+') 제작, 거점 멘토링 서비스를 운영하고 있다. 이는 결혼이민자가 실생활, 자녀의 학교 전입학과 관련된 절차 등에 있어 도우미가 함께 가거나 콜센터를 통해 통역을 도와주며, e-book 형태로 홈페이지에서 정보 매거진을 배포하여 모든 사람이 필요한 정보를 사용할 수 있도록 한다. 또한 먼저 이주한 이주민 여성을 멘토로 육성하여 초기 정착 중인 다른 결혼이주여성을 일대일로 돕도록 하고 있다.

자녀교육과 관련해서는 '가족 차원의 돌봄 서비스'를 지원하고 있다. 맞벌이부부 및 다문화 가정의 만 12세 이하의 자녀를 돌보는 사업으로 영유아 및 방과 후 아동을 대상으로 아이 돌보미가 집으로 찾아가 아이를 돌보며 12개월 미만의 영아는 건강, 위생, 안전관리 등 종일 돌봄 서비스를 제공한다. 서비스 이용시간과 비용은 소득 수준에 따라 차등 지원된다.

3) 교육부의 다문화 가정 학생 지원정책

초·중등교육법 시행령 제19조에서는 외국에서 중도입국한 학생, 재외국민 가정의 자녀, 북한이탈주민 학생, 외국인 학생, 국내에 학적이 없는 사유로 입학, 전학 절차를 거칠 수 없는 학생에 대해 거주지에 속한 학교에 입학 또는 전학할 수 있도록 하며, 교육감이 정한 바에 따라 귀국학생 특별학급이 설치된 초등학교에 편입학할 수 있다고 명시하고 있다.

다문화 가정 아동의 학교에서의 적응 및 잠재력 계발을 위해, 언어발달 진단 및 교육 확대, 다문화 가정 아동 한국어 교육과정, 초등학교 입학 전 준비 프로그램, 초기 적응 프로그램 '무지개 학교(Rainbow School)', 학교 부적응 다문화 아동 지원 강화, 기초학력 강화 및 진학진도 강화 정책을 계획·운영하고 있다. 다문화 가정 아동 중 학교 적응 및 한국어에 문제가 있는 아동을 위해 다문화 유치원, 다문화 예비학교, 다문화 중점학교, 다문화 연구학교가 학교에서 운영되고 있으며, 다문화 대안학교가 있으며, 다문화 영재를 위한 주말 또는 방학 프로그램인 글로벌 브리지가 운영되고 있다.

〈표 1-8〉 2017년 다문화정책학교 현황

연도	다문화 유치원	다문화 예비학교		다문화 연구학교		다문화 중점학교	
2017	111개	초	106	유	2	초	263
		중	49	초	12	중	41
		고	4	중	9	고	8
		통합	5	고	1	통합	1 (초·중등)
		총합	164	총합	24	총합	313

출처: 중앙다문화교육센터(2017).

(1) 다문화 유치원

연령이 어릴수록 가소성이 크기 때문에 조기 중재는 환경으로 인한 인지, 언어 격차를 좁힐 수 있다. 다문화 유치원은 취학 전인 다문화 유아를 대상으로 교육지원을 하는 교육기관이다. 다문화 가정 아동을 위한 전용 프로그램을 일부 운영하며, 비다문화 아동과 통합교육을 실시한다. 누리 과정을 기반으로 일반 유아와 함께 통합 교육을 실시하며, 언어와 학업 수행능력이 떨어지는 다문화 가정 유아를 개별로 지도하는 이중 방식으로 운영되고 있다. 다문화 유아가 언어와 사회성에 있어 성공적인 발달을 할 수 있도록 조기에 개입하는 특징을 가지며, 한국어 능력과 의사소통능력 향상을 위해 한국어 순회강사로부터 매주 2~5시간씩 한국어 지도를 받는다(장명림 외, 2011). 2017년 현재 전국에서 111개 다문화 유치원이 지정되어 운영되고 있다.

(2) 다문화 예비학교

다문화 예비학교는 한국어 능력이 떨어져 정규 학교에서 적응이 어려워 보이는 다문화 가정 아동이나 중도입국 학생이 정규 학교에 배치되기 전에 사전 적응교육을 받을 수 있는 학교생활 초기 적응 프로그램이다(김천기 외, 2013). 예비학교는 정규 학교에서 특별학급 형식으로 운영되는 직영형, 보통 교과와 한국어, 한국문화와 같은 대안 교과를 함께 배우는 학력인정 대안학교에서 운영하는 위탁형, 학력인정기관은 아니지만 중도입국 아동을 위해 학교로부터 교육기관에 강사가 파견하여 방과 후나 주말, 방학에 교육 프로그램을 운영하는 자율형이 있다(중앙다문화교육센터, 2014b). 2017년 현재 164개교가 있으며 초등학교의 경우 최대 6개월, 중학교는 최대 2학기 교육을 받을 수 있으며, 직영 예비학교의 경우 최대 4학기까지 다닐 수 있다.

(3) 다문화 연구학교

예비학교와 정규 학교 중에서 한국어(KSL) 교육과정 연구학교를 선정하여 다문화 가정 아동 및 중도입국 아동의 한국어 지도를 지속적으로 하고 있다. 전국에 24교가 있으며 이 중에서 4개교는 학부모를 대상으로 한국어 교육도 함께 실시하고 있다.

교육 내용은 학습 한국어와 생활 한국어로 구성되어 있는데, 학습 한국어는 학습에서 학생이 꼭 알아야 할 용어나 개념을 교육내용으로 하며, 생활 한국어는 일상생활에서 사용되는 회화와 의사소통을 중심 내용으로 한다.

(4) 다문화 중점학교

다문화 가정 아동을 위한 교육은 다문화 가정 아동을 안전하게 수용해주는 친화적인 교육환경이 함께 제공되어야 효과적이다. 다문화 중점학교는 다문화 친화적인 학교 환경을 제공하기 위해 학교 전교생을 대상으로 다문화 인식 제고를 위한 다문화교육 프로그램을 운영한다. 2017년 현재 전국 313개교에서 운영되며, 초등학교가 263개교로 전체 지정학교 중 가장 많으며 중학교가 41개교, 고등학교가 8개교가 있다. 중점학교에서 실시하는 프로그램은 문화 간 이해 및 소통, 문화 다양성, 반편견·반차별, 세계시민의식을 내용으로 한다. 반편견 수업을 통해 학생들은 다름의 가치를 이해하고, 인간 존엄성을 기르며, 다르지만 함께 어울리는 태도를 학습한다(중앙다문화교육센터, 2014a)

(5) 다문화 대안학교

다문화 대안학교는 독립 학교로서 다문화 가정 학생이나 중도입국학생의 학교 부적응과 학습결손을 해결하며 학생이 정규 학교에 다시 돌아갈 수 있도록 돕거나 또는 대안 학교에 지속적으로 다녀서 졸업할 수도 있다. 유형은 한국어와 직업교육 중심의 특성화형, 한국 생활 적응형, 그리고 한국 학교로의 연결형이 있다. 특성화형과 연결형은 교육청이나 정부 부처와 연관된 공립학교이다. 서울 다솜학교와 한국폴리텍다솜학교가 직업교육을 제공하는 특성화형 대안학교이며, 인천 한누리학교는 연결형으로 우리나라 최초의 초·중·고등학교급 다문화 학생을 대상으로 하는 통합 기숙형 다문화 공립학교로 전국에서 지원이 가능하다. 한국 생활 적응형은 민간이나 종교 단체에서 운영하는 교육 인가형 학교로서 한국사회 적응을 지원한다. 새날 학교, 아시아공동체 학교, 지구촌 학교, 한겨레고등학교 등은 한국생활 적응형 대안 학교에 속한다.

(6) 글로벌 브리지

글로벌 브리지는 다문화 가정 학생 중 영재학생을 선발하여 영재성을 발현할 수 있도록 교육을 제공하는 프로그램이다. 2011년 한국연구재단의 지원으로 수·과학영역에서 서울교육대학교, 카이스트, 경남대학교가, 글로벌리더십 영역에서는 광주교육대학교가 각각 40명씩의 다문화 학생을 선발하여 주말과 방학을 이용하여 영재교육을 실시하였다. 2017년 현재 17개 교육기관이 있으며, 수·과학, 글로벌 리더십, 언어, 예체능 4개의 영역에서 프로그램이 운영되며, 지역을 수도권, 충청·강원권, 호남·제주권, 영남권 4개의 권역별로 지역을 나누어 학생을 선발한다. 글로벌 브리지 사업은 여성가족부의 제1차 다문화가족 지원정책에서 이중언어를 중심으로 한 다문화 인재육성계획의 일환과 교육부의 제2차, 제3차 영재교육진흥종합계획에서 수립한 소외계층 영재선발 및 육성계획의 일환으로 시도교육청과 글로벌 브리지 기관으로 선정된 대학교육기관이 함께 수행하고 있다.

〈표 1-9〉 2017년 17개 글로벌 브리지 기관

영역	권역별			
	수도권	충청, 강원권	호남, 제주권	영남권
수학, 과학	서울교육대학교	한국교원대학교 춘천교육대학교	전북대학교 순천대학교 제주대학교	울산대학교
글로벌 리더십		선문대학교	광주교육대학교	진주교육대학교 대구교육대학교
언어	한양대학교(안산) 경인교육대학교			가야대학교
예체능	용인대학교	배재대학교		부산대학교

4) 통일부의 탈북학생 지원정책

2016년 북한 이탈 주민 수는 3만 명을 넘었으며, 학교에 재학 중인 탈북 학생은 2,517명으로 계속적으로 증가하고 있다. 하지만 탈북학생은 남북한 교육의 차이, 사회적 편견, 탈북과정의 교육결손으로 한국 학교 적응에 어려움이 많다. 2008년 탈북 학생 중 10.8%의 높은 학업 중단율은 2016년 2.1%로 감소하였지만(강구섭 외, 2017) 한국 전체 학생의 학업 중단율 0.8%에 비하면 여전히 높은 수치이다. 탈북 학생은 생활 언어는 같지만, 학습 용어, 상이한 교수 평가 방법, 상이한 학교 문화와 체계, 사회적 차별로 인해 한국 사회에 적응하는 데 어려움을 겪어, 다문화에 대한 사회적 인식 전환과 차별이 없는 학교 환경 개선이 필요함을 보여주고 있다. 탈북학생이 교육을 받을 수 있도록 「북한이탈주민의 보호 및 정착지원에 관한 법률(북한이탈주민법)」 제24조에 의거하여 통일부가 함께 지원하고 있다.

북한이탈주민법 제24조(교육지원)

① 통일부 장관은 대통령령으로 정한 바에 따라 보호대상자의 나이, 수학능력, 그 밖의 교육여건 등을 고려하여 보호대상자가 교육을 받을 수 있도록 필요한 지원을 할 수 있다.
② 통일부 장관은 예산의 범위에서 대통령령으로 정한 바에 따라 북한이탈주민을 대상으로 초 · 중등교육을 실시하는 학교의 운영에 필요한 경비를 지원할 수 있다.
③ 통일부 장관은 교육부장관과 협의하여 보호대상자의 교육을 위한 전문 인력을 확보하고, 보호대상자의 학력 진단 · 평가, 교육정보관리, 교육, 연수 및 학습 활동의 지원 등 보호 대상자의 교육지원과 지도를 위하여 노력하여야 한다.

5) 다문화 사회에 따른 학교교육의 변화

우리 사회도 다문화 사회로 변화하면서 민족, 인종, 국가에 대한 교육과 태도에 변화가 생길 수밖에 없다. 이런 변화를 교육에서 수용할 수 있도록 학교 교육과정을 변경하며, 다문화교육을 가르칠 수 있는 교사가 필요하며 교사 외에도 다문화 가정 학생의 학교 적응을 돕는 다양한 역할자들이 필요하게 되었다.

(1) 교육과정의 변화

현대 사회는 다문화 가정과 비다문화 가정의 구별 없이 사회의 다양한 구성원이 함께 살아가야 한다. 따라서 일반 교육과정 안에 다문화에 대한 내용이 통합되어 학생들이 차별과 편견, 사회 정의, 평화 등에 대해 생각하고 타문화에 대해 존중할 수 있도록 태도와 행동을 변화하는 내용이 포함되어야 한다. 이런 이유로 현재 학교의 창체수업시간에 다문화 이해 교육이나 세계시민 교육을 실시하고 있다. 하지만 일반 정규 교육과정에서도 다양한 문화, 환경, 인종에 대해 포용하고 차별을 해소하고 편견을 극복하는 내용을 배우며, 다른 문화에 대한 감수성을 개발하여 다른 문화를 수용하고 인정하는 태도를 함양할 필요가 있기 때문에 교육과정의 변화가 필요하다(서종남, 2011). 2017년 경기도 교육청은 다문화 교과서인 '함께 배우는 다문화'를 제작하여 현장에 배포하였다.

(2) 이중언어학급 개설

기존의 부모 출신국 언어를 배우는 수업은 방과 후나 토요일 수업으로 외국어로 배웠다. 동화를 기반으로 하며, 생활 회화를 배우더라도 이런 교수 방법은 다문화주의 관점에서 보면 외국어를 배우는 것과 차이가 없다. 엄마의 언어는 외국어인 것이다. 하지만 학교에서 엄마 언어 병용을 진행하는 이중언어교실 운영은 한국어와 모어를 함께 배우도록 하여, 엄마의 언어와 문화를 차별하지 않고 동등하게 인정해 주는 비판적 다문화주의를 근간으로 한다. 서울시 교육청은 2017년 중국어 병용 이중언어교실을 7개 학교에서 운영한다. 중국 부모를 둔 다문화 학생이 많이 다니는 서울의 영등포구, 구로구 지역의 초등학교에 이중언어학급을 개설하여 체험활동과 방과 후 수업을 모두 중국어로 수업을 진행하고 있다.

(3) 대학교의 예비 교사를 위한 다문화교육과정 개설과 다문화교육 연수

예비교사의 다문화 이해 및 다문화 역량 육성을 위해 다문화 관련 강의가 대학에 개설되고 있다. 2016년 전국 42개 사범대학 중 13개 대학에서 다문화 관련 강좌가 개설되었고 초등 교사를 육성하는 13개 교육대학교 중 10개의 교육대학교에서 다문화 관련 강좌가 개설되어 있다(이신동 외, 2017). 교양이나 선택과목으로 개설되는 경향이 있지만 예비교사가 다문화 가정, 다문화 가정 아동의 발달과 특

성, 사회적 편견 문제 해결 등에 대해 학습하여 학교 교단에 서기 전에 역량을 갖추도록 돕는다. 또한 서울교육대학교와 경인교육대학교에서는 대학원 과정으로 다문화교육학과가 만들어졌으며, 이런 현상은 다른 교육대학교로도 확산되고 있다.

(4) 다문화교육을 위한 다양한 직업군 형성

다문화 가정 부모를 위해 자녀의 한국 학교 전입학 및 교육과정 정보에 대한 개별 지원 및 안내, 다문화 아동의 학교 적응 및 언어교육 지원, 중도입국한 학생의 학교 선택, 이중언어·이중 문화학습, 국제시민교육 등 다문화교육을 할 수 있는 교사가 학교현장에서 필요하게 되어 다양한 전문자격증과 함께 새로운 직업군이 형성되고 있다.

① 이중언어 강사

이중언어 강사는 한국어와 출신국 언어를 능숙하게 구사하는 전문대학 이상의 학력을 가진 자로 학생들에게 한국어를 출신국 언어를 사용하여 가르치거나 세계시민교육, 다문화교육 수업을 한다. 경인교육대학에서 처음으로 대졸 이상의 학력을 가진 결혼이주여성을 선발하여 총 900시간의 수업을 이수한 사람에게 이중언어강사 자격을 부여하였다. 경인교육대학교 이외에도 서울교육대학교, 강원교육대학교 등에서 이중언어 강사교육을 실시하였다. 이들은 일반 학교에 배치되어 다문화 학생, 중도입국 학생을 대상으로 한국어 교육을 실시하며, 비다문화 학생을 대상으로 다문화교육, 세계시민 교육을 실시하고 있다. 2015년 현재 638명이 전국 공립 유치원, 초·중·고등학교에 배치되어 있다(장인실, 박영진, 2015)

② 다문화 코디네이터

다문화 코디네이터는 다문화 부모가 잘 알지 못하는 한국 학교 전·입학, 교육과정 등을 안내하며, 다문화 가정 아동이 한국 학교에 안정적으로 적응하며 학습할 수 있도록 돕는 역할을 한다. 각 교육청에 소속되어 일하면서 다문화 학생의 입학 상담 및 예비학교 등 다문화 학생을 위한 특별 학급이 설치되어 있는 학교를 안내하여 적절한 학교 배치를 지원하며, 다문화 학생이 정규 수업을 받으며 한국 학교에 적응할 수 있도록 학생 개별 사례를 관리하고 지원하는 역할을 한다.

③ 다문화가족 방문 지도사

여성가족부의 다문화가족지원센터는 다문화 가정을 방문하여 다문화 가정 아동의 한국어 지도를 하는 프로그램을 운영한다. 다문화가족지원센터에 선발된 다문화가족 방문지도사는 다문화 가정을 방문하여 그 자녀들을 지도한다. 다문화가족 방문지도사는 한국어 교원자격증을 가지고 있으며, 사회복지사 자격증을 함께 가지는 경우도 많다.

4. 요약

한국 사회는 다문화 사회이다. 외국인 가정, 결혼이민자 가정, 탈북 가정 등 다문화 가정 모두 한국 사회의 구성원이다. 모든 사람은 학교에서 차별받지 않고 자신의 잠재능력을 발현할 수 있도록 교육기회를 받을 권리를 가지고 있으며 다문화교육은 이 평등한 권리를 기반으로 한다. 다문화 가정 아동이 사회의 구성원으로 기여하며 역량을 가질 수 있도록 다문화를 수용하는 사회인식 전환과 편견 제거가 교육을 통해 이루어져야 하며, 이를 위해서 법과 행정지원정책이 마련되어야 한다. 다문화교육은 학교에서 학생, 교사, 학부모를 대상으로 실시되어야 할 뿐 아니라 학교 밖의 현장에서도 필요하다. 경찰, 의사, 법 관계자 등 사회의 많은 영역에서 다문화교육이 필요하다. 국제화되는 세계 속에서 다양성에 대한 개방과 관용, 민주적인 인식과 국제 시민의식 함양은 다른 나라 사람들과 함께 일하는 데 있어서 필요하다. 하지만 영국의 EU 탈퇴나 독일의 이민 정책에 대한 사회 주류 집단의 반발 등 다문화주의에 대한 반동도 나타나고 있다. 우리나라 사회에서도 다양성은 인정하되 국가 통합의 원동력을 지원하는 긍정적 통합의 힘을 유지하는 것을 강조하고 있다. 국가 내부에 존재하는 다양성을 인정하되 동화주의로 치우치지 않으면서 국가의 통합을 유지할 수 있도록 다문화교육을 제공하는 것은 양면을 가진 다문화교육의 모습이다.

연구문제

1. 뱅크스, 그랜트와 슬리터, 베넷의 다문화교육 모형의 내용은 무엇인가?
2. 다문화교육과 국제이해교육의 유사점과 차이점은 무엇인가?
3. 교육부, 여성가족부, 통일부의 다문화 가정 아동 교육지원정책을 비교하시오.
4. 아프리카에서 전학 온 옥부(Ogbu)는 초등학교 3학년이다. 반에서 아무도 짝을 하려 하지 않아 옥부는 반에서 혼자 앉는다. 제인 엘리엇 교사의 수업을 생각해 보고 이 문제를 해결할 수 있는 반편견 수업은 어떤 내용이겠는가?

2

다문화 사회의 아동과 가족의 이해

■ 학습목표

1. 오늘날 변화한 가족의 구조 및 형태를 이해한다.
2. 다양한 가족의 유형과 그 형성배경을 이해한다.
3. 가족 가치관의 변화 과정에 대해 이해한다.

인류와 함께해온 가족은 사회의 변화에 따라 그 형태는 조금씩 바뀌고 있으나 우리의 삶에 있어 어떤 형태로든 존재해야 하는 꼭 필요한 것이다. 가족은 모든 학문분야와 관련되어 있으며 그 기초가 된다. 그러므로 단순한 가족의 정의를 넘어 변화하는 가족에 대한 의미를 파악하는 것은 매우 중요하다. 따라서 본 장에서는 오늘날 가족은 어떻게 구성되고 변화하였으며, 어떠한 유형들로 분류되는지에 대해 설명한다.

1. 가족의 구조 및 형태의 변화

가족은 복지를 추구하고 혼인, 혈연 및 입양을 통해 구성된 일차적 집단으로, 의식주를 함께하고 상호 깊은 감정으로 맺어진 집단이라 할 수 있다. 우리나라 「가족법(민법 제779조)」에 의하면 가족의 범위는 배우자와 직계혈족 및 형제자매와 직계혈족의 배우자, 그리고 생계를 같이하는 배우자의 직계혈족 및 배우자의 형제·자매에 이른다.

가족은 가족을 구성하는 가족원의 세대 수에 따라 한 세대의 사람들로만 구성되는 경우 1세대 가족, 부모와 자녀 등의 두 세대로 구성되는 경우 2세대 가족, 조부모, 부모, 자녀와 같이 세 세대로 구성되는 경우 3세대 가족으로 구분된다. 가족의 기능은 계속해서 변화되고 있다. 과거 농경사회 속 가족은 중요 경제적 단위로 노동력의 유지기능을 가지고 있으며, 대가족으로 형성되며 가부장적 가족제도로 연장자가 높은 위치에서 권력을 가질 수 있도록 구성되어 있었다.

하지만 최근 가족은 도시화, 산업화 등으로 3세대 이상이 모여 사는 대가족은 줄어들어 대가족에서 핵가족으로 변화되었으며, 가족을 생물학적이고 구조적인 관계로 바라본 과거에서 개인의 행복이 우선되는 현대로 변화하였다. 따라서 가족에 대해 논의하기 위해서는 전통적 개념보다는 혼인, 혈연, 입양 외에도 구성원의 필요성에 따라 형성된 다양한 집단까지도 포함시켜야 한다는 입장으로 변화되고 있다.

그러므로 현대 사회에서는 전형적인 가족의 형태만이 정상적 가족이라는 관점보다는 한부모가족, 재혼가족, 입양가족, 비혈연가족, 맞벌이가족, 노인부부 가족, 부자녀가족, 동거가족, 동성부부 등의 가족형태를 기존의 가족해체의 관점이 아닌 가족 재구성으로 다시 보아야 한다는 주장이 일어나고 있다(김진영, 김정원, 전선옥(2011).

한국 가족의 가족구성원 변화는 최근 다양하게 변화되고 있다. 통계청(2015)의 가족 실태조사에 따르면 제1차 가족 실태조사(2005), 제2차 가족 실태조사(2010), 제3차 가족 실태조사(2015)가 상당한 차이가 있는 것으로 나타났다. 제1차 조사(2005)의 결과는 가족에 대한 포괄적 개념을 갖고 있으며 전반적으로 가족에 대한 인식이 과대하게 나타나는 경향을 보이나, 이와 반대로 제2차 조사(2010)는 가족에 대한 인식이 전반적으로 낮게 나타나는 경향을 나타냈다. 제3차 조사(2015) 결과 역시 제1차 조사와 비교하면 전체적으로 가족에 대한 인식이 낮은 것으로 나타났으며, 이러한 결과는 꾸준히 가족에 대한 인식이 낮게 유지되는 것을 의미한다.

가족구성 형태 역시 변화되고 있는 것으로 나타났는데, 제2차 조사(2010) 결과에 비해 제3차 조사(2015) 결과에서는 가족 중 맞벌이부부가 27.9%에서 48%로 20.1% 증가, 주말부부가 1.7%에서 5%로 3.3% 증가, 국제결혼 가족구성원이 있는 가족이 0.3%에서 1.8%로 1.5% 증가, 장애아 자녀가 있는 가족은 0.7%에서 1.2%로 0.5% 증가한 것으로 나타났다. 반면, 제2차 조사(2010)결과에 비해 제3차 조사(2015) 결과 기러기 가족은 0.6%에서 0.1%로 0.5%로, 입양 자녀가 있는 가족은 0.3%에서 0.1%로 0.2% 감소한 것으로 나타났다. 제2차 조사(2010)와 제3차 조사(2015) 결과를 정리하면 〈표 2-1〉과 같다.

〈표 2-1〉 제2차 조사(2010)와 제3차 조사(2015) 가족형태 비교 결과

가족형태	제2차(2010)	제3차(2015)
맞벌이부부	27.9	48.0(47.5)
주말부부	1.7	5.0(5.0)
기러기가족	0.6	0.1(0.1)
국제결혼 가족구성원	0.3	1.8(1.8)
입양자녀	0.3	0.1(0.1)
장애아자녀	0.7	1.2(1.2)
한부모가족	–	1.8(1.8)
조손가정	–	0.8(0.8)

※ 제3차(2015)의 ( )는 가중치 반영한 비율임.

따라서 최근에는 독신, 노인가구, 무자녀가구가 해당되는 1세대 가족인 단독가구가 증가하고 있어 기존의 가족 내에서 이루어진 출산, 교육, 보호, 경제, 애정 등의 기능이 가족 내에서 충족되지 못하게 되었으며, 이에 따라 가족 간의 대화 단절, 애정 결핍 등의 위기를 겪게 된다. 따라서 이러한 문제를 해결하기 위해 교육은 공교육, 사교육기관에서, 경제활동은 사회생활을 통해, 애정 및 위기의 문제는 사회전문기관에서 해결해주는 현상이 나타나고 있다.

2. 가족의 유형

최근 가족의 형태는 과거 대가족으로 형성되며 가부장적이던 가족의 형태에서 다양하게 변화하고 있다. 결혼한 부부가 모두 경제활동을 하는 맞벌이가족, 혼자서 자녀를 키우며 부모 역할 모두를 담당하는 한부모가족, 이혼 또는 사별한 뒤 다시 결혼하는 재혼가족, 조부모와 함께 동거하는 조손가족, 다른 인종과 문화를 가진 사람들로 구성된 다문화가족 등등 모두 거론할 수 없을 정도로 다양하다.

다음에서는 최근 나타나는 가족의 대표적 형태에 대해 살펴보고자 한다.

1) 맞벌이가족

맞벌이가족은 현대 사회에서 쉽게 찾아볼 수 있는 가족의 형태로 결혼한 부부가 직업을 가지고 모두 경제활동을 하는 경우를 말한다. 현대에 들어 여성이 보이고 있는 사회적 변화 가운데 두드러지는 것은 여성취업이다. 여성의 경제 및 사회활동 비율이 증가함에 따라 여성의 취업은 결혼에도 영향을 미치고 있다.

맞벌이가족은 크게 세 가지 유형인 생계유지형, 자아실현형, 여가 활용형으로 분류된다. 첫째, 생계유지형 맞벌이가족은 가족의 경제적 필요성에 의해 기혼 여성이 취업하는 경우이다. 생계유지형 가족은 생계위협은 받지 않지만 가족의 보다 나은 경제적 안정을 위해 취업하는 내조형 맞벌이 경우와 남편의 학업이나 출세 등을 위해 여성이 생계를 전적으로 담당하는 경우로 나눌 수 있다. 둘째, 자아실현형 맞벌이가족은 경제적 이유도 있지만 자아를 실현시키고 평등한 부부관계를 정립하기 위한 유형이며 나아가 사회에 기여하려는 목적을 가지고 있다. 셋째, 여가활용형 맞벌이가족은 육아나 가사, 건강 등으로 인해 종일 취업이 힘든 경우 사회 경험이나 취미 활동, 여가 활용, 사회 기여 등을 위해 취업하는 형태이다(김미경 외, 2016).

맞벌이부부가 자녀 없이 경제활동을 동시에 하는 경우에 발생하는 문제는 미비하지만, 자녀가 태어남에 따라 다양한 문제들이 동반하게 된다. 김미경 외(2016)는 맞벌이가족의 문제로 자녀양육, 가사노동, 가족관계, 직장생활의 부담이 여성에게 너무 많이 요구된다는 것을 지적하였다. 따라서 취업으로 인해 가족 간 갈등, 일과 직장 간 갈등이 생기며 슈퍼우먼 신드롬이 생기게 된다. 맞벌이가족을 위한 대책은 취업 여성뿐 아니라 가족 모두의 복지를 증진시키는 대책이 되어야 하며 보육시설의 확대, 육아휴직제, 시간제 근무, 육아 후 복직제도 등이 활성화될 필요가 있다. 또한 부부가 함께 자녀양육과 교육을 한다는 의식을 갖는 것이 필요하며 가사분담도 이루어져야 한다.

하지만 맞벌이가족이 단점만 갖고 있는 것은 아니다. 부부가 맞벌이를 할 경우 남편의 경제적 부담이 감소하고, 여성 역시 경제활동을 통해 개인의 자존심, 주체성, 사회적 지위 등을 향상시킴으로써 인간의 에너지 자원을 오히려 증가시킬 수 있고 개인의 성취를 중요시 여길 수 있다는 점이다. 과거에는 학교에서 하교를 하였을 때 자신을 반겨주는 어머니의 모습을 그리워하는 맞벌이부부의 자녀가 많았지만, 최근 아동들은 자신의 부모 모두가 직장에 근무하는 것을 자랑스럽게 여기고, 자신의 어머니가 직업의 전문성을 가진 것에 대해 매우 긍정적으로 생각하는 아동이 증가하고 있다.

2) 한부모가족

한부모가족이란 만 18세 미만의 미성년 자녀를 둔 가정에서 부모의 한쪽 또는 양쪽이 사망, 이혼, 별거, 유기(遺棄), 미혼모 등의 이유로 혼자서 자녀를 키우며 부모 역할을 담당하는 한부모와 자녀로 구성된 가족을 의미한다(두산백과).

「한부모가족지원법」(2012)에서 한부모가족이란 모자가족 또는 부자가족을 말하며, '모자가족'이란 모가 세대주(세대주가 아니더라도 세대원을 사실상 부양하는 자를 포함한다)인 가족을, '부자가족'이란 부가 세대주(세대주가 아니더라도 세대원을 사실상 부양하는 자를 포함한다)인 가족을 말한다.

한부모가족은 처음에는 편부모가족으로 불렸다. 편부모가족의 '편'은 치우치다, 쏠리다, 부분, 조각, 한쪽이란 뜻으로 완전치 못하고 부족함을 나타내는 부정적 의미를 갖고 있었다. 이에 한국여성민우회를 중심으로 인식 개선을 위해 '온전하면서 하나이다.'라는 의미의 한부모가족으로 용어를 변경하기 시작하였으며 「한부모가족지원법」이 제정됨에 따라 다양한 영역 및 분야에서 한부모가족으로 통일된 용어를 사용되고 있다.

〈표 2-2〉의 전국 한부모가족 현황을 살펴보면, 최근 한부모가족이 양적으로

꾸준히 증가하고 있는 것을 확인할 수 있다. 한부모가정은 주로 이혼과 사별 등으로 일어나는데, 이혼이 증가하는 원인은 개인주의 가치관의 확산, 여성 취업 증가, 이혼에 대한 허용적인 분위기, 법적인 요인과 변화, 경제적 안정 등을 들 수 있다(양미경, 2007).

〈표 2-2〉 전국 한부모가족 현황

(단위: 1,000가구, %)

연도	총 가구 수	한부모가구		
		계	모자가구	부자가구
2005	15,887	1,370(8.6)	1,083	287
2010	17,339	1,594(9.2)	1,247	347
2011	17,687	1,639(9.3)	1,278	361
2012	17,951	1,677(9.3)	1,304	373
2013	18,206	1,714(9.4)	1,329	385
2014	18,457	1,749(9.4)	1,352	397
2015	18,705	1,783(9.5)	1,374	409
2016	18,948	1,816(9.6)	1,395	421

출처: 여성가족부(2017).
※ (   )는 전체가구 대비 한부모가구 비율임.

〈표 2-3〉 한부모가족 형성요인별 현황

(단위: 1,000가구, %)

연도	총 가구 수	한부모가구					한부모가구 비율
		사별	이혼	미혼	유배우	계	
2000	14,312	502(44.7)	246(21.9)	123(10.9)	253(22.5)	1,124(100)	7.9
2005	15,887	501(36.6)	399(29.1)	142(10.4)	328(23.9)	1,370(100)	8.6
2010	17,339	474(29.7)	523(32.8)	185(11.6)	413(25.9)	1,594(100)	9.2

출처: 여성가족부(2017).

한부모가정은 한쪽 배우자의 부재로 인해 경제적, 정서적, 자녀양육 모든 것을 수행해야 하므로 다양한 어려움을 경험한다. 한부모가정이 경험하는 문제는 크게 세 가지로 정리할 수 있다.

첫째, 경제적 문제이다. 가족에서의 경제적 안정은 매우 중요하다. 그러나 한부모가정은 부자가정 또는 모자가정으로 구성되어 한쪽 배우자가 부재하므로 반드시 외벌이를 해야 한다. 혼자서 경제적 부담을 모두 껴안으므로 이를 감당하기에 부담감이 매우 크다.

둘째, 정서적 문제이다. 부 또는 모의 부재로 인해 가족 내 지위체계가 무너지게 된다. 따라서 모든 역할이 한쪽으로 치우치게 되고, 한 명이 과중하게 모든 역할을 수행해야 하는 어려움이 있다. 이때 부 또는 모의 스트레스 증가는 아동에게도 직접적 영향을 끼치게 되어 아동의 외로움이 증가되거나 부모로부터 받아야 하는 정서적 지지가 결여될 수 있다. 특히 이혼으로 인한 한부모가족의 구성원은 이혼으로 인한 불안, 우울, 분노, 편견 등을 견디면서 가정을 이끌어 나가야 하는 어려움이 있다. 그러나 이러한 점이 반드시 가족실패로 이어지는 것은 아니며, 한부모가족을 더욱 끈끈하게 이어주는 계기가 되기도 한다.

셋째, 자녀양육 문제이다. 한부모가족의 부 또는 모의 경우 생계를 위해 하루종일 경제활동을 한 뒤 지친 몸으로 가정에 돌아와 자녀를 돌봐야 한다. 이러한 것은 체력적으로 이겨내기에 쉽지 않은 것이 현실이며, 사회 및 경제활동을 통해 겪는 스트레스가 자녀에게 그대로 전달될 확률이 높아 자녀에게 부정적 영향을 미칠 수 있다. 또한 부 또는 모가 경제활동을 하는 시간 동안 아동은 하루종일 부 또는 모와 떨어져 있게 되기 때문에 부 또는 모를 통한 정서적 지지를 잘 받지 못하는 것이 현실이며, 자녀와 충분한 의사소통이 되지 않는다. 따라서 자녀가 학교, 사회에 잘 적응하고 다양한 문제행동과 연결되지 않도록 가족구성원의 원활한 협의와 노력이 필요하다.

3) 재혼가족

재혼가족은 재혼에 의해서 형성된 가족 또는 최소한 배우자 중 한 사람이 이전의 결혼에서 낳은 자녀를 데리고 와서 형성한 가족을 말한다. 재혼가족은 다양한 결합형태로 구성된다. 브랜드와 세겔(Brand & Segal, 1987)은 재혼부부 각각의 전혼자녀 유무와 양육권 유무를 기준으로 〈표 2-4〉와 같이 재혼가족을 분류했는데, 이는 재혼가족 내 부모-자녀 관계를 파악하는 데 매우 유용하다.

〈표 2-4〉 재혼가족의 9가지 구조적 유형

<table>
<tr><th colspan="3" rowspan="3">아내의 전혼자녀 유무와 양육권
남편의 전혼자녀 유무와 양육권</th><th colspan="3">아내의 전혼자녀 유무</th></tr>
<tr><th rowspan="2">전혼자녀 없음</th><th colspan="2">전혼자녀 있음</th></tr>
<tr><th>양육권 없음</th><th>양육권 있음</th></tr>
<tr><td rowspan="3">남편의 전혼자녀 유무</td><td colspan="2">전혼자녀 없음</td><td>무자녀 재혼가족</td><td>비동거 계부가족</td><td>동거 계부가족</td></tr>
<tr><td rowspan="2">전혼 자녀 유무</td><td>양육권 없음</td><td>비동거 계모가족</td><td>비동거 계부모가족</td><td>혼합계부형 계부모가족</td></tr>
<tr><td>양육권 있음</td><td>동거 계모가족</td><td>혼합계모형 계부모가족</td><td>동거 계부모가족</td></tr>
</table>

출처: 임춘희, 정옥분(1997). 재인용.

재혼은 초혼에서의 다른 사람을 이해하고 배려하는 방법, 결혼생활의 의미 등 다양한 경험을 토대로 하기 때문에 이혼한 사람에게 있어서 보다 성공적이고 성숙한 결혼생활을 할 수 있게 한다. 이혼한 뒤 재혼한 사람은 초혼인 사람과는 달리 결혼생활 경험이 있는 이혼한 사람끼리 재혼하여 다시 실패하지 않는 성공적인 결혼생활을 하려는 경향이 있다.

그러나 불행하게도 어떤 사람들은 다양한 문제들로 초혼에서와 마찬가지로 재혼에서도 이혼으로 끝을 맺기도 한다. 재혼가정이 겪는 다양한 문제를 조추용 외(2003)는 다음과 같이 몇 가지로 정리하였다.

첫째, 재혼가족에서의 심각한 문제는 새로 결합한 부부의 관계보다 더 강력하고 친밀한 각각의 부모자녀 관계가 선행된다는 점이다. 재혼부부는 초혼과 같이 자녀의 출생 전까지 서로의 친밀감과 적응에 필요한 기간, 즉 신혼기간이 없다. 불안전하고 희박한 연대관계 가운데서도 부부는 자신의 자녀와 계자녀의 훈육이나 부모 역할의 한계 등에 대해 갈등을 겪을 수 있다. 많은 재혼가족의 부모들은 그들이 모두 함께 사랑하고 잘 지내야 한다는 비현실적인 기대를 갖고 있으므로 부모와 자녀 모두 어려움을 증가시키게 된다. 사랑에는 시간이 필요하므로 '인스턴트 사랑'은 불가능하며 어떤 감정을 가져야만 한다는 압박은 분노와 긴장을 주어 계부모자녀뿐 아니라 부부간의 긴장과 불안을 야기시킨다. 이러한 계부모와 자녀 간이 인스턴트 사랑에 대한 요구에의 좌절은 자신의 친자녀에 대한 사랑과 유대로 연결되어 부부간의 갈등으로 확대된다. 또한 재혼 시 자신의 자녀를 함께 데리고 오지 못한 부모는 자기 자녀에 대한 죄책감으로 스트레스를 받게 된다.

둘째, 재혼가족은 '아이들의 친부모가 어딘가에 있다.'는 생각과 그들의 영향력을 배제할 수 없다. 또 다른 배우자 혹은 또 다른 부모를 사랑한다는 것은 옳지 못한 느낌을 주고 친부모가 살아 있을 경우에 자녀를 공유하거나, 부모를 공유한다는 것은 어려운 일이다. 자존감이 낮거나 환경이 열악한 친부모는 자녀를 위해 자신이 할 수 있는 것이 부족한 것에 대한 열등감과 고통을 경험하며 자녀는 자신이 누리는 환경에 대한 죄책감을 느끼기도 한다. 초혼가족에서는 자녀와 부모는 함께 부모의 결혼이 유지되도록 노력하지만 재혼가족에서는 의식적 혹은 무의식적으로 부모의 재결합을 분리시키고자 하는 심리가 있을 수도 있다.

셋째, 이혼가정의 자녀는 재혼한 양부모의 두 가정을 번갈아가며 다니는 생활을 할 수 있는데 아동들은 경쟁과 불안감을 느끼게 되며 문화적 충격으로 고통받기도 한다. 가정 내 청소년의 문제는 또 하나의 큰 스트레스이다. 그들은 발달주기상의 어려움과 가정 내의 문제가 복합되어 문제의 근원이 되기도 하며, 이들은 이복형제자매나 계부모에게 성적인 유혹을 느끼므로 이에 대한 부적응의 반응을 보일 수도 있다.

재혼가족이 다른 유형의 가족에서처럼 모든 가족구성원이 만족감과 소속감을 느끼는 것에 한계가 있지만, 자녀와 부모가 새로이 형성한 가족생활 속에서 따뜻한 대인관계와 만족감을 경험할 수 있는 재혼가족이 되기 위한 지침을 이영숙 외(2008)는 다음과 같이 정리하였다.

첫째, 재혼을 위한 준비기간을 가지고 재혼 준비교육을 받는다. 이혼이나 사별 후부터 재혼하기까지는 준비기간이 필요하다. 전 배우자에 대한 감정이 정리되고 심리적으로 이별이 가능하고, 재혼에 대한 주위의 편견으로부터 자유로울 수 있을 때쯤 재혼을 계획해도 결코 늦지 않다.

둘째, 현실적인 기대를 갖는다. 재혼한 부모와 계부모는 그들 자신과 자녀들에게 지나간 과거의 상처를 보상받고자 하는 욕구가 강하기 때문에 재혼가족의 자녀와 성인들은 새로 형성된 가족에 대하여 비현실적인 기대를 가지기 쉽다. 만일 기대가 충족되지 않을 경우 가족구성원들은 혼란과 불안, 죄책감 등을 느끼고 가족생활에 만족하지 못하게 될 수 있으므로, 재혼가족과 관련한 일들을 충분히 이해하고 현실적인 기대를 하도록 한다.

셋째, 상실감을 인정하고 충분히 애도한다. 재혼가족은 계부모가족의 사망이나 이혼 후에 형성되었기 때문에 '상실감에서 유래된' 가족이라고도 한다. 이혼을 한 부부는 초혼의 결혼생활에서 기대하고 꿈꾸었던 계획, 소망이나 관계 등을 상실했다. 비록 초혼으로 재혼가족이 된 부부도 일시에 생긴 계부모가족 상황으로 인해 자신들이 원했던 결혼에 대한 기대와 환상이 상실되었다. 이러한 상실감뿐 아니라 다른 상실감들도 인정하고 충분히 애도할 필요가 있다.

넷째, 견고한 부부관계를 형성한다. 성공한 계부모가족의 중요한 특성 가운데 하나는 초혼가족처럼 한 팀으로서 수행하는 강력한 부부관계이다. 재혼가족의 부부 관계는 계부모-계자녀 관계와 함께 재혼가족의 적응에서 핵심적인 관계이며,

특히 부부의 의사결정과 의견일치는 재혼부부의 결혼적응에 매우 중요한 영향을 미친다. 따라서 재혼가족의 부부는 상호 유대감과 친밀감을 강화하고, 재혼가족의 체계 내에서 부부 하위체계를 명확히 하기 위한 노력을 기울일 필요가 있다.

다섯째, 만족스러운 계부모-자녀 관계를 형성한다. 초혼의 핵가족에서 대부분의 가족 관계는 부부 관계가 좋을 때 만족하는 경향이 있으나, 재혼가족이 성공하려면 계부모-자녀 관계가 매우 중요하다. 계부모가족의 성공적인 통합을 위해서는 처음에는 친부모가 그의 자녀들에게 적극적인 부모 역할을 하고 계부모는 이런 행동을 지원하는 한 팀으로서 함께 일하며, 계부모는 양육 역할에 서서히 점진적으로 관여한다. 그리고 계부모는 친부모와 같은 부모로서의 지위나 역할을 하는 데는 현실적으로 한계가 있음을 인정하고 계자녀와 친밀감을 형성하는 데는 시간과 노력, 인내가 필요하다는 사실을 받아들이는 것이 중요하다.

여섯째, 자녀를 위해 전 배우자와 협조 관계를 구축한다. 잘 기능하는 계부모가족은 자녀들을 위해 같이 살지 않는 자녀의 친부모와 만족스런 타협을 한다. 재혼 전 자녀들이 성장한 가정과 재구성한 가정이 서로 경쟁하기보다 협동한다면, 어린 자녀들은 심한 갈등을 덜 경험하게 되고, 자녀들이 두 가족을 편안하게 느끼고 생활할 수 있기 때문에 중요하다.

일곱째, 만족스러운 가족의례와 일상관습을 확립한다. 재혼가족의 구성원들은 가족구성원들이 명절 및 기제사 지내는 법, 생일 축하하는 방식, 휴가 보내는 방식 등 가족 의례가 서로 다르며, 아침인사, 식사예절, 저녁 잠자리 들기 등 일상관습에서도 서로 다르다는 사실을 인식하게 된다. 재혼가족은 이러한 가족의례와 일상관습이 어느 것은 옳고 어느 것은 그르다는 방식으로 해결할 문제가 아님을 인정하고, 융통성과 창의성을 가지고 완전히 새로운 방법을 만들어 내거나 한 가정에서 다른 가정으로 자녀들이 편안하게 경험할 수 있도록 다양한 방식의 가족 의례와 일상관습을 인정하고 제공하려고 노력해야 한다.

마지막으로, 사회적 지지 자원을 적극적으로 활용한다. 재혼가족에게는 제도화된 사회적 지지가 결여되어 있고, 대체적으로 사회적 편견을 경험한다. 가족, 친지, 친구, 이웃, 직장 동료 등에게서 지지를 구하는 것이 어렵거나 혼자서 해결하기 어려운 문제는 주변에 있는 건강가정지원센터를 비롯하여 가족문제를 도울 전문 상담기관을 찾아 도움을 받는 것이 좋다.

4) 조손가족

조손가족은 부모 없이 조부모가 18세 이하의 손자녀들과 동거하며 아동을 양육하는 형태로 2세대가 제외된 1세대와 3세대로만 구성된 가족이다. 조손가족은 아동의 부모가 이혼, 별거, 재혼, 사망 등으로 인해 발생된다. 이혼, 별거, 재혼 등으로 형성된 조손가족의 아동은 부모가 있음에도 조부모와 함께 살아야 한다는 사실에 버림받았다는 배신감을 느끼며 왜곡된 심리상태를 나타내기도 한다.

특히 조부모는 신체적, 심리적 노화로 인해 가족과 사회로부터 지원을 받으며 건강한 노년을 보내야 함에도 불구하고, 자신의 의사와 상관없이 스스로 충분한 준비가 되지 않은 상태에서 양육대리자 역할을 하는 것과 다른 이의 노년의 여유, 여가와 자신의 노년이 비교됨에 따라 높은 스트레스를 겪게 된다.

여성가족부(2010)의 조사 결과에 따르면 우리나라 조손가족에서 양육하고 있는 손자녀 수는 가구당 평균 1.4명이며, 손자녀 1인을 양육하는 가구는 전체 가구의 66.2%였고, 2명 이상의 손자녀를 양육하는 가구는 33.8%였다. 양육하고 있는 손자녀들의 평균 연령은 13.3세로 7세부터 12세 사이의 손자녀와 13세부터 18세까지의 손자녀가 각각 50.3%와 47.0%인 반면, 6세 이하의 손자녀는 2.7%에 불과했다. 한편, 조부나 조모 모두 생존하여 손자녀를 양육하는 조손가족은 전체 가구 중 17.1%에 불과한 반면, 조부나 조모 홀로 손자녀를 양육하는 가구는 82.9%로 조손가족 10가구 중 8가구 이상이 조부나 조모 홀로 손자녀를 양육하고 있는 것으로 집계되었다. 또한 조손가족의 조부모 평균연령은 만 72.6세이며, 조부는 평균 만 73.1세, 조모는 평균 만 72.5세였으며 월평균 가구소득은 평균 약 59.1만 원 정도로 매우 열악한 것으로 나타나 조부모들의 어려움을 예측할 수 있다.

그러나 조손가족의 경우 이러한 어려움을 잘 극복한다면, 외부인이 아닌 가족이기에 정서적 지원을 잘 제공해 줄 수 있으며, 가족구성원 모두가 서로 위로하고 보듬어 주면 삶의 기쁨이 될 수 있는 긍정적 결과도 기대할 수 있다. 조부모와 함께 생활하며 자란 아동들은 균형잡힌 성격형성과 정서적 안정을 이룰 수 있고, 일찍부터 세대 간의 갈등을 해소하는 비결을 배울 수 있으며, 사회성이 높고 양보의 미덕을 배워 협동과 경쟁을 조화시키며 살아가는 인생태도를 발달시킬 수 있다. 그리고 다양한 연령과 지위를 가진 가족과 어울려 살면서 인생의 전과정을 배우게 되므로 인생의 윤곽을 그릴 수 있는 안목을 키울 수 있고, 성인가족으로부터 언어, 사고, 문제해결방법 등을 배우게 되므로 빠르고 폭넓은 지적 성장과 발달을 이룰 수 있다(정미실, 1996; 최경순, 1997).

5) 다문화가족

다문화가족이란 우리와 다른 인종, 문화를 가진 사람들로 구성된 가정이 국내에 거주하는 것을 의미한다. 다문화가족은 1990년 초 한·중 수교가 이루어지자 농촌총각 장가 보내기 운동의 일환으로 중국 동포나 한족 여성과 결혼하는 경우가 늘어나며 급증하기 시작하였으며, 여성들의 사회적 활동이 증가함에 따라 남성들이 배우자를 선택하는 데 어려움을 겪으면서 증가하였다.

통계청(2016)의 다문화 인구동태 통계에 따르면 전체 혼인 중 다문화 혼인의 비중은 7.7%로 전년대비 0.3% 증가한 것으로 나타났다. 또한 다문화 혼인의 유형은 외국인 아내(65.7%), 외국인 남편(19.4%), 귀화자(15.0%) 순으로 많았으며 다문화 혼인을 한 외국인 귀화자 아내의 출신 국적은 베트남(27.9%), 중국(26.9%), 필리핀(4.3%) 순인 것으로 나타났다.

최근 한국 사회에서 사용되는 다문화 가정이라는 용어는 문화적 차이가 존재하는 가족을 의미하기 때문에 다음과 같은 세 가지의 범주가 포함될 수 있다(오연경, 2008).

첫째, 결혼이민자가 한국인 남성이나 여성과 결혼하여 만든 가정을 말한다. 이 경우 '국제결혼가정'이라는 용어를 사용해 왔으나 한국 사회에서 '국제결혼'이 금기시되거나 천시되어 온 특수한 사회적 배경 때문에 '국제결혼 가정'이라는 용어를 '다문화 가정'으로 대체하고 있다. 그러나 '다문화'라는 말은 가정 내에 서로 다른 문화가 공존한다는 것인데, 오늘날 가정 내의 세대 차나 남녀 차를 문화적 시각에서 해석한다면 국제결혼이 아닌 많은 현대 한국 사회의 가정 역시 '다문화'로 볼 수 있다는 문제를 제기할 수 있다. 한국인 남성이나 여성이 외국인과 결혼해서 이룬 가정이 다문화 가정의 대표적 형태임을 고려할 수는 있지만 현재 한국 사회에는 이들 외에도 다양한 다문화 가정이 존재한다.

둘째, 외국인 근로자 가족이다. 국내로 이주해 온 외국인 근로자들은 원칙적으로 가족을 동반할 수 없으나 여러 가지 비공식적 경로를 통해 자녀를 동반 입국시키고 있으며, 또한 국내에서 공식·비공식적 부부로 맺어진 외국인 근로자들이 출산을 하며 가족을 이루고 있다. 이들은 모두 한국 국적이 없는 외국인이지만 엄연히 한국사회에 존재하는 '다문화가족' 범주에 포함될 수 있다.

셋째, 탈북이주민(새터민)이다. 이들의 한국 사회 정착을 지원하거나 연구하는 학자들은 탈북이주민 역시 낯선 곳으로 이주해 온 일반적 이주민의 특징을 공유하고 있으며, 이들이 한국 사회에서 겪는 '문화충격'과 '문화적 갈등'을 고려할 때 다문화 가정의 범주에 포함시킬 수 있다고 주장한다.

황상심(2008) 역시 다문화 가정의 의미를 결혼이민자가 한국인 남성 또는 여성과 만든 가정, 외국인 근로자 가족, 탈북이주민(새터민)으로 총 세 부류로 정리하였다.

〈표 2-5〉 다문화 가정

국제결혼 가정	한국인 아버지와 외국인 어머니 가정
	한국인 어머니와 외국인 아버지 가정
외국인 근로자 가정	외국인 근로자가 한국에서 결혼한 가정
	본국에서 결혼하여 형성된 가족이 국내에 이주한 가정
새터민 가정	북한에서 태어나서 한국에 입국한 가정
	한국에서 결혼한 가정

다문화 가정에서의 부부간의 협력은 매우 중요하다. 그러나 다문화 가정은 가정 내 이중문화가 존재하기 때문에 이러한 문화 차이에서 오는 인식의 문제, 의사소통의 문제, 자녀양육의 문제, 경제적 어려움으로 인해 다양한 어려움을 경험하게 되는데 이를 자세히 살펴보면 다음과 같다.

첫째, 문화 차이로 인한 인식의 차이가 발생한다. 부부가 살아온 문화가 다르므로 동일한 상황에 대해서도 서로 다른 생각을 하고 의미부여를 할 수 있으며, 자국 문화와 다른 문화를 서로 경험하게 되며 서로의 문화에 대한 이해 부족, 차이 등으로 인한 충격을 경험할 수 있다. 동양인과 서양인의 국제결혼에서 발생하는 문화의 차이는 명확하게 나타나는 차이가 있어 조금 덜 하겠지만, 한국인과 일본인, 한국인과 중국인 등 동양인끼리 결혼한 경우 식사문화, 예절, 풍습, 남녀평등 등에서의 미묘한 문화적 차이가 있어 문제를 겪을 수 있다. 또한 남성중심 혈통을 중심으로 하는 가부장적 제도와 맥을 같이 하는 경우 여성에 대한 차별성을 갖고 있어 가정 내 역할분담을 하는 데 어려움이 발생하여 이러한 스트레스를 고스란히 부부가 떠안아야 하기 때문에 가정 자체를 불안정하게 만드는 원인이 될 수 있다.

둘째, 의사소통의 문제다. 부부간의 모국어가 달라 소통이 원활하지 않기 때문에 가정을 이끌어 가는 데 있어서 원만한 합의점을 찾기 쉽지 않을 수 있다. 서로 언어소통이 자유롭지 못하기 때문에 서로의 감정을 원만하게 표현하고 받아들이는 이해와 공감능력이 떨어질 수 있어 상대방을 이해시키거나 이해하는 데 어려움을 겪을 수 있다. 특히 기본적 언어소통이 되지 않을 경우 기본적 의사 표현 및 정보를 전달하고 부부생활을 하는 데 어려움을 겪을 수 있다. 소통이 원활하지 못하면 부부간의 관계가 악화되거나 단절될 수 있으므로 상호 의사소통을 원만하게 하기 위해 자신의 모국어만을 강조하기보다 서로의 언어에 대해 학습해야 할 필요가 있다.

셋째, 자녀양육의 문제다. 자녀를 양육하는 데 있어서도 각각의 문화에서 양육하는 방식의 차이에 따라 서로 다른 관점과 가치관으로 자녀를 양육하려 하므로, 부부의 소통이 원활하지 않을 경우 자녀를 원만하게 양육하기 어려울 수 있다. 특히 외국 출신 다문화 가정 부모의 경우 한국에서의 자녀양육 방식과 교육에 대한 정보가 부족하여 어떻게 한국식에 맞춰 자신의 아이를 교육해야 하는지에 대해 혼란을 경험할 수 있다. 또한 한국어 능력이 부족한 경우 자녀의 가정통신문 내용을 잘못 이해하여 준비물 준비가 미흡한 채 학교나 기관에 보낼 수 있으며, 교사와의 상담이 원활하지 않아 가정 외에서 나타내는 아동의 모습에 대한 이해가 부족할 수 있다. 이러한 부모의 언어능력 부족은 다른 아동과의 격차를 발생시킬 수 있으며, 학교나 기관에서의 부적응으로도 이어질 수 있다.

넷째, 경제적 어려움이다. 여성가족부의 전국 다문화가족 실태조사(2015)의 다문화가구 가구소득별 분포를 살펴보면, 월평균 200~300만 원 미만인 가구의 비중이 30.4%로 가장 크고, 그다음으로는 100~200만 원 미만(23.8%), 300~400만 원 미만(20.5%) 순이며, 가구소득이 400만 원 이상인 가구는 16.5%로 나타났다. 또한 전체 다문화가구 중 국민기초생활보장 수급가구는 5.1%에 달하는 것으로 조사되었다. 가중치 적용을 통해 추정된 수급가구 수는 약 14,135가구이며, 이는 2014년 기준 우리나라 전체 수급가구 814,184가구의 1.7%에 달하는 규모이다. 거주지역별로는 농어촌 지역(3.9%)보다는 도시 지역(5.4) 다문화가구에서 수급가구의 비중이 높다. 이러한 경제적 어려움은 가정을 꾸려나가고 자녀를 양육하는 데 어려움으로 연결될 수 있다.

따라서 다문화가족의 사회통합을 위해서는 결혼이민자, 귀화자 등에 대한 취업 지원 강화를 통해 다문화가구의 소득보전을 지원하려는 노력이 이루어져야 한다.

〈표 2-6〉 다문화 가구의 월평균 가구소득(2012, 2015)

(단위: %)

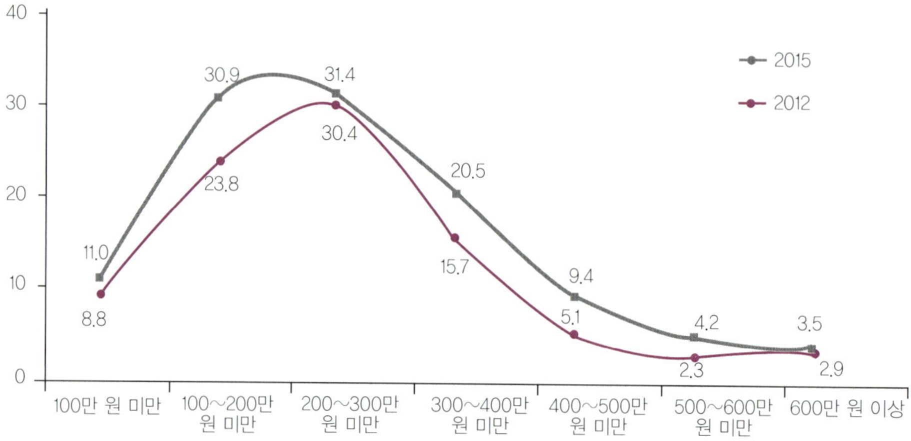

출처: 정해숙 외(2016).

〈표 2-7〉 다문화가구의 월평균 가구소득

(단위: %, 가구)

		100만 원 미만	100~200만 원 미만	200~300만 원 미만	300~400만 원 미만	400~500만 원 미만	500~600만 원 미만	600만 원 이상	합계
전체		8.8 (24,570)	23.8 (66,281)	30.4 (84,461)	20.5 (56,919)	9.4 (26,053)	4.2 (11,657)	2.9 (8,096)	100.0 (278,036)
거주지역	동부	9.3	22.9	29.5	20.7	9.7	4.5	3.4	100.0
	읍면부	7.4	26.8	33.1	19.6	8.4	3.3	1.4	100.0

출처: 정해숙 외(2016).

〈표 2-8〉 다문화가구의 국민기초생활보장제도 지원 대상 여부

(단위: %, 가구)

		수급	비수급	합계
전체		5.1 (14,135)	94.9 (263,901)	100.0 (278,036)
거주지역	동부	5.4	94.6	100.0
	읍면부	3.9	96.1	100.0

출처: 정해숙 외(2016).

앞서 살펴본 다문화 가정이 겪는 다양한 문제는 자녀의 문제로 이어질 수 있다. 다문화 가정의 아동이 겪는 문제는 크게 네 가지로 정리할 수 있다.

첫째, 언어발달의 지연이다. 언어는 자신의 의사를 전달하는 기본 표현방법으로 의사소통의 수단임과 동시에 학습에서의 기초가 된다. 정상적인 어린이의 경우 5~6세 정도가 되면 모국어의 복잡한 문법구조를 매우 자유롭게 사용하기 시작하고, 학령 전기(초등학교 3학년 이전)와 학령기(초등학교 고학년)에 들어서면서부터는 다양한 읽기, 쓰기, 듣기와 같은 모국어의 역할을 배운다. 하지만 다문화가족의 아이들 상당수가 이러한 정상적인 언어의 발달을 성취하지 못한다. 적절한 시기에 제공해야 하는 주변 언어 환경이 중요한데, 아이를 양육하는 다문화가족의 부모들은 이중언어를 함께 씀과 동시에 다양한 자극과 교육을 받지 못하기 때문에 언어장애를 유발할 수 있는 가능성이 높아진다(Stow & Dodd, 2003). 또한 이러한 언어발달 지연은 기초학습능력으로 연결되어 일반 가정의 자녀에 비해 낮은 학업 성취를 나타낼 수 있어 학년이 올라갈수록 일반 가정의 학생들과 격차가 더욱 벌어질 수 있다.

둘째, 정체성의 혼란 및 문화적 적응이다. 다른 국적의 부모, 피부색, 외모 등으로 인해 차별을 경험하고 가정 내에서 부모들의 서로 다른 가치관과 생활 차이 등의 이중문화를 경험하면서 대부분의 다문화 가정 아동들은 정체성 혼란을 겪게 된다. 특히 이들의 정체성 혼란 경험은 초등학교 시기부터 나타나고 있다. 이

는 일반 학생에 비해 언어와 문화, 가치관, 외모 등의 차이가 드러나고 이에 대해 나타나는 놀림, 차별, 따돌림 경험으로 인하여 정체성 혼란이 더욱 심각한 문제를 가져오기 때문이다(정하성 외, 2007). 또한 다문화 가정 자녀들은 두 개 이상의 문화 접촉 상황에서 부적응을 경험하며, '문화 적응'을 위해 두 개 이상의 문화에 대한 통합과 차별화 과정을 거쳐야 한다고 보고되지만, 이중문화를 겪고 있는 많은 다문화 가정 자녀들은 성장하는 과정에서 여러 가지 혼란을 느끼고 있다. 부모의 다른 두 나라 문화가 혼재된 가정교육으로 인해 불안감, 우울감, 소외감, 정체성 혼란이라는 다양한 부정적인 경험을 하고 있다(이샛별, 2012).

셋째, 사회적 편견이다. 여성가족부(2013)에 의하면, 다문화가족 자녀라는 이유만으로 사회적으로 차별을 당한 경험이 13.8%이며, 차별하는 대상으로 친구(36.5%)가 가장 많고, 그다음으로 모르는 사람(20.8%), 이웃(11.7%), 선생님(9.5%)으로 나타났다. 특히 초등학교에 입학하여 친구들의 놀림을 받는 것을 시작으로 학년이 바뀌는 새 학기가 되면 다문화 가정 자녀들이 자신의 정체가 드러날까 봐 매우 긴장하는 것을 볼 수 있다. 이러한 점은 일반 가정의 아동과 다문화 가정 아동들이 경험한 집단 따돌림에 대한 이유에서도 찾아볼 수 있다. 일반 가정 아동의 경우 '잘난 척해서'(29.4%)가 주된 이유인 반면, 다문화 가정 아동의 경우는 '특별한 이유 없이'(35.3%,) '의사소통이 잘 안 되어서'(26.5%), '엄마가 외국인이기 때문에'(20.6%), '외모가 달라서'(17.6%)였다. 즉, 집단 따돌림의 이유가 성격 특성과는 무관하게 단순히 다문화 가정 자녀라는 사회적 편견으로 본인의 의사와는 무관하게 결정된 요인인 것이다. 이러한 경험의 반복은 다문화 가정 아동들로 하여금 불안, 위축, 소극적 행동을 보이게 하거나 반대로 공격적, 폭력적 혹은 과잉행동장애를 보이게 하는 등 정서행동장애로 이어질 가능성이 높아지게 되어, 원만한 교우관계 형성에 어려움을 겪게 된다(김경은, 2013).

넷째, 학교적응 및 교우관계다. 다문화 가정의 자녀는 피부색이 다르거나 말을 더듬는 등 문화, 언어적 적응을 원인으로 따돌림이 발생하는 경우가 많으며, 이러한 원만하지 못한 교우관계는 학교생활 적응에도 지대한 영향을 끼칠 수 있다. 다문화 가정 아동의 학교적응 문제는 학습, 교우관계, 교사와의 관계와 학교문화 적응 등과 관련하여 복합적으로 나타나고 있다. 다문화 가정 아동들은 학교학습에 있어서 언어발달지체 및 문화적 부적응으로 학교 수업에 대한 이해도가 낮고 이로 인해 학교생활 부적응 현상을 나타내고 있다. 또한 교우관계에 있어서 놀림과 따돌림 등의 피해를 경험하면서 정서적 충격이나 어려움을 겪고 있다. 이러한 경험의 반복으로 아동은 불안, 위축, 소극적 행동 또는 공격적, 폭력적, 과잉행동 장애 등을 갖게 될 가능성이 높아지게 된다. 또한 생활 방식, 부모의 종교와 교육관 차이 등의 문화적 차이가 적응을 방해하는 요인이 되기도 한다. 그리고 다문화에 대한 교사의 인식 부족과 편견, 그로 인한 무관심과 방치, 낙인화, 낮은 기대와 결핍된 관심 등으로 학교생활의 부적응이 계속 되거나 심해지기도 한다(김광수 외, 2012).

이와 같은 다문화 가정 자녀가 경험하는 다양한 어려움과 문제가 계속 진행될 경우, 심각한 사회문제로까지 파급될 수 있어 다문화가족과 자녀에 대한 주의 깊은 관심이 필요하다.

3. 가족 가치관의 변화와 다양성

사회의 산업화, 도시화에 따라 현대의 가족은 기본적으로는 전통적인 일체성, 연대성, 안정성을 유지하고 있으면서도 눈에 띄게 변화하는 과정에 있다. 가족구조, 가족관계, 윤리관의 면에 걸쳐 많은 연구결과들이 이를 입증하고 있는데, 이를 한마디로 요약하면 가족의 핵화 현상 또는 개인주의화라고 할 수 있으며 조흥식(1998)은 현대 가족의 주요동향을 다음과 같이 정리하였다.

① 전통적인 가족과의 단절이란 의식 확산

② 아버지의 가장으로서의 권위, 남자로서의 권위가 저하됨에 따라 부부 관계와 친자 관계의 대등화
③ 가족의 보호기능, 부양기능 감퇴
④ 대가족 감소와 부부가족의 일반화
⑤ 핵가족화 현상에 따른 가족규모 축소
⑥ 가족생활주기의 변화
⑦ 기혼여성의 취업 증가와 사회활동 참여
⑧ 혼인자유의 법적 보장과 욕구에 따라 연애결혼 증가, 부부가족의 행복 지향
⑨ 이혼율 증가
⑩ 위와 같은 가족 변화에 따른 다양한 가족문제 발생

결혼연령은 점점 늦어지고 기혼여성의 저출산 현상은 지속되며 가족, 결혼, 자녀에 대한 가치관의 변화는 꾸준히 진행되어 오고 있다. 과거 혈연을 중시한 가족관계에서 현재는 부부나 개인 중심으로 변화되고 있으며, 또한 반드시 결혼을 해야 하거나 자녀를 낳아야 한다는 인식도 변화하고 있다.

2009년 전국 결혼 및 출산 동향조사(보건복지가족부, 2009)에 따르면 미혼자 가운데 결혼을 하겠다는 응답이 남성은 2005년 82.5%에서 2009년 75.7%, 여성은 2005년 73.5%에서 2009년 73.1%로 각각 나타나는 등 결혼을 하지 않거나 결혼을 미루는 경향이 심화되고 있는 것으로 드러났다. 일반적으로 미혼여성에 비해 미혼남성의 결혼 의향이 높음에도 불구하고, 최근의 글로벌 경제위기에 따른 고용불안정의 영향으로 남성의 경우 하락률이 상대적으로 더 큰 것으로 드러났다. 한편, 2005년 결혼의사 조사 결과 남성 31.8세, 여성 29.7세에 결혼하겠다는 의사를 보인 것에서 2009년 남성이 평균 32.1세, 여성이 30.6세에 결혼하겠다는 의사를 보여 결혼계획 연령도 늦추어지는 경향을 보이고 있는 것으로 나타났다.

또한 미혼남녀(20~44세)의 자녀 출산 의향을 살펴본 결과 미혼남성 중 24.3%는 반드시 그리고 62.2%는 가능하면 자녀를 가지고 싶다는 의향을 나타냈으며,

7.1%는 자녀를 가지고 싶은 의향이 없는 것으로 나타났다. 이러한 경향은 미혼여성의 경우에도 유사하게 나타났다. 미혼여성의 24.0%가 반드시 그리고 60.5%가 가능하면 자녀를 가지고 싶다는 의향을 나타냈으며, 9.0%는 자녀를 가질 의향이 없는 것으로 나타났다. 미혼남녀 간 비교해 보면, 미혼남성에 비해 미혼여성의 자녀 출산 의향이 상대적으로 낮다고 할 수 있다. 그리고 미혼남녀(20~44세)의 자녀 출산 의향을 2005년 조사결과와 비교하여 보면, 미혼남성의 경우 2005년 93.1%에서 2009년 86.5%로, 미혼여성의 경우 88.7%에서 84.5%로 각각 감소하였다. 특히, 자녀를 반드시 가지고 싶다는 의향은 미혼남녀 모두 2005년의 절반 수준에 그치고 있다. 이와 같이 자녀 출산 의향이 약화되고 있다는 점은 향후에도 출산율이 낮은 수준에서 지속될 것임을 시사한다.

〈표 2-9〉 미혼남녀(20~44세) 본인의 자녀 출산 의향

(단위: %, 명)

구분		반드시 가지고 싶다	가능하면 가지고 싶다	별로 가지고 싶지 않다	가지고 싶은 생각이 전혀 없다	생각해 본 적 없다	계(명)
미혼 남성	2005	54.4	38.7	3.5	0.7	2.8	100.0 (1,449)
	2009	24.2	62.2	6.3	0.8	6.4	100.0 (1,734)
미혼 여성	2005	42.1	46.6	6.6	1.0	3.6	100.0 (1,188)
	2009	24.1	60.4	7.5	1.5	6.5	100.0 (1,580)

출처: 이삼식 외(2009).

이러한 조사결과를 볼 때, 저출산 현상을 극복하기 위해서는 비혼, 만혼현상 완화, 중산층까지 지원 확대, 일-가정 양립, 다자녀 우대정책을 2자녀 가정까지 적용하는 등 다각적인 정책추진이 필요한 것으로 보인다. 김양희 외(2011)는 지금까지 변화해 온 것처럼 가족생활은 지속적으로 바뀌어 갈 것이며, 가족구성, 가

족의 역할, 가족의 다양성, 가족의 가치관 등 몇 가지 요소로 미래 가족의 모습을 전망하였다.

첫째, 가족의 크기는 만혼의 증가, 출산율 저하, 노인 단독세대의 증가, 자발적 무자녀 가족의 증가 등으로 인하여 점차적으로 줄어들 것으로 보이며, 독신, 편부(모)가족, 계부모가족, 공동체가족 등 형태가 더 다양화될 것을 예상할 수 있다.

둘째, 가족 내 역할은 가계경제의 어려움, 여성의 의식 변화와 교육 수준 향상 등으로 기혼 여성의 취업이 증가하여 부부 취업 구조로 변화할 것이다. 이에 따라 가족 역할의 변화가 촉진되고, 가정 내 역할에 대한 가족구성원의 공유의식이 증가하는 한편 제도적 측면에서 가족을 보조할 수 있는 장치들이 늘어날 것을 예측할 수 있다.

셋째, 가족의 다양성은 전통적인 가치의 가족구조가 더 이상 존속하기 어려운 상황에서 개별적인 삶을 존중하고자 하는 가치관과 수명의 증가, 출산의 감소, 국제결혼의 증가, 혼인연령의 변화, 동거, 공동체가족의 등장 등 획일적인 가족의 개념으로 설명하기 어려운 부분들이 증가할 것으로 보인다.

넷째, 가족의 가치관은 개인적으로는 개별화된 가치를 중시하는 모습이 늘어나면서 가족구성원 각자의 개별적인 삶에 대한 인정과 성역할에 대한 의식이 변화하게 되고, 사적 집단으로서 폐쇄적이었던 가족 문화가 수평적이고 개방적으로 변함에 따라 가부장적 의식은 점차 줄어들고 평등주의적 가치가 강화될 것이다.

다섯째, 가족 관계는 권위주의적 부자 관계보다 민주적 부자 관계로, 부자 관계보다 부부 관계의 가치가 중요해지면서 수직적 가족 문화를 수평적 가족문화로 바꾸려는 움직임이 활발해지고, 부부 취업으로 인한 육아의 어려움을 대체할 수 있다는 측면에서 기존의 부계중심의 확대가족이 모계중심의 확대가족으로 변하거나, 독립된 공간을 유지하면서 확대가족의 형태를 띠는 수정된 확대가족을 선호하는 가족이 늘어날 것으로 보인다. 이로 인해 친족 관계도 부계중심적 관계에서 양계적 친족 관계로의 변화가 불가피할 것이다.

한국가족의 변화는 근대화의 속도만큼이나 급진적이어서 미처 지금까지의 변화 내용에 적응하지도 못하는 가운데 새로운 변화를 맞이하고 있다. 전통적인 가족의식 속에서 전수되어야 할 바람직한 가치는 무엇인지 그 내용이 시급히 정립되어야 할 것이며, 새로운 가치와 어떻게 조화를 이루어야 할 것인지도 제시되어야 한다. 또한 이러한 내용이 가족 내외에서 어떻게 전수되어야 할 것인지 그 실천방법이 효과적으로 개발되어야 할 것이며, 가족문제와 같은 일탈된 결과 역시 통합적 시각에서 충분히 검토, 치료되어야 한다. 이러한 모든 과업은 가족연구자들의 사명이며 동시에 우리 사회 개개인 모두의 의무라 할 수 있다(유영주 외, 2013).

4. 요약

위에서 살펴본 바와 같이, 최근 가족은 도시화, 산업화 등으로 점차 3세대 이상이 모여 사는 대가족은 줄어들며 대가족에서 핵가족으로 변화되었으며, 가족을 생물학적이고 구조적인 관계로 바라본 과거에서 개인의 행복이 우선되는 현대로 변화하였다. 따라서 가족에 대해 논의하기 위해서는 전통적 개념보다는 혼인, 혈연, 입양 외에도 구성원의 필요성에 따라 형성된 다양한 집단까지도 포함시켜야 한다는 입장으로 변화되고 있다. 그러므로 현대 사회에서는 전형적인 가족의 형태만이 정상적 가족이라는 관점보다는 결혼한 부부가 모두 경제활동을 하는 맞벌이가족, 혼자서 자녀를 키우며 부모 역할 모두를 담당하는 한부모가족, 이혼 또는 사별한 뒤 다시 결혼하는 재혼가족, 조부모와 함께 동거하는 조손가족, 다른 인종과 문화를 가진 사람들로 구성된 다문화가족 등의 가족형태를 가족의 재구성 형태로 보아야 한다.

연구문제

1. 오늘날 변화한 가족의 구조 및 형태에는 어떤 것들이 있는가?
2. 다양한 가족의 유형에는 어떤 것들이 있고 그것의 형성 배경은 무엇인가?
3. 가족 가치관은 어떻게 변화하고 있는가?

3 다문화 가정의 이해

■ 학습목표

1. 다문화 가정의 개념에 대해 이해한다.
2. 다문화 가정과 자녀의 특성에 대해 이해한다.
3. 다문화 가정 구성원들이 겪는 문화 적응 4단계를 설명할 수 있다.

우리나라 사회구성원의 변화는 다문화 가정의 증가로 인해 많이 달라지고 있다. 이에 따라, 우리나라는 2008년 「다문화가족지원법」이 제정된 이후 본격적으로 다문화 가정을 대상으로 한 국가정책이 추진되기 시작하였으며, 지금까지도 정부 부처를 비롯한 민간단체에서도 지원사업들이 제공되고 있다. 즉, 다문화가족정책의 전달체계로 중앙정부의 여성가족부 산하 전국 다문화가족지원단, 지방자치단체에는 지역사회의 직접 서비스기관으로 다문화가족지원센터가 있으며, 다문화가족지원센터에서는 다문화 가정을 위한 부모교육, 상담, 문화 프로그램 등을 운영하고 있다(경기복지재단, 2012).

본 장에서는 다문화 가정의 전반적인 이해를 돕기 위한 장으로 다문화 가정의 개념을 시작으로 다문화 가정과 자녀의 특성을 살펴보고 다문화 가정의 적응단계에 대해 살펴보았다. 끝으로 다문화 가정 부모를 위한 지원방안에 대해 제언해 보았다.

1. 다문화 가정의 개념

1) 다문화 가정의 정의

다문화 가정의 개념은 고정된 개념이 아니라 시대의 상황과 관점, 사상에 따라서 다양하게 정의내릴 수 있는데, 현재 우리나라에서의 다문화 가정이란 다른 인종 또는 다른 문화적 배경을 지닌 사람들이 가족구성원으로서 함께 살아가는 가정 형태를 말한다(한국다문화교육연구학회, 2014; 황해영, 이영선, 2015).

이러한 '다문화'와 '가정'이라는 개념이 이루어진, 다문화 가정은 광의의 개념과 협의의 개념으로 구분해 설명할 수 있다. 광의의 개념은 우리나라에서 거주하는 모든 외국인 가정을 포함하지만, 협의의 개념은 단순히 거주하는 것이 아닌, 가정 중 한 명이 한국국적을 취득해 구성된 가정을 의미한다. 이에, 최근 우리나라에서는 일반적으로 다문화 가정을 정의하는 데 있어 한국 남성과 결혼한 해외이주여성 가정, 한국 여성과 결혼한 해외이주남성 가정, 외국인 근로자, 유학생, 새터민 가정 등을 모두 포함하여 사용하는 추세이다. 하지만 법으로 다문화 가정은 그 범위가 제한된다. 「다문화가족지원법」에서는 다문화 가정은 「재한외국인처우기본법」 제2조 제3호의 결혼이민자(대한민국 국민과 혼인한 적이 있거나 혼인관계에 있는 재한 외국인)와 「국적법」 제4조에 따라 귀화허가를 받은 자와 같은 법 제2조에 따라 출생 시부터 대한민국 국적을 취득한 자로 이루어진 가족이라고 규정하고 있다.

따라서 다문화 가정이란 국내에서 살고 있는 국제결혼가정을 의미하며 한국인 배우자와 결혼한 결혼이민자 가정을 포함한다고 할 수 있다(이신동, 김진호, 이상희, 이경숙, 이연우, 성영화, 차재경, 2016).

한편, '다문화가족'과 '다문화 가정'이라는 용어가 통일되지 않고 정부부처의 정책이나 다양한 학문분야 및 관련 전문가들에 따라서 혼용하여 사용되고 있다. 사회적 단위(social unit)로 쓰일 때 가정과 가족은 같은 개념으로 쓰이지만 '가정'은 사회적 단위이면서 가족이 생활하는 집 또는 가까운 혈연관계에 있는 사람의 생활공동체를 의미하는 반면에 '가족'은 사회적 단위이면서 부부와 같이 혼인으로 맺어지거나, 부모나 자녀와 같이 혈연관계로 이루어지는 집단, 또는 그 구성원을 의미한다(김영희, 2015; 이재분, 김혜원, 2009). 교육부에서 '다문화가족'의 개념을 확대하여 '다문화 가정'이라는 개념을 채택하여 사용하였듯이(김영희, 2015), 본 장에서는 다문화 가정의 어머니, 아버지, 또는 자녀만을 언급할 경우에 '다문화가족'이라는 표현은 적절하지 않으므로 '다문화 가정' 용어를 사용하고자 한다.

2) 다문화 가정의 유형

다문화 가정의 유형을 크게 세 가지 유형(국제결혼 가정, 이주근로자 가정, 새터민 가정)으로 분류할 수 있다.

첫째, 국제결혼 가정은 한국인 남성과 외국인 여성의 결혼으로 이루어진 가정과 한국인 여성과 남성의 결혼으로 이루어진 가정을 의미한다.

둘째, 이주근로자 가정은 외국인 근로자 가정 및 그 자녀가 외국인 근로자인 남성과 여성이 한국에서 결혼하여 이루어진 가정, 외국인 남성과 여성이 그들의 자국에서 단독으로 또는 동료와 함께 생활하는 가정, 한국인 여성과 남성의 결혼으로 이루어진 가정을 의미한다.

셋째, 새터민 가정 즉, 북한 탈북자 가정은 탈북자 출신 남성과 여성의 결합으로 이루어진 가정, 탈북자 출신 남성 또는 여성이 한국에 입국한 후 한국의 여성 또는 남성과 결합하여 이룬 가정, 탈북자 출신으로서 결혼하지 않고 단독으로 또는 동료와 함께 생활하는 가정을 의미한다(김영희, 2015; 서종남, 2009).

2. 다문화 가정과 자녀의 특성

1) 다문화 가정 특성

(1) 인구학적인 특성

우리나라는 1990년대 후반부터 급속도로 국제결혼 가정이 늘어나면서 다문화 가정이 증가하였고, 특히 2000년대에 들어와서 일반가정에 비해 출산율이 높은 현상도 발생하고 있다(김은정, 정지영, 정세미, 2017; 한경님, 2013).

3년마다 실시하는 전국 다문화가족 실태조사는 여성가족부에서 우리나라의 다문화가족 실태를 전반적으로 조사하여 통계 수치로 제시하고 그 결과를 분석해 주는 조사라 할 수 있다. 가장 최근에 조사된 2015년 전국 다문화가족 실태조사에 따르면, 우리나라 전체 다문화가구는 278,036가구로 추정되고, 16개 시도별로는 서울과 경기지역에 전체 다문화가구의 절반 정도가 거주하고 있다고 조사되었다. 평균 가구원 수는 3.16명에 3인 가구가 전체의 29.1%로 가장 많았고, 다문화 가구의 가구구성은 부부와 자녀로 이루어진 가구가 46%로 가장 많은 것으로 나타났다.

한편, 우리나라의 다문화 가정 혼인비율은 과거보다 줄어들고, 오히려 이혼비율이 늘어남에 따라 다문화 가정의 또 다른 인구학적인 특성이 나타나기 시작하였다.

(2) 사회·경제적인 특성

단일민족국가로 여겨지고 있던 우리 사회에서 다문화 가정을 바라보는 시선은 과거보다 나아지긴 했지만 여성 결혼이민자에 대한 편견과 차별은 여전히 큰 어려움 중의 하나이다(김지현 외, 2014; 이신동 외, 2016). 준비도 없이, 전혀 다른 문화에서 살다 온 배우자를 만나서 상대방의 문화를 이해하고 그 문화에 적응하고 살아가는 것은 많은 시간을 필요로 하게 되는데, 그러한 시간조차 짧기 때문에 부부 사이에서 더 많은 갈등이 일어나게 된다.

그리고 지금까지 수행된 다문화 가정과 관련된 많은 연구 및 자료들을 살펴보면, 다문화 가정의 주요 특성 중 하나로 상당비중이 저소득층으로 경제적인 면에서 많은 어려움을 겪고 있다는 점이라고 보고하고 있다(여성가족부, 2016). 다문화 가정의 소득 수준은 단순히 가구경제의 취약함만을 의미하지는 않는다. 다문화 가정 어머니의 경우 경제적인 어려움을 극복하고자 결혼한 경우가 많고, 저소득층 결혼이민자들은 가구경제에 도움이 되고자 경제활동을 적극적으로 하고 싶어 하지만, 의사소통의 어려움, 문화적 차이, 낮은 직업능력 등으로 인하여 노동시장 참여가 곤란한 경우가 많다(이상식, 2009). 이러한 어려움으로 인해 결혼이민자는 한국 사회에 적응하지 못하게 되어 새로운 사회문제로도 이어질 수 있어 국가적으로 관련 지원책을 지속적으로 마련하고 있는 실정이다.

2015 전국 다문화가족 실태조사에 따르면, 다문화 가정의 월평균 가구소득은 200~300만 원 미만이 30.4%로 가장 많고, 100~200만 원 미만(23.8%), 300~

400만 원 미만(20.5%) 순이며, 400만 원 이상이 16.5%라고 보고하였다. 2012년 실태조사에 비해 300만 원 미만은 10.0%p 감소한 반면, 400만 원 이상 가구 비중은 5.6%p 증가하였고 다문화가구 중 국민기초생활보장급여 수급가구 비율은 5.1%로 2012년(5.0%)과 거의 차이가 없다고 조사되었다(여성가족부, 2016).

이처럼 다문화 가정은 저소득층이거나 사회경제적 측면에서 비다문화 가정보다 취약한 대상인 경우가 많다는 것을 알 수 있다(김미숙 외, 2011; 윤은영, 2015).

(3) 언어적 특성

다문화 가정의 가장 큰 특성이라고 꼽는다면 당연히 언어문제 즉, 원활하지 못한 의사소통 부분이라고 할 수 있다. 언어습득은 부부간의 의사소통 문제만이 아니라 한국 사회에 적응하고 정착하는 데 기본적 조건이다. 다문화 가정 어머니들은 한국어로 의사소통이 불가능했을 당시 상대방의 의견을 알아들을 수 없고 자신의 의견을 전달할 수 없었기 때문에 교류가 불가능하여 고립감을 느꼈다고 한다(박주희, 정진경, 2007). 이러한 어려움은 자녀 출산을 하면서 더욱더 심해지는데, 한국어 능력 부족으로 자녀와의 애착 형성의 어려움, 언어적 상호작용 경험 기회 부족, 양육 정보에 대한 의사소통 기회 부족 등으로까지 이어져 전반적으로 자녀의 교육적 지원을 제공하기에 힘든 상황에 처하게 된다(서은경, 2013; 이신동 외, 2016; 조영달, 2006). 또한 결혼이민여성들이 겪는 어려움과 개인적 특성에 관한 연구들을 추가적으로 살펴보면, 농촌에 거주하는 결혼이민여성들은 특히 시부모와의 관계에 대한 어려움과 노인 부양에 대한 어려움을 많이 느끼고 있으며 가부장적인 가족 관계와 유교 중심의 문화적인 차이에 어려움을 겪는 것으로 나타났다(이재화, 2011). 그리고 가족 내에서도 한국인 부모나 친척들의 지배적인 태도로 인해 가족관계에서도 갈등을 겪으며 안정적인 결혼생활 유지에 어려움을 겪는 것으로 나타났다(김은하 외, 2014).

2) 다문화 가정 자녀의 특성

2017년 기준 우리나라 초·중·고교 다문화 학생 수는 전년 대비 10.3%(1만 201명) 급증한 10만 9천 387명으로, 전체 학생의 1.9%다. 특히 초등학교에 다니는 다문화 가정 학생 수가 한 해 사이 11.8% 급증해 증가 폭이 가장 큰 것으로 나타났다(전국초등학교신문 가온누리, 2017). 그리고 다문화 자녀 출생은 19,729명으로 전년보다 6.8% 감소하였고, 전체 출생에서 차지하는 비중은 4.5%로 전년보다 0.4%p 감소하였다(통계청, 2016).

학교생활 적응 측면에서 많은 연구 및 자료에 의하면, 다문화 가정의 자녀는 의사소통을 비롯한 학습 및 정서적인 영역에서 어려움을 겪고 있다고 보고하고 있다(서문희 외, 2011; 이신동 외, 2016). 그래도 고무적인 것은 국가 차원에서도 다문화 가정 자녀와 관련된 지원 사업들을 지원한 결과 과거에 비해 자녀들이 겪는 어려움이 줄어들고 있다는 것이다. 2015년 전국 다문화가족 실태조사에서도 알 수 있듯이, 다문화 가정 자녀들 중 차별을 경험한 비율은 9.4%로 2012년에 비해 4.4%p 감소했으며, 차별 경험 시 부모님이나 선생님에게 알리는 등 적극적인 대응이 증가(2012년 38.3% → 2015년 50.6%)했다. 또한 학교생활 적응에 있어서 전체 재학 자녀의 89.8%는 잘 적응하고 있다고 응답했으며, 학교생활에 적응하지 못하는 이유로 친구들과 어울리지 못한다는 응답이 64.7%로 가장 많고, 다음으로 학교공부에 흥미가 없는 경우가 45.2%였다(여성가족부, 2016).

다문화 가정 어머니의 언어능력과 어머니와 자녀 간 언어적 상호작용은 다문화 가정 아동의 언어발달에 매우 직접적으로 관련되며(최윤경 외, 2011), 다문화 가정 아동의 연령별 언어발달 속도는 비다문화 가정 아동들과 유사하나, 발달의 정도는 느리며 발달격차가 커지는 것을 알 수 있다(김화수, 이은경, 2010; 장명림 외, 2013). 이러한 연구결과는 다문화 가정 유아의 언어능력은 이후 적응에 결정적인 변인으로 작용하므로 다문화 가정 유아의 언어발달 지원에 있어 조기중재는 매우 중요한 요소임을 알 수 있다.

한편, 다문화 가정 아동의 언어발달의 차이에 대해서는 상반된 연구결과가 나타나고 있다고 보고하고 있다(권회연, 이미숙, 전병운, 2010; 박소현, 정명심, 2012; 이신동 외, 2016). 따라서, 다문화 가정 아동의 언어발달은 개별적 특성에 초점을 두고 접근해야 한다. 즉, 보편적으로 비다문화 가정 유아들의 언어발달 양상은 개개인마다 다르고, 실제 다문화 가정 아동들의 언어발달 능력이 일반아동보다 다소 늦다 하더라도, 가정환경 내에서 부모가 주는 자극의 문제로 보는 경우도 있기 때문에 다문화 가정 유아의 언어발달은 환경적 차원으로 접근하여 언어발달 능력을 단편적으로 보기보다는 다양한 관점으로 이해하고 접근해야 할 것이다(김영희, 2015).

이와 같은 맥락에서, 취약한 가정환경에도 불구하고 다문화 가정 부모의 지지가 높은 경우, 다문화 가정 아동의 학교적응이 뛰어나고 정서적으로 안정감을 찾는다는 연구결과는 다문화 가정 부모에게 매우 긍정적인 영향을 끼칠 수 있다(양심영, 박수경, 김미숙, 2013). 이처럼 다문화 가정 부모의 경제 수준이 낮고 인적 지원이 부족하더라도 다문화 가정 부모와 자녀의 긍정적인 관계는 다문화 가정 자녀에게 중요한 자원이 될 수 있다는 것을 다문화 가정 부모들은 유념해야 할 것이다(권민석, 신재한, 2009; 김현옥, 김경호, 2011; 이재영, 공태명, 2010; 조유리, 강현아, 2011).

위의 다문화 가정 자녀들의 특성들을 종합해서 살펴보면, 다문화 가정 자녀의 사회·정서 발달은 개별적인 특성에 맞게 이해되어야 하고 긍정적인 면에 초점을 두어야 한다. 또한 다문화 가정 자녀의 사회·정서발달에 영향을 미치는 부모, 교사, 또래 등 주변인들 모두 다문화 가정 자녀가 학교생활에 적응하며 긍정적인 자아개념을 형성할 수 있도록 도와주어야 할 것이다. 특히, 다문화 가정 자녀는 다문화 가정이라는 환경적 요인뿐만 아니라 경제적 요인 등 여러 가지 어려움에 처할 수 있다. 강지현 외(2013)의 연구결과에서 다문화 가정 자녀의 경우 사회·경제적 수준을 통제하면 사회성 부족으로 인한 문제의 측면에서는 일반아동과 차이를 보이지 않았다고 드러났듯이, 국가 차원에서도 지속적으로 다문화 가정 자녀들의 가정 구성원들을 정서적인 면에서 지지해주고 다문화 가정 자녀의 심리적 안정 및 학교생활 적응 향상을 위한 여러 가지 지원방안들이 마련되도록 힘써야 할 것이다.

3. 다문화 가정의 적응단계

다문화 가정 구성원들은 우리나라에 입국하면서 새로운 문화에 적응하게 되는데 코엘료(Coelho, 1998)에 의하면 일반적으로 4단계를 경험하게 된다고 하였다(조영달, 2006 재인용).

첫째, 도착과 새로운 인상 형성 시기이다. 이주 후 처음 몇 주간은 새로운 나라에서의 삶에 대한 기대와 더불어 약간의 불안을 경험한다. 특히 오랜 시간 제3국 등에서 체류하며 불안한 삶을 보낸 새터민들의 경우 더 이상의 신분불안과 경제적 문제가 없을 것이라는 안도감이 지배하게 된다. 정착 초기에 가족들은 현실적인 문제를 해결하기 위해 바쁘다. 살 집과 일자리를 구해야 하고, 아이들을 학교에 입학시켜야 한다. 이 시기의 청소년들은 학교에서 벌어지는 일들에 대한 '관찰자'로 행동한다. 낯선 곳에서 새로운 인상을 형성하는 시기에 편안하고, 이들을 지원하는 분위기를 조성할 필요가 있다.

둘째, 문화 충격을 경험하는 시기이다. 이 시기는 어수선한 정착기를 거쳐서 새로이 접한 환경이 자신이 원래 지니고 있던 문화와 다르다는 사실을 느끼게 되는 시기이다. 자신의 정체성에 위협을 느끼며, 자신과 같은 문화를 가진 집단의 구성원들에게 더욱 친밀감을 느끼게 된다. 이 시기에 자신에 대한 타인의 편견을 경험하게 되면 긍정적 자아 정체감 형성에 방해가 될 수 있으므로 학교에서는 이들이 긍정적 경험을 할 수 있도록 지원해 주어야 한다. 이 시기에 학교는 수업이나 제반 학교 행사에서 다문화 가정 자녀들이 '소수자'로 배제당하고 있다고 느끼지 않도록 학생들에게 자발적인 참여의 기회를 제공해야 한다. 또한, 학부모들에게는 학교 문화와 학생의 성취에 대한 긍정적 피드백을 제공해줄 필요가 있다.

많은 경우, 다문화 가정 자녀들은 이 시기에 '왕따' 등을 경험하게 된다. 다문화 가정 자녀들은 한국어와 한국 문화에 익숙하지 않으며, 한국인 학생들은 자신과 다른 것에 불편함을 느끼고, 이들을 배제하기 때문이다. 또, 인상 형성기에 한국 사회에 대해 막연한 기대를 지니고 있던 외국인 노동자 아동들은 어느 정도 시간이 지나고 나면, 자신들의 삶은 한국 사회의 화려함과 거리가 멀다는 사실을 자각하게 되기도 한다.

셋째, 문화 충격의 극복과 낙관의 시기이다. 앞선 문화 충격 시기가 일종의 '위기'라면, 학교에서의 적절한 지원으로 이 위기를 극복하게 될 경우 자신이 본래 지니고 있던 문화적 정체감을 부정하지 않으면서, 새로운 사회에 잘 적응할 수 있다는 낙관적 전망을 가질 수 있게 된다. 문화 충격 시기에 다소 소극적이었던 이주민들은 새로운 언어를 배우거나 그 사회의 문화를 배우는 데 좀 더 적극적으로 참여하게 된다.

넷째, 문화 적응기이다. 1~2년이 지나면 대부분의 이주민들은 새로운 정체성을 형성함으로써 내부적 갈등을 해결한다. 새로운 정체성 형성의 방향은 두 가지로 나타나는데, 하나는 '동화'이다. 이는 모국의 문화를 버리고 새로운 문화에 완전히 동화되는 것을 의미한다. 이에 비해 '통합'은 자신이 지니고 있던 문화를 버리지 않고 주류 문화를 주체적으로 수용하는 것을 의미한다. 그러나 이러한 과정은 '일반적'인 것으로 모든 다문화 가정에 똑같이 적용되는 것은 아니다. 사람마다 단계를 지나치기도 하고, 다른 비율로 겪기도 하고, 그 단계가 명백하게 나누어지지도 않기 때문이다. 또 사회경제적 지위, 문화적 차이의 정도, 자발성의 여부, 성(性) 등에 따라 적응의 양상은 천차만별로 나타난다. 중요한 것은, 많은 이주민들이 이주 후 정체성에 혼란을 느끼고 새로운 사회에 적응하는 데 갈등을 겪는다는 것이다. 학교는 다문화 가정의 자녀와 학부모들이 혼란과 갈등을 겪고 있다는 사실을 분명히 인식하고, 이들이 어려움을 극복하는 데 도움을 제공할 수 있어야 한다.

4. 다문화 가정 부모를 위한 지원방안

위의 내용을 바탕으로 향후 다문화 가정 부모를 위한 지원방안에 대해 다음과 같이 몇 가지 제언하고자 한다.

첫째, 현재 우리나라에서 시행되고 있는 다문화 가정을 대상으로 한 많은 부모교육의 형태가 수동적이며, 하나의 프로그램을 일률적으로 모든 부모에게 동일한 방식으로 전용하는 경우가 대부분이어서 만족도가 높지 않은 것으로 나타나고 있다(김은정 외, 2017; 장경원, 이종미, 2014). 특히, 부모의 관심과 요구가 반영되지 않은 교육을 비롯하여 이론 중심의 지식 전달 교육, 형식적인 교육으로 이루어지고 있는 부모교육에 대해 만족하지 않고 있다고 보고하고 있어(박성환, 최성우, 2010; 배지희 외, 2011), 다문화 가정 어머니의 욕구가 제대로 반영되고 있지 않은 상황이다. 따라서, 향후 다문화 가정 부모를 대상으로 한부모교육 실행에 있어서 다문화 가정 부모들의 특수성을 고려하고 그들의 요구에 적합한 프로그램을 개발하고 적용할 필요가 있다(김은정 외, 2017).

둘째, 최윤경 외(2011)의 연구에서 다문화 가정 자녀 지원방안에 대해서 제안하였듯이, 다문화 가정 부모에게 자녀들의 발달 특성에 맞는 발달유형별, 발달영역별, 발달시기를 고려하여 다문화 가정 자녀들이 가지고 있는 장점들을 잘 살려서 가지고 있는 잠재력을 키워줄 수 있도록 다문화 가정 부모에게 지속적인 교육이 제공되어야 할 것이다. 즉, 다문화 가정 부모를 대상으로 자녀의 생애주기별 맞춤 부모교육으로 영유아기, 아동기, 청소년기, 성인기로 나누어 각 시기에 맞는 자녀교육을 체계적으로 실시해야 할 것이다. 2015년 전국 다문화가족 실태조사에서 보고하였듯이, 다문화 가정 자녀들의 학업 중단율이 높다. 이처럼 각 시기에 자녀들에게 요구되는 것들을 부모들이 잘 파악하여 지원할 수 있는 부모교육이 매우 필요할 것이다.

셋째, 우리나라의 다문화 가정 혼인비율이 과거보다 줄어들고, 이혼비율이 늘어남에 따라 다문화 가정 어머니, 아버지들 사이에서 발생하는 갈등이 점점 심각해지고 있다(류진아, 2015). 한 예로 국적을 취득한 뒤 돌변하는 여성결혼이민자들 때문에 가정이 파탄에 이르는 사례가 속출하고 있다는 것이다. 그동안 우리 사회는 여성결혼이민자에 대해 '약자'라는 이유로 국내 정착을 위한 제도와 보호대책을 강화해 왔지만, 국제결혼 피해를 입은 남성들을 위한 상담기관이나 지원정책은 거의 없어 오히려 '역차별'을 받고 있는 실정이다(경인일보, 2017. 09. 17). 따라서, 다문화 가정 부모상담이나 부모교육도 내용에 있어서 사회의 변화 양상에 맞게 달라져야 할 것이다.

넷째, 다문화 가정 부부의 원만한 결혼생활을 위해 예비부모를 위한 교육이 보다 더 활발하게 이루어질 필요가 있다. 예방적인 관점에서 자녀가 출생하기 전 자녀를 양육하는 정보나 필요한 기술들을 배운다든지, 자조모임에 가입하여 미리 자녀를 키워 본 사람들의 경험담을 듣고 앞으로의 자녀양육에 있어 준비를 한다든지 이러한 예비부모를 위한 교육이 다문화가족지원센터나 온라인강좌, 방문교육 등 보다 다양한 형태로 교육받을 수 있도록 관련 교육을 제공해 주어야 할 것이다.

다섯째, 서문희 외(2011)의 연구에 의하면, 대부분의 다문화 가정 부모들은 다문화가족지원센터가 지원하는 부모 방문교육, 한국어 방문교육처럼 방문교육 프로그램을 선호하는 것으로 나타났다. 즉, 다문화 가정 부모들은 시간적인 제한 및 여러 가지 환경적인 요인 등으로 적극적으로 교육기관을 방문하여 교육을 듣는 형태보다는 가정으로 직접 와서 교육받는 조금은 소극적인 형태의 부모교육을 선호하는 것을 알 수 있다. 이처럼, 다문화 가정 부모의 문화와 성향을 고려하여 방문교육 형태의 부모교육 프로그램을 교육기관 자체에서 받는 부모교육 형태와 적절히 혼합하여 실시하는 방향도 고려해야 할 것이다.

여섯째, 우리나라 다문화 가정 부모지원정책이 하나의 거점기관을 통해 기획과 예산지원, 인력지원 등 유기적으로 통합하여 협력하는 체제로 나아가야 할 것이다. 현재 다문화 가정 관련 지원사업은 여성가족부, 보건복지부, 교육부, 행정안전부 등 각 정부부처마다 다른 지원정책들을 펼치고 있어 중복되는 지원사업도 적지 않다. 따라서, 단기간에는 힘들겠지만 단계적으로 중복되는 지원사업은 하나로 통일하고 다문화 가정 부모들에게 실질적으로 도움이 되는 사업을 제공해야 할 것이다.

5. 요약

앞에서도 언급하였듯이, 다문화 가정 자녀들의 발달에 대한 연구는 일관된 결과를 나타내지 않고 있다는 것을 알 수 있다. 즉, 일반적으로 편견을 가지고 다문화 가정을 바라보는 관점에서는 다문화 가정에서 성장하는 자녀 대부분은 발달이 늦고 특히 언어가 지연되고 사회성이 결여된다고 생각할 수 있지만, 선행연구 결과에서도 알 수 있듯이 다문화 가정 자녀가 발달에 있어 심한 지체를 보이는 경우는 많지 않은 것으로 나타났다(이신동 외, 2017). 이러한 상반된 연구결과는 다문화 가정 아동의 발달과 적응과 관련해서 중요한 의미를 갖는다. 왜냐하면, 다문화 가정 자녀는 일반가정 자녀에 비해 발달이나 적응에서 떨어질 것이라는 통념을 깨는 것으로, 성장과정에서 환경적인 요인에 따라 발달이나 적응 정도가 달라질 수 있음을 시사할 수 있기 때문이다(김영희, 2015).

따라서, 우리가 그동안 가지고 있던 편견에서 벗어나 다문화 가정의 특성에 맞는 문화반응적 요소가 포함된 부모교육을 바탕으로 국가 차원에서도 다문화 가정이 지닌 긍정적인 요소들을 파악하여 다문화 가정 부모 및 자녀들에게 적절한 교육지원을 제공하도록 힘써야 할 것이다.

연구문제

1. 다문화 가정의 특성을 반영하여 향후 우리나라 학교 현장에서 적용할 수 있는 부모지원은 어떠한 것들이 있다고 생각하는가?
2. 다문화 가정 구성원들이 겪는 문화 적응 4단계에 대해 여러분은 어떻게 생각하는가?
3. 향후 다문화 가정 자녀와 부모를 위한 교육프로그램 개발에 있어 고려해야 할 사항들은 무엇이라고 생각하는가?

4

다문화 가정 부모교육

■ 학습목표

1. 다문화 가정 부모교육의 필요성을 이해한다.
2. 국내 다문화 가정 어머니를 위한 부모역량 강화 프로그램에 대해 살펴본다.
3. 국내 다문화 가정 아버지를 위한 부모역량 강화 프로그램에 대해 살펴본다.

다문화 가정 부모들은 전반적으로 낮은 경제력, 학력, 원활하지 못한 의사소통 등 여러 가지 요인으로 인해 자녀가 학교생활에 적응하는 데 필요한 양육기술을 습득하는 데 어려움을 겪게 된다. 특히, 우리나라에서 자녀양육과 교육에 대한 역할이 엄마에게 치중되어 있는데, 다문화 가정의 어머니들은 의사소통의 어려움으로 정보가 부족하고 기존의 다른 문화를 적응하는 데 있어서의 어려움 등으로 엄마로서의 역할에 소극적일 수밖에 없다. 자녀가 초등학교에 입학하면 이러한 어려움을 현실적으로 경험하며 부부 사이의 갈등으로까지 이어질 수도 있다.

이처럼, 다문화 가정의 부모들이 부모로서 갖추어야 할 역량들을 교육받고 실제 행동으로 이어지는 과정은 무엇보다 중요한 과정이며, 자녀의 학교생활 적응과 부모로서의 적절한 역할수행을 위한 부모교육은 다문화 가정 부모들에게 매우 필요한 부분이라 할 수 있다.

따라서 본 장에서는 이러한 다문화 가정의 부모교육에 초점을 두고 이에 대한 이해를 돕기 위해 부모교육의 정의와 필요성을 시작으로 국내 다문화 가정 부모교육 관련 선행연구를 부모역량 강화 프로그램 중심으로 살펴보았다.

1. 다문화 가정 부모교육의 개념

다문화 가정 부모교육에 대한 내용을 살펴보기에 앞서 먼저, 일반교육에서의 부모교육에 대한 개념부터 살펴보고자 한다.

부모교육에 대한 개념은 시대적 흐름에 따라 변화하고 다양하게 정의되고 있는데 미국에서는 1920년 이후부터 사용하기 시작하였고 1965년 헤드스타트(Head Start) 운동이 일어나고 유아들의 성공적인 교육을 위해서는 부모교육을 실시하고 부모를 참여시켜야 한다는 점을 강조하게 되었다(김정미, Mahoney, 2013). 이러한 국가정책은 영유아들에게만 교육을 제공할 것이 아니라 부모에 대한 교육을 함께 병행해야 한다는 관점에서, 적극적인 부모의 참여를 이끌어내는 데 주력하였다.

그 결과 대부분의 모든 유아교육기관에 부모교육 프로그램이 확산되었고, 현재의 많은 부모참여 프로그램이 다양화될 수 있는 기초를 마련하였다(한국유아교육학회, 1997). 우리나라에서도 1980년대 무렵부터 유아교육기관에서의 부모교육의 중요성이 강조되면서 부모교육이라는 용어를 공식적으로 사용하였고 이에 대한 다양한 논의가 이루어져 왔다(김길숙, 김지현, 이혜민, 2016; 이재림 외, 2013).

부모교육 용어의 정의에 있어서 연구자 및 전문가들도 조금씩 다르게 사용하고 있는데 몇 가지 예를 들어보면 다음과 같다.

먼저 『교육학 용어사전』에서는 부모의 참여를 위한 프로그램에 포함되기도 하지만 부모로서 효율적인 양육태도 및 방법을 지니도록 교육하는 것을 일컫는다고 하였다(서울대학교 교육연구소, 1995).

김정미와 마호니(Mahoney, 2013)는 부모교육에서의 '부모'란 생물학적 부모와 입양이나 이혼한 부부의 재결합 등에 의해서 맺어진 자녀와 일차적 관계에 있는 사람이라고 정의하였다. 또한 부모는 자녀를 바르게 양육하고 교육해야 할 책임이 있다고 강조하면서 단순히 자녀에게 필요한 것을 충족시켜주고 양질의 교육을 제공하는 것보다 더 큰 의미를 부여할 수 있다고도 하였다. 따라서, 부모교육의 정의를 부모만을 대상으로 자녀를 효율적으로 양육할 수 있도록 지식과 지원을 제공하는 것만이 아닌 부모교육의 초점은 부모와 자녀 관계의 관점에서부터 시작해야 한다고 하였다.

김지현, 정지나, 조윤주, 한준아(2014)는 부모교육은 자녀에 대한 이해와 지식을 증진시켜서 자녀를 양육하는 새로운 방법을 습득하도록 도와주는 다양한 교육적 경험을 말한다고 하였고, 궁극적으로 부모교육은 부모가 역할을 수행하는데 변화를 주기 위하여 사용되는 교육적 활동이라 하였다. 또한 부모교육은 아동의 정서적·사회적 부적응을 예방해 보고자 하는 의도에서 일차적인 예방의 수단이 될 수도 있다고 하였다.

그리고 송혜림, 전숙영, 김경은(2016)의 「다문화가족 부모교육 프로그램 개발」 연구보고서에 따르면, 부모교육은 부모 또는 예비부모인 성인들을 대상으로 올바른 자녀양육과 가정생활을 개선할 수 있게끔 다양한 지식 및 정보, 기술 등을 비롯하여 부모들의 적극적인 참여로 바람직한 부모 역할을 수행할 수 있도록 하는 의도적으로 계획된 활동이라고 하였다.

이외에도 국내·외의 여러 학자가 정의내린 부모교육의 정의를 최근 김길숙, 김지현, 이혜민(2016)의 연구에서 정리한 자료를 바탕으로 제시하면 다음 〈표 4-1〉과 같다.

〈표 4-1〉 부모교육의 정의

저자(연도)	내용
김진영 외 (2009)	부모로서의 역할 기능을 원활히 수행할 수 있도록 부모에게 정보나 지식을 전달하거나 기술을 가르치는 것
이재림 · 김지애 · 차동혁 · 이향희 (2013)	부모 역할에 필요한 지식과 기술은 타고나는 것이 아니라 학습하는 것이라는 관점에서 부모에게 부모 역할에 대한 지식과 기술을 전달함으로써 부모 역할을 지원하고 부모역량을 향상시키려는 교육적 활동
이재연 · 김경희 (1998)	부모와 자녀에 대한 이해와 지식을 증진시켜 사고와 감정 그리고 행동에 있어서 습관적인 방법을 돌이켜 검토해 봄과 동시에 자녀를 양육하는 효과적인 방법을 습득하도록 도와주는 다양한 교육적 경험
김재은 (1988)	부모가 바람직한 부모로서의 자질을 갖추고 자녀의 성장 · 발달 및 교육에 효과적으로 참여할 수 있도록 부모에게 교육하는 것
한국부모교육학회 (1997)	부모교육자의 자질향상과 부모의 역할수행에 변화를 일으키기 위한 부모교육자와 부모, 예비부모 그리고 자녀를 대상으로 부모교육문제와 자녀 교육문제를 내용으로 모든 교육적인 방법을 동원하여 교육하는 활동
한국유아교육 학회 (1997)	이미 성인이 된 사람들이나 예비부모들을 위한 일종의 성인교육을 뜻함. 부모교육은 자녀의 양육이나 교육, 가정생활의 개선 등에 관한 지식을 얻거나 일반교양을 높이기 위한 것을 목적으로 함
Cataldo (1987)	가정과 학교 관계에 관여하는 다양한 프로그램을 지칭하기 위한 일반적 용어이며 부모들이 자녀 양육에 도움과 조언을 필요로 하므로 프로그램, 또는 자원을 통해 자녀의 성장발달과 가족의 성장과 학습에 중요한 기여를 할 수 있음
Fine (1980)	부모로서의 역할에 대해 정보, 인식, 기술을 부여하기 위해 체계적, 개념적인 근거를 둔 프로그램
Morrison (1978)	부모들이 부모 자신과 가족을 위해 역할을 할 수 있도록 자신들의 강점, 잠재력, 능력을 발견할 수 있도록 돕고 부모들의 역량을 키울 수 있도록 도와주는 과정

하지만, 다양한 정의에서도 부모를 대상으로 자녀양육을 지원하기 위한 목적으로 교육하는 활동이라는 점에서 유사한 목적을 가지며, 부모교육과 관련된 개념으로 부모교육 외에 부모 역할(parenting), 부모개입(parent involvement), 부모훈련(parent training), 부모참여(parent participation) 등으로 비슷하지만 조금씩 다른 다양한 용어를 사용하고 있다(김수희, 최윤정, 2014; 김길숙, 김지현, 이혜민, 2016).

이와 같이 다문화 가정 부모를 대상으로 하는 부모교육도 우리 사회에서 자녀를 양육하고 교육하는 데 필요한 전반적인 지식을 얻거나, 부모로서의 역할과 책임을 다할 수 있도록 교육받는 활동이라 할 수 있으며, 공공기관에서 시행하는 부모교육뿐만 아니라 지역사회 및 사립기관 등에서 시행하는 부모교육 모두를 포함한다고 할 수 있다.

2. 다문화 가정 부모교육의 필요성

핵가족화가 가속화되고 저출산 현상이 보편화됨에 따라 부모교육의 필요성이 대두되고 있으며, 이는 부모의 역할을 자연스럽게 습득할 수 있는 기회가 부족하고, 부모 역할에 대한 요구의 증가와 이와 맞물린 부모로서의 부담이 증가하는 데서 기인한다고 볼 수 있다(김길숙, 김지현, 이혜민, 2016). 부모는 아이를 낳으면 자연스럽게 부모가 되지만, 부모로서의 역할을 제대로 하기 위해서는 많은 준비가 필요하고 노력이 요구된다. 더욱이 우리나라는 최근 들어 맞벌이 가정이 늘어나면서 자녀와의 대화가 단절되거나 부모와의 많은 시간을 갖는 것조차 쉽지 않게 되면서 부모가 자녀를 잘 양육하고 적절한 방향으로 자녀를 훈육할 수 있는 부모교육은 매우 중요하게 강조되고 있다.

이처럼, 일반가정에서도 자녀 양육에 필요한 지식과 정보를 얻을 수 있는 부모교육이 매우 필요한 것처럼 다문화 가정 부모도 마찬가지로 우리 사회에서 적응하는 것에 더하여 자녀양육에 대한 정보가 절실히 요구되고 있다.

부모는 자녀가 세상에 태어나 최초로 맺는 인간관계이며, 부모가 제공하는 환경은 자녀 발달 전반에 영향을 미친다. 즉, 부모를 중심으로 형성되는 어린 시기의 경험은 인간의 기본적인 인격 형성에 많은 영향을 미치며, 이후의 성장 발달에도 중요하다는 연구 결과들을 통하여 부모 역할의 중요성이 강조되고 있다(김지현, 정지나, 조윤주, 한준아, 2014). 특히, 선행연구에서도 다문화 가정 어머니의 나이가 어릴수록 자녀양육에 대한 지식이나 경험의 부족으로 부모 역할 스트레스가 더 높게 나타나고, 자녀연령이 어릴수록 어머니의 부모 역할 스트레스의 강도도 상대적으로 높게 나타나는 것이 확인된 것처럼(김미숙, 2009; 김춘화, 2009) 결혼과 동시에 일찍부터 부모교육은 더욱 필요하다고 볼 수 있다.

3. 다문화 가정 부모교육

1) 국내 부모교육 프로그램

우리나라 일반가정 부모교육 프로그램은 1980년대부터 부모교육에 대한 연구가 다양하고 활발하게 이루어지고 있는데, PET(부모효율성 훈련 프로그램), APT(적극적 부모 역할 훈련 프로그램), STEP(체계적 부모 효율성 훈련 프로그램) 등 널리 사용하는 공인된 부모지원 프로그램이 있다(김남희, 2016). 그리고 우리나라 정부부처별로 개발된 부모교육 프로그램을 분석한 김길숙, 김지현, 이혜민(2016)의 분석한 자료에 따르면, 정부부처별로 개발된 생애주기별 부모교육 프로그램 수로 여성가족부 11종류, 보건복지부 6종류, 교육부 3종류, 과학기술정보통신부(미래창조과학부) 2종류로 다양하게 실시하고 있다고 보고하였다. 김길숙, 김지현, 이혜민(2016)의 연구에서 제시한 구체적인 각 부처별 부모교육 현황에 대한 설명은 다음 〈표 4-2〉와 같다.

〈표 4-2〉 우리나라 각 부처별 부모교육 현황

부처	부모교육 현황
여성가족부	• 여성가족부에서는 자체 사업으로 저소득 한부모 등 취약가족 지원 서비스(미혼모 · 부 초기 지원, 법원연계 이혼위기가족 회복지원 사업), 스마트폰 중독 청소년 부모 대상 부모교육 등을 수행하고 있음
보건복지부	• 보건복지부에서 실시하는 부모교육은 드림스타트센터, 육아종합지원센터, 한국보건복지인력개발원 등에서 이루어지고 있음
교육부	• 교육부에서 실시하는 부모교육은 유아교육진흥원과 전국학부모지원센터 등을 통해 이루어지고 있으며 교육부 자체 내에서도 부모교육을 위한 여러 콘텐츠를 개발하여 보급하고 있음 • 현재 유아교육진흥원은 전국적으로 13개소가 설치되어 있고, 주로 유치원 재원 중인 아동의 부모를 중심으로 교육이 이루어짐 • 전국 학부모지원센터는 총 92개소이며 유치원을 포함한 학령기 아동 · 청소년의 부모를 중심으로 교육이 이루어짐
과학기술정보통신부(미래창조과학부)	• 과학기술정보통신부에서 실시하는 부모교육은 한국정보화진흥원에서 수행하며, 주로 스마트폰 중독 예방을 위한 부모교육을 전개하고 있음
고용노동부	• 고용노동부에서 실시하는 부모교육은 직장보육지원센터를 통해 이루어지고 있음 • 직장보육지원센터는 주로 맞벌이 부모에 초점을 맞춘 부모교육을 실시하고 있음
농림축산식품부	• 농림축산식품부에서 실시하는 부모교육은 여성농업인센터를 중심으로 이루어지며, 주로 농촌 지역 여성의 역량 강화 등을 목표로 하고 있으며, 부모로서의 역량도 이에 해당됨 • 여성농업인센터의 주요 사업으로는 돌봄과 결혼이민여성 대상 프로그램, 지역 여성+농업인 대상 문화, 건강, 취미 프로그램, 여성농업인 리더십 교육, 부모 역할 훈련, 상담활동 등 다양한 활동을 전개하고 있음.
기타	• 이외에 각종 입양 기관 사회복지공동모금회, 세 살 마을 등 사설기관에서도 프로그램과 체계를 구성하여 부모교육을 실시하고 있음

출처: 김길숙, 김지현, 이혜민(2016).

또한 2016년 기준 다문화 가정을 대상으로 한부모교육 프로그램을 전국 다문화가족지원센터에서 시행되고 있는 부모교육 프로그램 중심으로 살펴보면, 12개 프로그램을 사용하고 있으며, 2016년 여성가족부에서 지원한 지역 다문화 공모사업에서는 7개 부모교육 프로그램이 포함되어 있다고 보고하였다(송혜림, 선숙영, 김경은, 2016). 부모교육 프로그램 내용에는 다문화 이해, 존중 등의 내용이 많이 포함되어 있었고 아버지 역할에 대한 내용 및 부모의 자아정체감, 자존감, 효능감

등의 내용은 대폭 보완될 필요가 있는 것으로 나타났다.

2) 국내 다문화 가정 부모교육 관련 선행연구

먼저, 국내 다문화 가정에 대한 연구는 2000년대부터 꾸준히 이루어져 왔고, 다문화 가정 구성원을 대상으로 연구동향 및 문헌분석을 다양한 주제로 실시하였다(황해영, 이영선, 2015). 그중 국내 다문화 가정 부모교육 관련 선행연구를 중심으로 황해영, 이영선(2015)과 송혜림, 전숙영, 김경은(2016)의 연구결과를 바탕으로 분석해보면 다음 〈표 4-3〉과 같다.

〈표 4-3〉에서 보는 바와 같이, 2005년도 이후부터 2017년까지 국내학술지에 게재된 연구 34편을 살펴보면 국내 다문화 가정 부모교육 관련 선행연구들의 주제는 크게 자녀양육 관련 프로그램, 부모교육 프로그램 개발 및 효과성 관련 연구, 부모교육 개발로 나눌 수 있다. 연구 초기에는 단순히 부모교육 프로그램 개발에 초점이 맞춰졌다면 이후에는 부모교육 프로그램 개발과 더불어 프로그램의 효과성 검증이 부각되고 있는 것을 알 수 있다(송혜림 외, 2016). 또한, 다문화 가정 부모교육 연구들은 대부분 어머니만을 대상으로 한국어 능력 향상, 학부모로서의 역량강화, 양육기술 습득, 부모기술 향상 등의 목적을 두고 실행한 것으로 나타났다(황해영, 이영선, 2015).

그중 몇몇의 연구를 소개하면, 임은미와 김종윤(2014)은 일반적으로 부모교육에서 사용하는 강의나 토의가 아닌 모델을 제공하거나 직접 체험할 수 있는 프로그램을 부모교육으로 실시하였고, 강기정과 이윤정(2010)은 다문화 가정 아버지를 대상으로 부모의 잠재적 역량을 개발하기 위한 연구를 실시하였다. 그 외 다문화 가정 부모 코치가 코칭습득기술을 지원하는 부모코칭프로그램(강기정, 2009)과 자녀의 문제행동 발생을 예방하기 위한 목적을 두고 실시한 프로그램(최형성, 2010)도 있었으며, 다문화 가정 부모들이 자녀문제를 상담하고 해결책을 지원한 프로그램(성용구, 김근이, 2014; 조미영, 배지희, 2011)도 있었다.

〈표 4-3〉 국내 다문화 가정 부모교육 관련 연도별 선행연구

연번	저자(연도)	제목
1	김연수(2008)	다문화가족을 대상으로 한 「탄력적 부모되기 프로그램」 적용연구
2	박량규, 윤진영(2008)	다문화 가정의 모-자 애착증진을 위한 집단 치료놀이 프로그램의 개발
3	강기정(2009)	다문화가족 모(母)의 부모역량 강화를 위한 부모코칭 경험 연구
4	김정원, 남규(2009)	그림책 읽기 프로그램의 적용과정에서 표출된 다문화 가정 이주 여성의 반응양상
5	송미경 외(2009)	다문화 가정 어머니의 양육효능감 증진을 위한 집단상담 프로그램 개발
6	최형성(2010)	동남아 출신 여성결혼이민자를 위한 부모훈련 프로그램 개발(1): 필리핀 출신 여성결혼이민자를 중심으로
7	강기정, 이윤정(2010)	다문화가족 아버지교육 프로그램 개발과 효과분석
8	남부현 외(2010)	다문화 가정 부모교육 프로그램의 개발 방향에 대한 탐색적 연구-여성결혼이주자 가정을 중심으로
9	이지은 외(2010)	다문화 가정 아동의 정신건강을 위한 집단 미술치료 및 부모교육 병합 프로그램에 관한 예비 연구
10	장온정(2010)	다문화 가정 자녀의 학교생활적응을 위한 예비학부모 역량강화 프로그램 개발 연구
11	박선옥 외(2010)	자녀 교육 능력 향상을 위한 여성결혼이민자 특별 교육 프로그램 설계
12	김영란 외(2011)	CAI를 활용한 부모훈련이 다문화 가정 어머니의 언어행동과 아동의 표현 언어 능력에 미치는 효과
13	오가영(2011)	다문화 가정 유아의 사회 · 정서발달 및 모-자 관계를 위한 미술치료 사례연구: 치료놀이를 적용한 모-자 미술치료를 중심으로
14	이명숙(2011)	유아기 자녀를 둔 다문화가족 부모역량 강화 프로그램 구안
15	민성혜 외(2011)	유아기 자녀를 둔 다문화가족 부모자녀 관계 증진을 위한 부모교육 프로그램 개발 및 효과성 연구
16	조미영, 배지희(2011)	다문화 가정 어머니들의 영유아기 자녀양육 지원을 위한 멘토링 과정 탐색
17	정계숙 외(2011)	다문화 가정의 사회적 문제를 가진 유아 모자의 상호작용 지원 프로그램 효과 연구: 치료놀이 중심 기관 및 가정 중재를 중심으로
18	심보경, 김정숙(2012)	여성결혼이민자의 학부모 역량강화를 위한 시기별 한국어교육 및 자녀 학습 지도방안 연구
19	조일현(2011)	MBTI를 적용한 부모교육 프로그램이 다문화 가정 어머니의 자아존중감과 양육태도에 미치는 효과
20	한경님(2012)	다문화 가정 어머니들의 자녀양육을 위한 부모교육에 대한 요구
21	강현옥, 황혜원(2013)	다문화가족 어머니와 영아의 애착 및 상호작용 증진을 위한 부모 역할 프로그램
22	한경님(2013)	다문화 가정을 위한 역량 있는 부모되기 프로그램 개발과 그 효과에 관한 연구
23	봉귀영 외(2013)	반응적 상호작용 전략 중심의 부모교육 프로그램이 다문화가정 내 자폐범주성장애 유아의 모와의 상호작용에 미치는 영향

연번	저자(연도)	제목
24	남정아, 양명숙(2013)	다문화 가정의 모-자 상호작용 향상을 위한 집단미술활동 프로 그램 개발
25	박찬옥, 이은경(2013)	다문화 가정 어머니의 부모역량 프로그램 개발에 관한 연구
26	성용구, 김근이(2014)	결혼이주여성 가정의 부모교육
27	임은미, 김종운(2014)	다문화 부모교육 프로그램이 국제결혼 이주여성의 자아존중감과 양육태도 및 사회적 유능감에 미치는 효과
28	한경님(2014)	부모 역할 프로그램이 유아기 자녀를 둔 다문화 가정 부모의 양육효능감, 역할만족감 및 양육행동에 미치는 효과성에 관한 연구
29	김연진 외(2014)	액션러닝 기반 부모교육 프로그램 개발을 위한 결혼 이주여성의 실제적 문제 유형 탐색
30	김은하 외(2014)	부모교육 프로그램이 다문화 가정 어머니의 양육 스트레스와 양육효능감에 미치는 효과
31	이선경(2015)	다문화 가정 부모지원 방향 모색: 부모교육 프로그램과 자료를 중심으로
32	이경숙(2015)	부모교육 프로그램이 유아기 자녀를 둔 베트남 이주여성의 양육태도에 미치는 효과
33	이은경(2015)	다문화 가정 어머니의 부모역량 교육을 통한 변화과정의 의미 탐색
34	김은정 외(2017)	다문화 가정 초등학교 저학년 자녀의 학교생활 적응지원을 위한 부모역량 강화 프로그램 개발 및 효과성 연구

다문화 가정 자녀들의 영유아 시기는 전 생애적인 관점에서도 전반적인 발달이 이루어지는 매우 중요한 시기로 특히, 부모의 역할이 더욱 중요하게 여겨지는 시기라 할 수 있다. 이러한 결과를 반영하듯, 여러 선행연구에서도 영유아기 자녀를 둔 다문화 가정을 대상으로 연구를 실행하였다. 그중 민성혜 외(2011)의 연구에서는 유아기 자녀를 둔 다문화 가정 부모자녀 관계 증진을 위한 부모교육 프로그램을 개발하고 그 효과성을 검증하는 연구를 실시하였다. 그 결과 다문화 가정이 가지고 있는 부모자녀 관계에 근거하여 그들의 요구에 따른 맞춤형 부모교육 프로그램을 개발하였으며, 실제 프로그램 실시 후 결혼이주여성의 양육 스트레스가 감소하였고, 양육효능감은 증가한 것으로 나타났다. 또한, 조미영과 배지희(2011)는 영유아기 자녀를 둔 다문화 가정 어머니들을 대상으로 구조화된 프로그램이 아닌 자녀 양육 지원을 위한 멘토링을 실시하였다. 그 결과 민성혜 외(2011)의 연구결과와 유사하게 멘토링 과정을 통해 부족한 양육지식을 얻고, 어머니 역할에

관한 자신감을 갖게 되었다.

한편, 부모역량은 부모가 자녀를 양육하는 데 요구되는 지식이나 기능, 태도 등을 말하는데 이는 양육에 관한 가치관이나 동기와 같은 내적 요인을 포함하고 있으며 자녀의 발달과 성장단계에서 부모 역할을 해낼 수 있는 잠재력을 의미한다(장혜진 외, 2013). 또한 이은경(2013)의 연구에서도 부모역량을 사회적 환경을 이해하는 데 필요한 심리적 역량과 이를 바탕으로 개인·가정의 환경에 통제력을 발휘하는 역량으로 보았다. 이러한 맥락에서 다문화 가정 부모를 위한 부모역량 강화 프로그램은 전반적인 발달영역에 가장 큰 영향을 미칠 수 있는 영유아 시기부터 학령기까지 그 시기를 확장하여 실행할 필요성이 요구된다. 이에 본 장에서는 다문화 가정 부모교육 프로그램 중 부모역량 강화 프로그램 사례중심으로 소개하고자 한다.

(1) 다문화 가정 부모역량 강화 프로그램

① 다문화 가정 어머니를 위한 부모역량 강화 프로그램

김은정 외(2017)의 연구는 프로그램 개발 단계에서부터 초등학교 저학년 자녀를 둔 다문화 부모들의 특성과 욕구를 적극적으로 반영하여 프로그램을 설계하였으며, 프로그램 운영방식에서도 일반적으로 많이 사용하는 이론이나 강의 형태뿐만 아니라 체험이나 캠프, 축제, 가족구성원의 동반 참여 등의 다양한 운영방식을 고려하여 부모교육을 실시하였다. 그리고 참여자들이 프로그램 개발과 운영과정에 적극적으로 참여하는 과정을 통해 '부모 참여형 프로그램'으로서 효과성을 살펴보고자 하였다.

그 내용을 구체적으로 살펴보면, 초등학교 저학년 자녀를 둔 다문화 가정 부모를 대상으로 이들 자녀의 학교생활 적응지원을 위한 부모역량 강화 프로그램을 개발하고 그 효과성을 살펴보고자 하였다. 그리고 프로그램은 대인관계 역량 강화, 자녀 학습지원 역량 강화, 긍정적 문화정체성 형성을 포함하는 내용으로 프로그램을 구성하였다. 연구결과, 프로그램에 참여한 실험집단의 다문화 가정 부모들의 대인관계 역량, 자녀 학습지원 역량, 긍정적 문화정체성 형성에 있어 부모로서의 역량이 유의미하게 향상된 것으로 나타났다. 총 12회기로 구성된 구체적인 프로그램 내용은 다음 〈표 4-4〉와 같다.

〈표 4-4〉 다문화 가정 초등학교 자녀 학교생활 적응지원을 위한 부모역량 강화 프로그램

영역	회기	회기별 주제	목표	세부내용
대인 관계 역량 강화	1	부모-자녀 관계향상*	• 아동기 부모의 역할 및 바람직한 의사소통 기술 습득	• 자녀의 정서적, 심리적 발달이해 • 관계 형성을 방해하는 요소 알기 • 바람직한 의사소통기술 방법 실습
	2		• 가족 강점 발견과 인식 • 가족 탄력성 확보	• 부부, 자녀, 부모로서의 강점 찾기 • 부모 역할 선언서 작성 및 발표
	3	학교 내 관계 형성	• 학교, 교사 및 학부모들과의 교류를 통한 지지 기반 형성	• 학교기관 알아보기 및 활동 참여 • 교사와의 관계 형성 방법 • 학부모 모임의 활성화
	4	자녀 교우 관계 지도	• 자녀들의 바람직한 교우 관계 형성을 위한 방법 이해 및 대안 모색	• 자녀 또래 관계 및 사회성 발달 이해 • 자녀 친구 사귀기 및 사회성 지도 • 자녀 네트워크 활동 알아보기
학습 지원 역량 강화	5	교육제도에 대한 이해	• 부모의 자녀입학 준비와 한국 초중고 교육내용의 변화 이해	• 한국의 초중고 학제와 교육방향 이해 • 초등학교 입학준비와 학년별 교과 내용 변화
	6	바람직한 교육관 형성	• 부모로서 내 아이에게 적합한 교육관 확립하고 일치하기 (적성파악)	• 자녀에게 적합한 사교육 여부 판단 • 방법 찾기: 학습지/학원-교과보충/예체능 교육의 필요성 판단하기
	7	학습관련 정보제공	• 지역 내 학습자원과 활용정보 안내	• 학습 멘토링 활용하기 • 예체능 기타 저비용 학습지원 찾기 • 복지서비스 활용하기
	8	자녀의 학습관리	• 자기주도적 학습 습관 습득하기	• 알림장 확인하고 준비물 챙기기 • 과제물 점검 및 실행 • 방과 후 시간 관리하기

영역	회기	회기별 주제	목표	세부내용
긍정적 문화 정체성 형성	9	자국문화의 강점인식	• 자국문화에 대한 긍정적 정체성 형성	• 비정상회담: 각 나라의 역사, 문화, 음식 등 주제어에 따른 간단한 나라 소개
	10	긍정적 문화정체성 형성*	• 다문화로서 문화정체성 형성과 방법 습득	• 자녀의 문화정체성 형성의 어려움 공유 • 극복 경험에 대한 이야기 나누기
	11	일상에서 가족과 함께 하는 다문화 만들기	• 가족 내 다문화 경험을 나누기 위한 독서 및 언어지도 방법 습득	• 이중언어 만들기를 위한 독서와 언어지도 방법(강의) • 자녀의 이중언어 강화를 위한 부모 독서 교육(워크숍)
	12	상호문화 형성*	• 다문화가족으로서 한국에서 상호문화형성의 기회제공	• 미니축제 –가족, 친구 초대하여 작은 축제 진행 –각국 음식, 의상, 놀이, 만들기 등 경험

* 표시된 프로그램은 남편 및 자녀가 함께 참여한 프로그램임.

다문화 가정 어머니의 부모역량 강화 프로그램은 자녀양육을 위해 필요한 실제적 기술의 훈련뿐만 아니라 문화적응 측면 또한 함께 고려해야 한다. 이은경(2013)은 부모역량 증진에 초점을 둔 국내·외 프로그램들을 종합하여 다문화 가정 어머니로서 부모 역할을 수행할 수 있는 부모역량 강화 프로그램을 개발하였다. 그 결과 부모역량 강화 프로그램에 참여한 다문화 가정 어머니들은 자신의 부모 역할에 대한 만족감 및 양육태도 증진뿐만 아니라 자신이 갖고 있는 다문화적 역량을 자녀의 양육에 반영하고 실천하고 싶어하는 긍정적이고 적극적인 변화를 보였다고 보고하였다. 구체적인 부모역량 강화 프로그램의 내용을 살펴보면 다음 〈표 4-5〉와 같다.

〈표 4-5〉 다문화 가정 어머니를 위한 부모역량 강화 프로그램

내용요소	주제	활동내용
부모로서의 자기관리 능력	내 인생의 가치 찾기	• 긍정적 자기인식 갖기 • 시대변화에 따른 부모역량의 내용 이해하기 • 자녀양육에 대한 목표설정 수행하기
	아는 만큼 보이는 우리 가족	• 가족관계에서 자존감을 확인하기 • 한국의 가족관계, 결혼문화 이해하기 • 언어적 소통 능력의 중요성 이해하기 • 자녀와의 상호관계 증진 기술 익히기
	좋은 부모의 역할이란 무엇인가?	• 부모 역할 수행의 중요성 이해하기 • 자녀와의 의사소통의 중요성 이해하기 • 자녀양육 스트레스 유형 이해와 대처능력 갖추기
자녀와의 의사소통 능력	자녀의 발달특성 이해하기	• 자녀의 발달특성 이해하기 • 부모의 바람직한 양육태도 이해하기 • 적극적 부모 역할을 위한 자녀 통제방법 익히기 • 자녀발달의 결정적 시기 이해하기
	성격에 따른 자녀 교육이란?	• 생애발달에서 성격형성의 중요성 이해하기 • 부모로서 자신의 성격 진단해 보기 • 자녀의 성격에 따른 교육적 과제 이해하기
	놀이를 통한 상호작용 실제	• 자녀와의 놀이경험 활동의 중요성 이해하기 • 놀이를 통한 자녀와의 소통방법 익히기
자녀의 교육문제 해결 능력	창의적인 우리 아이 만들기	• 자녀교육에서 창의성의 중요성 이해하기 • 생활에서 실천할 수 있는 창의적 경험 공감해 보기 • 실제 창의적 부모 역할 수행해 보기
	학교문화의 이해와 적응	• 자녀의 학교문화에 대해 이해하기 • 다문화 가정 자녀의 학교적응 사례예시를 통해 적응능력 익히기
생태문화적 공감과 소통능력	음악적 소통에 대한 이해	• 음악적 소통의 중요성 이해하기 • 음악적 표현활동을 통한 다양한 정서 표출해 보기 • 자녀와의 다양한 음악적 소통 방법 익히기 • 문학과 음악의 연계활동으로 공감능력 익히기
	지역사회 소통을 위한 적극적 이해	• 이웃과의 주도적 친교방법 익히기 • 지역사회 소통의 중요성 이해하기 • 다문화 활동을 통한 문화의 다양성 이해하기
	글로벌 사회의 소통과 공감	• 다문화 사회의 의미를 이해하고 적응능력 기르기 • 미래 자녀양육을 위한 소통과 공감의 부모 역할 이해하기 • 자녀 교육에서 소통과 공감의 성공적 적용사례 나누기
	문화적응 경험 사례 나누기	• 다문화 가정 어머니로서 갖는 정체성 이해하기 • 한국 사회에 성공적으로 적응한 다문화 가정 어머니의 실제 경험사례를 통해 부모로서의 역량과 사회 적응 능력 기르기

출처: 이은경(2013).

② 다문화 가정 아버지를 위한 소집단 부모교육 프로그램

비다문화 가정 아버지보다 다문화 가정 아버지는 외국인 아내와 함께 한국생활을 하는 데 있어 아버지 역할을 비롯하여 양육 스트레스 등 많은 어려움을 겪게 된다. 이에 다문화 가정 아버지를 위한 부모교육이 절실히 필요함에도 불구하고, 여전히 대부분의 다문화 가정 부모교육은 어머니를 대상으로 실시한 경우가 많다. 이러한 필요성을 인식하고 방혜경(2014)은 베트남 이민자가정 아버지들을 대상으로 이들이 겪는 어려움은 무엇이고, 소집단 부모교육을 통해 부모 역할에 대해 안내하고 전반적인 자녀양육방법 등 아버지로서의 역할에 대한 내용을 교육하였다. 총 20회기 중 15회기는 아버지를 대상으로 실시하였고, 3회기(16~18회기)는 다문화 가정 어머니들을 대상으로 실시하였으며, 2회기(19~0회기)는 부부를 대상으로 실시하였다. 구체적인 부모교육 내용 및 방법에 대한 내용을 살펴보면 다음 〈표 4-6〉과 같다.

〈표 4-6〉 다문화 가정 아버지를 위한 소집단 부모교육의 내용 및 방법

회기	주제	부모교육 내용	교육 방법
1	부모교육 오리엔테이션	• 참여자들 간의 친교 나누기 • 개인별 특성을 반영한 부모교육 주제 정하기	• 질의 • 면담 • 토의 • 과제
2	자기인식과 자존감 높이기	• 살아온 성장과정을 돌아보며 자기 자신 이해하기 • 자신의 긍정적인 자아 인식하기 • 자신은 소중한 사람이라는 사실을 스스로에게 말하기	• 발표 • 강의 • 토의 • 코칭
3	소중한 우리 가족	• 아내의 만남을 돌아보며 고마움 느끼기 • 아내와 자녀에 대한 자랑거리 표현하기 • 아내의 한국어 시험 준비 도와주기	• 토의 • 발표 • 과제
4	아내, 자녀와의 친밀한 관계 개선	• 아내와 친밀한 관계 맺는 방법 논의하기 • 자녀와의 관계를 점검해 보고 친밀한 관계 맺는 방법 토론하기 • 베트남 기본생활 용어 익히기	• 토의 • 시범 • 과제

회기	주제	부모교육 내용	교육 방법
5	다문화 가정에서 아버지의 역할	• 다문화 가정의 현주소 알기 • 베트남 가정의 문제점 이해하기 • 다문화 가정에서 아버지의 중요성 이해하기 • 가정에서 아버지의 양육에 관한 활동 찾아보기	• 동영상시청 • 강의 • 토의
6	베트남의 문화이해	• 베트남 문화에 관해 이해하기 • 베트남 출산풍습 살펴보기 • 아내와 다른 문화로 인한 어려운 경험 나누기 • 아내의 문화에 대해 가족과 이야기 나누기	• 강의 • 토의
7	영아기 아버지의 양육참여	• 영아의 발달 단계에 대한 지식 이해하기 • 아버지가 참여할 수 있는 올바른 양육방법 이해하기 • 아버지의 양육경험 나누기 • 영아기의 아버지들이 원하는 개별면담 주제 정하기 • 가정에서 양육참여 해보기	• 강의 • 토의 • 면담 • 과제
8	영아기 자녀와 상호작용	• 다문화 가정에서 자녀와 언어적 상호작용의 중요성 이해하기 • 영아와 상호작용하는 방법과 놀이를 통해 소통 방법 익히기	• 강의 • 실연 • 과제
9	유아기 자녀의 언어교육	• 유아기의 성장발달에 따른 특징 이해하기 • 다문화 가정 언어의 중요성과 민감기 이해하기 • 자녀발달에 맞는 그림책 알아보기 (추천도서 목록 제시) • 도서관 연계하여 이용방법 경험하기 • 도서관에서 책 대출, 반납하기	• 동영상시청 • 토의 • 면담 • 견학 • 과제
10	아빠가 읽어주는 그림책	• 연령에 맞는 그림책 선택하기(자녀의 연령에 맞는 동화책을 골라서 동화구연 연습) • 베트남 전래동화 내용 이해하기 • 그림책 읽어 주며 상호작용하기 • 그림책 읽은 후에 연계활동하기 • 부녀회와 연계하여 집에서 안 읽는 동화책 돌려보기 • 퇴근 후나 잠자기 전 책 읽어 주기	• 시연 • 역할극 • 토의 • 과제
11	아빠와 함께하는 놀이	• 자녀와의 놀이경험의 중요성 이해하기 • 베트남 놀이 알아보기 • 다양한 놀이 방법 익히기 • 자녀와 함께 놀이 활동하기 • 부녀회와 연계하여 장난감 돌려쓰기	• 강의 • 실연 • 과제

회기	주제	부모교육 내용	교육 방법
12	자녀와의 올바른 훈육법	• 올바른 칭찬과 격려하기 • 감정코칭 방법 익히기 • 역할극 • 아내, 자녀에게 칭찬의 말 사용하기	• 강의 • 동영상시청 • 실연 • 과제
13	올바른 식생활 습관	• 베트남의 식습관 이해하기 • 올바른 식습관 지도와 영양관리 이해하기 • 자녀의 식습관에 대한 경험 나누기	• 강의 • 토의 • 과제
14	유아의 지능에 대한 이해	• 다중지능에 대한 이해하기 • IQ와 다중지능과의 관계 이해하기 • 부모와 자녀가 바라는 직업에 대한 생각 나누기 • 자녀의 잘하는 점 찾아 격려하기	• 강의 • 동영상시청 • 토의 • 과제
15	자녀의 문제행동 지도법	• 자녀의 문제 행동 사례 나누기 • 문제행동에 대한 지도법 이해하기 • 역할극 • 자녀의 문제행동에 대하여 대처해 보기	• 토의 • 강의 • 시연 • 과제
16 (어머니 참여)	자녀 바르게 키우기	• 자녀교육의 필요성 이해하기 • 자녀를 양육할 때 힘든 점 이야기 나누기 • 어머니들이 원하는 부모교육 주제 정하기	• 강의 • 문답 • 토의 • 과제
17 (어머니 참여)	자녀교육 정보 이해	• 영아발달에 맞는 지식과 정보제공, 질병과 예방접종, 안전에 대해 이해하기 • 이유식 만들기 • 한국의 문화 이해하기(음식, 예절, 생활문화)	• 문답 • 토의 • 실습
18 (어머니 참여)	자녀와 대화하기	• 유아발달에 맞는 지식과 정보제공, 초등학교 준비와 자녀의 장점 자랑하기 • 올바른 대화법과 칭찬하는 방법 익히기 • 지역사회와 연계하여 집에서 안 입는 옷 물려주기 • 집에서 안 쓰는 물건 가지고 와서 돌려쓰기	• 토의 • 모델링 • 실연 • 과제
19 (부부 참여)	부부의 친밀감 확인하기	• 부모교육 모임을 통하여 다문화 가정에서 아버지의 양육에 대한 인식의 변화 이야기 나누기 • 남편이 아내에게 고마움을 표현한 동영상을 아내에게 보여주기 • 앞으로 자녀교육에 관한 계획 이야기 나누기	• 토의 • 동영상시청 • 과제 • 개별적인 부모교육
20 (부부 참여)	행복한 우리 가족	• 부모교육에서 부족한 부분 이야기 나누기 • 가족에게 바라는 점 이야기 나누기 • 서로 변화된 점 발견하여 칭찬하기	• 토의 • 개별적인 부모교육

그리고 강기정, 이윤정(2010)은 다문화 가정 아버지의 경우, 한국 내 자녀양육과 교육에 있어 관련 정보와 지식이 상대적으로 결혼이민자인 배우자에 비해 많아 부모역량을 강화할 수 있는 지원이 필요함에도 불구하고 체계적 지원은 살펴보기 어렵다는 것을 인식하여 다문화가족 아버지교육 프로그램을 개발하고 그 효과를 분석하였다. 그 결과 참여자들의 자존감 향상 및 아버지로서의 역할상이 정립되는 과정을 관찰할 수 있었으며 자녀와의 대화를 비롯해 배우자와의 의사소통에 있어 보다 적극적이고 긍정적인 자세와 태도로 실천하는 데 있어 자신감을 갖게 되었다고 보고하였다. 구체적인 아버지교육 프로그램 내용을 살펴보면 다음 〈표 4-7〉과 같다.

〈표 4-7〉 다문화 가정 아버지교육 프로그램 내용

회기	단계	프로그램내용		학습자료
		강의내용	학습내용	
1 나를 찾아 떠나는 여행	도입 (10분)	프로그램 개요 소개, 과정 안내	• 아버지교육 과정 안내 • 참가 서약서, 사전설문지 작성 • 강사 소개, 참여자 소개	워크북, 필기구
	전개 (80분)	공감대 형성하기	• 손의 의미와 손을 통한 공감대 형성 • 손 마사지 관리 활동	동영상, 물티슈, 핸드크림, 워크북
		자기 인식과 타인의 경험 나누기	• 아버지의 손 그림 그리기, 삶의 경험 나누기	워크북, 강의자료 PPT
		다문화가족 아버지의 의미와 이해	• 다문화가족 이해하기, 아버지 역할 인식하기	
	정리 (10분)	교육내용 정리 및 다음 회기 안내	• 아버지로서의 나의 다짐 • 교육 소감 나누기 및 과제 부여	–

<table>
<tr><th rowspan="2">회기</th><th rowspan="2">단계</th><th colspan="2">프로그램내용</th><th rowspan="2">학습자료</th></tr>
<tr><th>강의내용</th><th>학습내용</th></tr>
<tr><td rowspan="5">2
우리
가족이
최고야!</td><td>도입
(10분)</td><td>과제 점검
및 오늘의
강의 소개</td><td>• 강사 소개 및 교육내용 소개
• 과제 점검 : 가족과 함께하는 손 마사지</td><td>사례 영상</td></tr>
<tr><td rowspan="3">전개
(80분)</td><td>우리 가족, 어떻게
볼 것인가?</td><td>• 맞아, 맞아 퀴즈 알아맞히기
• 다양성 안경 만들고 다시보기</td><td rowspan="3">생애주기 시트,
포스트잇,
워크북,
강의자료
PPT</td></tr>
<tr><td>다문화가족
아버지의
가족생애주기</td><td>• 다문화가족의 가족생활주기 이해와 아버지 역할</td></tr>
<tr><td>우리 가족의
행복한 모습</td><td>• 우리 가족의 행복한 모습 찾기</td></tr>
<tr><td>정리
(10분)</td><td>교육내용 정리 및
다음 회기 안내</td><td>• 행복한 우리 가족을 위한 다짐
• 교육 소감 나누기 및 과제부여</td><td>-</td></tr>
<tr><td rowspan="4">3
아이와
통하는
아버지
되기</td><td>도입
(10분)</td><td>과제 점검 및 오늘의
강의 소개</td><td>• 강사 소개 및 교육내용 소개
• 과제 점검: 우리 가족의 장점 재확인하기</td><td></td></tr>
<tr><td rowspan="2">전개
(80분)</td><td>좋은 아빠
요소 발견하기</td><td>• 아버지에 대한 좋은 기억 나누기
• 내가 원했던 아빠상(像) 나누기</td><td rowspan="2">보드판, 보드펜,
필기구, 워크북</td></tr>
<tr><td>통하는 대화
이해하기</td><td>• 대화의 요소 : ① 마음가짐, ② 몸가짐, ③ 언어</td></tr>
<tr><td>정리
(10분)</td><td>교육내용
정리 및 다음 회기
안내</td><td>• 자녀와의 대화 동기 부여하기
• 교육 소감 나누기 및 과제 부여</td><td>-</td></tr>
<tr><td rowspan="4">4
우리
아빠는
짱!</td><td>도입
(10분)</td><td>과제 점검 및 오늘의
강의 소개</td><td>• 강사 소개 및 교육내용 소개
• 과제 점검: 어떻게 자녀와 통하는 대화하기</td><td>보드판,
보드펜</td></tr>
<tr><td rowspan="2">전개
(80분)</td><td>욕구의 다양성
이해하기</td><td>• 욕구의 다양성 이해하기, 욕구충족 점검하기
• 욕구 충족의 다양한 방법 이해하기</td><td rowspan="2">워크북,
강의자료
PPT</td></tr>
<tr><td>친밀감을
통해 욕구
충족시키기</td><td>• 놀이, 포옹, 칭찬을 통해 자녀와의 친밀감 형성하기</td></tr>
<tr><td>정리
(10분)</td><td>교육내용 정리
및 다음 회기 안내</td><td>• 놀이, 포옹, 칭찬을 통해 친밀감 형성하기 다짐
• 교육 소감 나누기 및 과제 부여</td><td>-</td></tr>
</table>

<table>
<tr><th rowspan="2">회기</th><th rowspan="2">단계</th><th colspan="2">프로그램내용</th><th rowspan="2">학습자료</th></tr>
<tr><th>강의내용</th><th>학습내용</th></tr>
<tr><td rowspan="5">5
멋진
아빠의
세련된
사랑법</td><td>도입
(10분)</td><td>과제점검 및 오늘의
강의 소개</td><td>• 강사 소개 및 교육내용 소개
• 게임을 통해 지난 내용 복습</td><td>복습카드</td></tr>
<tr><td rowspan="3">전개
(80분)</td><td>자녀 성장에 따른
아버지 사랑법</td><td>• 자녀 연령별 대화의 예 소개
• 자녀 연령별 아버지 역할 인식</td><td rowspan="3">활동지
(워크북),
동영상, 사진,
가위, 풀,
필기구,
편지지,
편지봉투,
배경음악,
선물 등</td></tr>
<tr><td>아빠의 눈높이
점검하기</td><td>• 자녀의 성장과 발달 인식
• 아버지로서의 역할과 기능 점검</td></tr>
<tr><td>아버지
마음 표현하기</td><td>• 자녀에게 편지쓰기
• 편지 낭독, 가족사진 촬영</td></tr>
<tr><td>정리
(10분)</td><td>교육내용
정리 및
다음 회기 안내</td><td>• 교육 소감 나누기 및 사후 설문지 작성하기
• 악수 나누기, 포옹하기</td><td>배경음악</td></tr>
</table>

③ 다문화 가정 어머니와 자녀가 함께 참여하는 교육활동 프로그램

부모와 자녀 간의 원활한 상호작용은 자녀의 성장에 매우 긍정적인 영향을 미치기 때문에 부모는 자녀의 장점과 단점을 잘 파악하고 그에 맞는 적절한 양육방법을 적용해야 한다. 앞의 선행연구 분석결과에서도 언급하였듯이 최근까지의 많은 다문화 가정 부모교육 프로그램은 어머니만을 중심으로 실행되어 온 것을 알 수 있다. 다시 말해, 자녀와 함께 교육프로그램에 참여한 연구들은 매우 적었다. 이러한 연구의 필요성을 반영하여 남정아, 양명숙(2013)의 연구는 다문화 가정 어머니들이 겪는 자녀와의 상호작용 및 양육을 하는 데 있어 어려움을 돕기 위한 모-자의 긍정적 상호작용 향상을 위해서 집단미술활동 프로그램을 개발하였다. 즉, Winnicott 이론의 6가지 촉진적 환경(안아주기, 다루기, 대상 제공하기, 버텨주기, 반영하기, 놀이하기)에 따라 프로그램의 시안을 마련하여 프로그램을 수정 및 보완하여 프로그램을 개발하였다. 개발한 구체적 프로그램 내용은 다음 〈표 4-8〉과 같다.

〈표 4-8〉 다문화 가정의 어머니-자녀 간 상호작용 향상을 위한 집단미술활동 프로그램

<table>
<tr><th colspan="3">단계</th><th>회기</th><th>제목</th><th>목표</th><th>활동계획</th><th>매체</th></tr>
<tr><td colspan="3">사전 준비</td><td></td><td></td><td>사전 검사 및 오리엔테이션</td><td>• 사전 설문지 및 면담 수행
• 프로그램에 대한 오리엔테이션</td><td>설문지</td></tr>
<tr><td>도입</td><td colspan="2">친밀감 형성</td><td>1</td><td>만나서 반가워요</td><td>집단프로그램에 대한 이해와 친밀감 형성</td><td>• 집단의 구조화
• 별명, 이름 꾸미기를 통한 집단원 간의 친밀감과 응집성을 높임
• 프로그램에 대한 기대 및 목표 나누기</td><td>도화지, 비즈, 오공본드, 매직</td></tr>
<tr><td>준비단계</td><td colspan="2">과거의 모성적 돌봄의 경험 탐색</td><td>2</td><td>어머니와의 즐거웠던 기억</td><td>친정어머니(주양육자)와의 경험과 자신이 받은 모성적 돌봄 탐색</td><td>• 어린 시절 즐거웠던 엄마 와의 기억을 구체적 질문을 통해 회상해 보고 콜라주를 통해 친정어머니(주양육자)와의 관계 탐색
• 작품을 소개하며 자신이 받은 모성적 돌봄을 탐색하고 느낌 나누기</td><td>잡지, 도화지, 풀, 가위 크레파스</td></tr>
<tr><td rowspan="2">작업단계 촉진적 환경 · 모성적 환경</td><td rowspan="2">절대적 의존기</td><td>안아주기</td><td>3</td><td>안아 주세요</td><td>신체적 안아주기와 절대적 의존기의 모성 돌봄을 경험</td><td>• 주사위에 부드러운 천과 도안을 붙여 흥미를 유발
• 게임을 통해 어머니의 사랑의 표현인 신체적 안아주기 경험
• 엄마가 자녀를 무릎에 앉히고 안아주기를 경험한 느낌을 그림으로 표현해 보며 절대적 의존기의 모성 돌봄 경험
• 집단원들과 안아주기 경험에 대해 나누기</td><td>우드락 주사위, 다양한 천, 안아주기 도안 크레파스 풀, 가위</td></tr>
<tr><td>다루기</td><td>4</td><td>멋진 나의 발</td><td>어머니의 적절한 다루기를 경험하며, 신체의 소중함을 느끼고 자녀에게 긍정적인 반응을 제공</td><td>• 신체를 이용하여 천에 발도장을 찍어 자신의 몸을 받아들이는 경험
• 어머니가 자녀의 소중한 발을 오일 마사지 해주며 적절한 다루기와 신체의 소중함 경험
• 자녀의 발도장 주위에 자 녀의 장점을 적어 보며 자녀 에게 긍정적으로 반응하고(어머니들이 집중할 수 있도록 자녀는 다른 활동을 함) 자녀에게 이야기 해주기
• 발도장으로 만든 전체 작품을 보며 적절한 다루기에 대해 집단원들과 나누기</td><td>긴 천, 유성매직, 물감, 바디오일 수건, 그릇</td></tr>
</table>

단계			회기	제목	목표	활동계획	매체
작업단계 촉진적 환경 · 모성적 환경	상대적 의존기	대상제공	5	내 얼굴, 엄마 얼굴	자녀의 욕구를 이해하고 반응하여 첫 대상 관계가 되어 주고 촉진하는 대상을 제공	• 페이스페인팅으로 자녀 얼굴 꾸며주기: 자녀의 욕구를 반영에 초점을 맞추어 꾸며주기 • 페이스페인팅으로 엄마 얼굴 꾸미기: 자녀가 엄마 얼굴을 꾸며주며 대상관계 촉진 • 페이스페인팅 후 역할놀이 • 적절한 대상제공에 대해 집단원들과 나누기	페이스 페인팅 물감.
		버텨주기	6	버텨주어요	자녀의 자율성에 대해 엄마가 버텨주며 아이의 정서적 안전 지대가 되어 주고, 엄마와 자녀가 자유롭게 자신의 감정을 표출하고 수용하는 경험 형성	• 자유롭게 점토놀이하기 • 자녀가 놀이할 수 있도록 점토를 모아주며 안전지대 되어 주기 • 감정표출 후 점토에 물을 섞어 엄마와 함께 핑거페인팅을 하면서 수렴 • 핑거페인팅 후 도화지에 찍어 작품을 만들고 제목 정하기 • 자녀의 다양한 감정 표출을 버텨 주기에 대해 나누기	점토, 비닐, 점토도구, 도화지
	독립을 향하여	반영하기	7	엄마와의 동화책	자녀의 작업과 의견에 적절하고 즉각적인 반영 제공	• 자녀와 난화 그리고 숨은 그림 찾기 • 숨은 그림 찾기 한 것 중 마음에 드는 것을 찾아 이어 그리기 • 함께 동화짓기(동화짓기가 어려운 집단원은 제목만 결정)동화를 발표하고 자녀의 속도에 맞춘 반영하기에 대해 집단원들과 나누기	도화지, 유성매직, 색연필 크레파스
		놀이하기	8	피자 파티	자녀와의 놀이를 통해 모성적 돌봄과 신뢰감을 제공하고, 자녀에게 창조적 참자기 경험을 제공	• 우드락으로 피자 일부 꾸미기 : 모성적 돌봄과 신뢰감 제공 • 집단원들의 조각을 모아 피자 완성하기: 창조적 참자기 경험 • 자녀의 놀이에 대해 집단원과 나누기	우드락 피자조각, 비즈, 뽕뽕이, 수수깡

단계		회기	제목	목표	활동계획	매체
정리단계	적절한 모성 돌봄에 대한 경험과 지지	9	나의 보물	엄마와 자녀가 함께했던 지난 회기 동안의 상호작용 경험을 회상하며 서로 지지하고 감사하는 마음을 전달	• 프리젠테이션 자료를 보고 회상하기 • 회기 동안 활동했던 사진 중 마음에 드는 사진으로 액자 꾸미기를 해보며 지난 회기 회상 • 서로에게 감사하는 마음으로 과자 목걸이 만들어 선물해 주기 • 회기 동안 즐거웠던 경험 나누기	사진, 액자틀, 비즈, 스티커, 뽕뽕이, 과자, 끈
		10	엄마와 나의 소망나무	소망나무를 만들어 미래에 희망하는 엄마의 모습과 아이들이 좋았던 엄마의 모습을 표현하고, 집단원 간의 지지와 격려 교환	• 엄마의 소망나무: 1~5년 후의 엄마의 모습을 상상해 보고 열매에 적어(1년에 한 가지씩) 보면서 미래의 희망 갖기 • 자녀의 소망나무: 회기 동안 좋았던 엄마 모습을 적거나 진으로 꾸미기 • 어머니와 자녀는 개별 활동 후 함께 소망나무 숲 만들기 • 집단원들의 피드백을 통한 집단원들 간에 지지와 격려하기	색지 사진, 매직, 풀, 가위
사후평가				사후 설문지 작성		설문지

4. 요약

위에서 살펴본 바와 같이, 다문화 가정 부모들을 대상으로 한 교육프로그램 및 활동은 부모 역할 능력 향상에 있어 매우 도움이 될 뿐만 아니라, 특히, 다문화 가정 어머니들에게는 우리나라 문화를 접하면서 자녀양육에 있어 관련 정보를 얻고 지식을 습득할 수 있는 효과적인 방법이 될 수 있다.

여전히 다문화 가정 부모교육 프로그램의 대부분은 다문화 가정 어머니 즉, 결혼이민여성을 위한 부모 역할 능력 향상을 위해 개발 및 적용되고 있는 점은 향후 연구에서 개선해야 할 부분이라고 본다(이신동 외, 2016). 따라서, 향후 다문화 가정 부모교육 프로그램은 다문화 가정 아버지를 포함한 가족구성원 모두를 포함한 부모교육 프로그램을 개발하고 적용해야 할 것이다.

연구문제

1. 다문화 가정 부모교육에서 가장 중요시 다뤄야 할 내용은 무엇이라고 생각하는가?
2. 향후 국내 다문화 가정 부모교육에 있어 보다 효과적인 지원방안은 무엇이라고 생각하는가?

5 부모교육 프로그램

■ 학습목표

1. 부모교육 프로그램의 기본 구성 원리를 이해한다.
2. 다양한 부모교육 프로그램의 기본 구성 원리와 운영의 실제를 이해한다.
3. 다양한 부모교육 프로그램을 기초로 다문화 부모교육에 필요한 요소를 이해하고 부모교육 프로그램 개발에 적용한다.

제4차 산업혁명의 시대로 접어들면서 우리 사회는 더욱 다양화되고 있으며, 이에 영향을 받아 교육의 필요와 요구도 다양하고 복잡해지고 있다. 이러한 사회의 변화는 가정생활에 미치는 영향이 크며 가정의 기능과 내용을 변화시키고 있다. 가장 대표적으로 부모가 가정에서 하던 일들을 사회집단에서 대행하고 있으며, 부모 부재의 시대 또는 가정교육 부재의 시대를 살아가고 있다. 그러나 부모는 자녀에게 가장 중요한 사회적 중재자이자 미래 삶의 표상으로 부모-자녀 간의 사회적 상호작용은 자녀의 발달과 성장에 매우 큰 영향을 끼칠 수밖에 없으며, 이들의 역할을 사회집단이 대체하려면 또 다른 보조 장치가 필요하다. 따라서 가정의 순기능을 회복하기 위해 진정한 부모의 의미가 무엇이며, 시대적 변화에 적합한 부모의 역할을 훈련하기 위한 교육지원을 다시 한 번 생각해 볼 필요가 있을 것이다. 이 장에서는 변화하는 시대적 요구에 따른 가정의 참된 의미를 되살리는 부모교육 프로그램을 소개하며, 국내 다문화 가정 부모와 자녀에게 적합한 부모교육 프로그램의 구성과 운영 원리를 고찰해 보고자 한다.

1. 가정, 교육기관, 지역사회의 유기적 협력

1) 다문화 가정과 교육기관과의 유기적 관계 형성의 필요성

다문화 가정 자녀를 위한 교육의 효율성을 극대화하는 동시에 그들만이 가지고 있는 발달적 위험요소를 최소화하기 위해서는 교육기관과 가정 사이에 유기적 협력 관계 형성이 무엇보다 중요하다. 비다문화 가정 자녀에 비해 다문화 가정 자녀는 환경적, 문화적, 생태학적 특성으로 인한 발달 과정과 정도(예, 발달지체, 장애위험, 장애 요소 노출 정도)에 유의미한 차이를 보이고 있다(최윤경, 양미선, 도남희, 박혜원, 이진숙, 정윤경, 이보람, 2011; 박미단, 성순옥, 김영희, 2013). 이러한 차이를 줄이기 위해 다문화 가정의 문화적 특수성 및 발달적 개인차에 관한 정보의 상호교환 및 교육지원을 위한 협력이 매우 중요하다.

교육기관과 가정의 유기적 협력관계는 교사와 부모 사이에 신뢰를 바탕으로 이루어진다. 그러나 이들 간에 발생하는 문화적 인식의 격차 또는 보이지 않는 편견으로 인해 자녀교육에 관한 상호 이해의 기준과 정도에 있어서 보편성을 유지하기 쉽지 않다. 따라서 신뢰 형성을 위한 사전 절차로 부모교육을 통한 상호이해와 새로운 교육적 가치의 기준을 마련하는 절차가 필요하다. 다문화 가정 자녀들의 전인적 발달을 촉진하기 위한 교육기관의 노력은 매우 제한적일 수밖에 없으며, 이를 위한 반응적 문제 해결이 가능하기 위하여 부모의 직·간접적인 노력과 참여가 반드시 수반되어야 한다.

2) 다문화 가정, 교육기관, 지역사회와의 상호협력

다문화 가정과 교육기관의 유기적 협력을 통한 효율적인 교육이 지속되기 위해서는 지역사회의 체계적이며 다각적인 지원체계가 함께 동반되어야 한다. 교육기관이라는 제한된 공공사회의 지원만으로는 다문화 가정 구성원이 일반적으로 경험하는 차별화된 언어, 사회, 문화적 적응 문제를 극복할 수 있는 공동체 기반을 조성하기 어려우며, 이로 인해 교육지원에 관한 관점의 격차를 좁힐 수 있는 긍정적인 교육의 가치를 마련하기 어려울 수 있다.

따라서 다문화 가정에 대하여 우호적인 인식과 태도를 형성하는 과정에 있어서 지역사회의 역할이 매우 중요하다. 지역사회 내에 다문화와 비문화가정이 서로 존중하며 공생할 수 있는 문화를 형성하기 위하여 현 주류사회 문화의 변화 촉구를 위한 구체적인 교육지원 시스템과 이를 유지, 지속, 확보할 수 있는 공공서비스 정책이 지역사회 차원에서 이루어져야 한다. 즉, 교육의 효율성이 지속되기 위하여 다문화 가정 자녀를 둘러싸고 있는 생태학적 환경에 속한 다문화 가정, 교육기관, 지역사회의 유기적 협력 관계를 기반으로 부모교육지원이 우선되어야 한다. 다양한 나라에서 이주해 온 다문화 가정 부모들이 자국에서 선행적으로 경험한 고정

관념에서 탈피하여 한국의 지역사회와 함께 성장 발전할 수 있는 사회·문화적 적응의 기회를 부모교육 지원으로 전환하여 제공하는 것이 필요하다. 따라서 가정, 교육기관, 지역사회 간 긍정적 상호협력을 기반으로 한 부모교육 프로그램의 기본 구성을 살펴보면 다음과 같다.

(1) 지혜로운 부모 역할 지원

유아의 학습에 적합한 가정환경 제공에 관한 정보를 알려 주고 효율적인 부모 역할 기술을 획득할 수 있도록 부모를 지원한다. 교육기관이 가정을 이해하기 위하여 보다 적극적으로 노력한다.

(2) 의사소통

교육기관의 프로그램과 아동의 발달 상황에 대하여 교육기관에서 가정으로 그리고 가정에서 교육기관으로서의 효과적인 의사소통을 가능하게 하는 방안을 모색한다.

(3) 자원봉사

교육기관과 유아들을 지원할 수 있는 자원봉사자 집단을 조직한다.

(4) 가정학습에의 참여

가정에서 이루어지는 학습활동을 비롯한 다양한 활동들에 유아와 부모가 함께 참여할 수 있도록 격려한다.

(5) 의사결정

교육기관의 의사결정 과정에 부모의 참여를 격려하고 부모 지도자를 훈련한다.

(6) 지역사회와의 협력

가정, 아동 그리고 교육기관을 위하여 지역사회의 자원과 서비스를 활용하기도 하고, 지역사회에 서비스를 제공하기도 한다.

(7) 가족공동체성 확립

부모의 교육 및 양육 철학이 가족구성원의 친밀도, 의사소통의 유형, 긍정적 부모-자녀 관계 형성, 부모의 역할, 양육태도에 중요한 영향을 미친다(백목원, 권순희, 2015). 가족공동체 내 가족구성원 모두가 공유할 수 있는 세계관, 가치관, 정체성을 포함한 철학이 확립되기 위한 교육·복지 서비스가 제공된다(홍길회 외, 2016; 유윤영, 2011).

2. 부모교육 프로그램의 종류

부모교육 프로그램은 학교 또는 지역사회를 중심으로 다양한 형태로 진행되어 왔다. 특별히 1960년대 말 미국에서 일어나기 시작한 부모교육 프로그램의 개발이 우리나라에서는 1980년대 후반 이래로 활발하게 이루어져 왔다. 1980년대 초 우리나라는 가정방문의 형태로 실행되다가 1990년대 자녀의 교육과 관련된 다양한 부모교육 프로그램의 개발이 시작되었다(홍길회 외, 2016). 초기의 부모교육은 비공식적인 교육의 형태로 자녀양육, 부모참여, 부모-교사의 협력의 중요성을 알리기 시작했다. 과거 권위적인 양육태도에서 벗어나 자녀를 하나의 인격체로 인식하며 부모-자녀 간 상호작용이 효과적으로 이루어질 수 있는 방법에 대한 논의와 훈련으로 구성된 프로그램이 주를 이루었다.

부모교육 프로그램마다 다루고 있는 대상, 영역, 내용, 방법에 차이가 있으며, 이에 따라 전체 프로그램의 구성도 다양하다. 대체적으로 부모교육 프로그램의 공통 구성은 정보공유, 기술훈련, 부모의 자의식 향상, 문제해결 등 다음 〈표

5-1〉과 같이 네 가지 영역으로 구성되어 있다(Fine & Brownstein, 1983).

〈표 5-1〉 부모교육 프로그램의 구성

영역	주요 내용
정보공유	자녀의 건강, 발달 과제, 또래 간 상호작용, 훈육방법에 관한 이론과 실제에 관한 정보 공유
기술훈련	공유된 정보를 부모의 행동으로 실제화하기 위한 과정으로 나 전달법, 격려, 경청, 협상과 한계 정하기 등 역할극, 시범, 행동 리허설 등과 같은 기술 훈련
부모의 자의식 향상	부모로서의 가치와 행동의 확립 및 변화를 위한 과정
문제 해결	문제 해결을 위한 기본 패러다임 교육으로 부모의 실제 경험을 바탕으로 문제해결을 위한 피드백을 제공함으로써 부모의 문제해결 역량을 강화

출처: 유윤영(2011).

국외에서 개발된 대표적인 부모교육 프로그램을 소개하고자 한다.

1) 민주적 부모교육 프로그램

민주적 부모교육 프로그램은 드라이커스(Dreikurs)가 애들러(Adler)의 개인심리학 이론의 영향을 받아 부모의 양육방식에 적용한 것이다. 아들러의 개인심리학의 주요개념을 살펴보면, 부모는 사회적 요인에 의해 동기화되고 자신의 사고, 느낌, 행동에 책임을 지는 삶의 창조자로 인식하였다. 부모는 과거보다 미래를 전망하는 목적지향적 인격체인 동시에, 주위의 많은 사람들과 사회적 관계를 형성하며 자녀를 위한 안정된 환경을 마련하고자 노력한다.

드라이커스(Dreikurs)는 미국 사회에 가정의 개념을 보편화시키는 데 중요한 역할을 하였다. 그는 가정이란 사회화의 가장 최초의 단위로 한 개인의 성장에 핵심적 역할을 하며, 가정 내 부모의 생활방식을 포함한 양육태도는 자녀의 성장에게 직접적인 영향을 주기 때문에 부모교육이 매우 중요하다고 주장했다. 또한 자녀도 하나의 소중한 인격체로서 부모와 동등하다고 보아 부모-자녀 관계의 평등성을 강조한 민주적 양육방식을 적용해야 한다고 주장하였다. 그의 민주적 양육방식은 부모가 자녀를 긍정적으로 수용함으로써 부모와 자녀 모두 올바른 자아개념이 형성될 수 있도록 도우며, 부모-자녀 관계 증진을 위해 매우 효율적이라는 평가를 받고 있다.

드라이커스(Dreikurs)의 부모의 양육방식에 대한 기본 견해를 자세히 살펴보면 다음과 같다.

첫째, 모든 인간의 행동은 의연히 일어나는 것이 아니라 목적과 원인이 있다. 자녀의 행동에는 분명한 목적을 가지고 있으며 행동을 이해하기 위해서는 사회적 관계 또는 배경을 이해하는 것이 무엇보다 중요하다. 따라서 자녀행동에 대한 이해를 바탕으로 일관성 있는 반응을 통해 행동을 수정하거나 책임감 있는 행동을 나타낼 수 있도록 격려하며 양육해야 한다.

둘째, 인간은 사회적 존재로서 출생 직후부터 가족을 비롯한 다양한 사회적 집단에 소속되고자 하는 욕구가 있으며, 이를 충족시킬 수 있는 방법을 찾고자 한다. 따라서 자녀가 가정의 구성원으로서의 소속감을 가질 수 있도록 민주적인 의사결정에 참여시켜야 한다. 부모의 명령이나 통제보다 자유와 평등을 경험할 수 있도록 하되, 무제한의 자유 또는 허용적 태도는 오히려 자녀를 무질서한 상태로 방임하는 결과를 초래할 수 있어 바람직하지 않다. 따라서 부모는 평등한 부모-자녀 관계를 통해 자유에는 책임이 따른다는 사실을 알도록 한다.

셋째, 인간은 누구나 자신만의 사고 및 행동지침이 있다. 부모는 자녀가 자신의 행동에 대해 인지하고 해결할 수 있도록 기회를 주는 것이 바람직하다. 따라서 부모는 자녀의 사고 과정을 기다리고 경청함으로써 자녀 스스로 문제해결을 위한 방법을 찾도록 지지해야 한다. 자녀가 일상생활에서 자신이 한 행동의 결과에 따라 어떻게 행동해야 하는지 자연스럽게 깨닫게 하도록 부모의 개입을 최소화하는 태도가 필요하다. 자녀 스스로 자신의 행동 결과에 따라 보상이나 상을 받을 수 있음을 인지하고, 행동의 결과가 부정적이든 긍정적이든 자신이 처한 상황을 경험하고 책임의식을 가질 수 있도록 한다.

넷째, 사람들이 함께 살며 상호작용하는 곳에서는 갈등이 있으며, 이 갈등은 민주적인 방식으로 해결되어야 한다. 부모와 자녀는 인격적으로 동등한 관계를 유지해야 하며, 부모와 자녀는 상호 존중해야 한다. 즉 민주적인 방식은 부모와 자녀가 합의하여 논리적으로 정하는 과정으로 상호권리 인정, 사회질서 존중, 부모와 자녀 모두 선택할 권리, 결정의 수용 등을 말한다. 이러한 과정을 통해 부모와 자녀 간에 발생할 수 있는 갈등에서 불필요한 힘겨루기와 반항 또는 복종하는 반응으로 서로에게 줄 수 있는 심리적인 상처를 최소화해야 한다.

2) 인본주의 부모교육 프로그램

기노트(Ginott, 1965)의 인본주의 부모교육 프로그램은 로저스(Rogers)의 인본주의 심리학을 부모교육에 접목한 것으로, 그는 로저스의 아동을 위한 놀이치료와 엑슬린(Axline)의 아동중심 놀이치료의 영향을 받아 부모-자녀 간의 의사소통 기술 증진을 목적으로 한 부모교육 프로그램으로 발전시켰다.

기노트는 부모-자녀 간 문제의 원인을 부모의 성격 요인보다는 자녀양육에 있어서 부모의 경험, 지식, 기술의 부족 때문이라고 보고, 부모교육의 필요성을 강조하였다. 기노트의 인본주의 부모교육의 주요 개념을 두 가지로 설명할 수 있다. 그의 저서로는 『부모와 자녀 사이(*Between Parent And Child*)』, 『교사와 아동(*Teacher and Child*)』, 『부모와 신세대 사이(*Between Parent and Teenager*)』가 있다.

기노트의 인본주의 부모교육의 기본 개념 두 가지, 즉 '부모와 자녀 간 의사소통을 위한 부모교육 프로그램'과 '자녀 행동지도의 원리'를 살펴보면 다음과 같다(홍길회 외, 2016).

(1) 부모와 자녀 간 의사소통을 위한 부모교육 프로그램

- 자녀와 대화를 할 때에는 상호존중을 바탕으로 의사소통을 할 수 있는 기술이 필요하다
- 자녀의 문제 상황에 관하여 의사소통할 때에는 자녀의 행동 자체에 집중하기보다는 그 행동에 관한 자녀의 감정에 주목하여 반응해야 한다.
- 자녀가 자신의 긍정적인 감정은 물론 부정적 감정이나 심리적인 상처를 표현할 수 있도록 자녀의 행동을 비난하기 전에 자녀의 감정을 수용해 주어야 한다.
- 자녀가 부적응 행동을 했을 경우에는 자녀의 인성이나 성격을 공격하거나 비난하지 말고 그 행동에 대해서만 말해야 한다.
- 대화에서 중요한 것은 자녀에 대한 이해와 감정이입이다. 자녀를 가장 잘 도울 수 있는 방법은 자녀가 느끼고 있는 감정뿐만 아니라 그 감정이 뜻하는 내용까지도 이해한다는 것을 보여 주는 것이다.
- 부모는 자녀의 감정을 비추어 주는 거울이 되어, 아이 스스로 자신의 감정을 이해하도록 도와주어야 한다.

(2) 자녀 행동지도의 원리

- 부모가 관심 있게 자녀의 말을 들어주고 자녀의 생각을 이해하려고 노력하며, 신랄한 표현을 자제하고 창피 주지 않으면서 자녀의 감정이나 요구를 반영해 주면 자녀 스스로 변화하기 시작한다.
- 문제가 일어났을 때 자녀의 인성을 비난하지 않고 부모의 감정과 생각을 전달할 수 있다면 자녀와의 갈등에서 훨씬 좋은 결과를 얻을 수 있다.
- 자녀의 실수에 대해서 훈계나 설교는 오히려 자녀로 하여금 반항하거나 무력감을 느끼게 할 수 있으므로 자녀의 말을 들어주고 감정을 이해하려는 노력이 필요하다.
- 자녀 앞에서 지나친 분노를 표출하는 것은 바람직하지 않지만 부모도 분노를 표현할 권리가 있다. 적절한 분노를 표시하는 것은 자신의 행동으로 인한

부모의 감정을 이해하도록 도울 뿐만 아니라 분노 표현 방법에 대한 모델이 될 수 있다. 단 자녀의 인격이나 성격을 비판하지 않고 분노의 감정만 표현하는 것이다.

- 자녀 행동의 한계를 정해 줄 필요가 있다. 정서는 무조건적으로 수용해 주어야 하지만 실제 행동에 있어서는 한계를 분명히 하는 것이 자녀에게도 기준이 되고 안정감을 제공한다.
- 자녀에게 책임감을 길러 주는 것이 중요하다. 자녀에게 어려서부터 작은 일을 맡기고 완수할 수 있도록 믿어줄 때 자신의 능력에 대한 자신감과 책임감을 느낄 수 있다.
- 칭찬은 유아의 행동에 대한 객관적인 평가에 근거한 것이어야 하며 자녀의 인격에 대한 칭찬이 아니라 행동에 대한 칭찬이어야 한다.

인본주의 부모교육은 자녀의 연령과 그에 따른 발달상 과제들을 중심으로 효과적인 해결방법을 찾고자 매주 1회 90분씩 정기적으로 부모상담 모임을 가진다. 이를 통해 부모들은 자녀 양육 기술을 배우며 부모교육과정을 다음과 같이 네 단계로 나누어 진행한다. 부모교육의 두 가지 기본 개념을 토대로 이루어진 인본주의 부모교육 프로그램의 기본 구성은 다음과 같다(유안진 외, 2003; 유윤영, 2011; 홍길회 외, 2016).

① 1단계: 부모의 감정표현(경험과 불평 늘어놓기)

부모가 자녀와의 관계에서 경험하는 다양한 감정(갈등, 분노, 긴장, 죄의식), 어려움, 고민 등을 자유롭게 이야기하며 적극적으로 수용하고 이해하는 태도를 통해 공감대를 형성하고 자녀 양육의 문제점들을 해결하려는 동기를 가진다. 이 단계에서 부모는 자신의 감정을 부정하지 말고 표현해야 한다.

② 2단계: 감수성 증진 단계

부모는 부모-자녀 간의 갈등 상황과 문제를 해결할 수 있도록 충분히 자녀의 입장과 감정을 고려하고자 노력한다. 자녀의 감정과 상황을 공감하고 이해하는 과정을 통해 감수성을 증진시킨다. 또한 부모는 일상생활 속에서 경험한 상처, 좌절, 무시, 억압 등의 심리적 상처를 허심탄회하게 이야기하고, 이를 자녀의 감정과 상황을 공감하고 이해하는 과정을 통해 감수성을 증진시킨다.

③ 3단계: 개념형성 단계

부모는 부모-자녀의 관계 개선을 위해 문제점의 원인을 파악하고 문제해결을 위한 새로운 지식과 개념을 학습한다. 부모는 자신을 포함하여 자녀의 내면적 세계의 양면성을 이해하고 누구나 부정적인 감정과 상황을 경험할 수 있기 때문에 이를 건설적으로 표현할 수 있도록 한다.

④ 4단계: 기술 익히기 단계

새롭게 습득한 이론과 기술을 실제로 자신의 상황에 맞는 양육기술을 사용하여 문제해결을 시도하는 과정이다. 앞의 세 단계에서 학습한 기술을 직접 가정에서 자녀들에게 사용해 보고 난 후, 참석자들 간에 상호 의견교환 및 토의하는 시간을 가진다. 문제해결 과정을 통해 좀 더 객관적인 시각으로 문제의 원인과 과정을 분석하여 자신에게 적합한 방법을 찾고 적용한다.

3) 부모효율성 훈련(PET) 프로그램

부모효율성 훈련(Parent Effectiveness Training: PET)은 미국의 임상심리학자인 고든(Gorden)이 개발한 부모교육 프로그램으로 고든의 정신분석, 아동심리 및 발달에 관한 이론을 종합하여 인간관계에 적용하여 일반화한 것이다. 고든(Gorden)도 기노트(Ginott, 1965) 등 다른 부모교육자와 같이 부모-자녀 간 문제의 원인을 부모의 양육 기술의 부족으로 보고 이들의 관계 개선을 위한 기술을 습득하는 훈련을 통해 효율적인 부모 역할이 가능하다고 강조했다. 고든의 PET는 8주에 걸쳐 진행되며, 부모–자녀 관계를 포함한 모든 인간관계에 적용되는 훈련프로그램이다.

고든의 PET 기본 개념은 부모–자녀 간의 관계에서 서로의 생각, 욕구, 권리를 존중하는 가운데 친밀한 신뢰 관계를 형성할 수 있다고 보았다. 따라서 부모 자신뿐만 아니라 자녀 스스로 감정과 정서를 표현할 수 있도록 훈련이 필요하며, 자녀와의 갈등을 해결할 수 있는 구체적인 대화기법을 습득하여 부모와 자녀 모두 성장할 수 있도록 해야 한다고 강조하였다. 이러한 생각에서 고든은 자녀에게 명령, 지시, 협박, 훈계, 해결책 주기, 설득, 비난, 지나친 칭찬, 조롱하기, 해석해 주기, 동정하기, 관심을 다른 곳으로 돌리기 등의 행동은 자녀와의 의사소통에 걸림돌이 된다고 보았다. 자녀가 자신의 사고와 행동에 대해 책임을 질 줄 아는 사회적 시민으로 성장할 수 있도록 양육하는 것을 목적으로 하였다.

(1) PET의 기본원리(Tomas Gordan, 1970)

PET(Parent Effectiveness Training)의 기본 원리는 '수용 가능한 정도 파악하기', '문제의 소유자 파악하기', '자녀 양육 기술' 등 세 가지로 다음과 같이 구체적으로 살펴보고자 한다.

① 수용 가능한 정도 파악하기

모든 인간관계에 있어서 사람에 따라 수용 영역과 정도는 다르다. 부모는 자녀의 행동을 수용하는 수준, 즉 수용 영역과 정도에 차이가 있으며, 다음 세 가지 요인에 따라 수용 수준이 달라진다(Gorden, 1970).

첫째, 부모의 기분이나 욕구에 따라 수용 수준이 달라진다. 예를 들면, 평소에는 문제 삼지 않았던 아이의 행동(예, 자녀의 투정 어린 요구, 큰소리 등)이 부모가 아프거나 바쁜 상황에서는 수용하지 못하는 경우와 같다.

둘째, 자녀의 성격이나 연령에 따라 수용 수준이 달라진다. 예컨대, 네 살 된 아이가 혼자 밖에 나가 노는 것은 수용할 수 없지만, 초등학교 5학년 자녀에게는 허용되는 것과 같다.

셋째, 자녀의 행동이 일어나는 시간이나 장소, 상황 등 환경적 조건에 따라 수용 수준이 달라진다. 즉, 집 안에서 정해진 시간 내에 게임은 허락되지만, 손님을 맞이하는 상황에서는 허락되지 않는 것과 같다. 또는 놀이터에서 공을 차는 것은 허락되지만, 방 안에서 공을 차는 것은 허락되지 않는 것과 같다.

그러나 이러한 세 가지 요인에 있어서 부모가 일관성이 없거나 예측 가능하지 못한 수용 행동이 나타난다면 자녀는 불안하거나 부모-자녀 간의 관계가 어려워질 수 있다. 따라서 부모-자녀 간의 관계 개선을 위해서는 이 세 가지 수용 요인에 대하여 명확하고도 일관성 있는 기준과 함께 부모-자녀의 신뢰관계가 유지될 수 있도록 노력해야 한다.

② 문제의 소유자 파악하기

'문제의 소유자'란 PET 프로그램의 중심 개념으로서 자녀와 부모 중 누가 문제를 가졌는가를 알아내는 것이다. 문제의 소유자가 누군지에 따라 관계 증진 기술이나 부모의 대처 방법이 달라지는 것을 의미한다.

가. 자녀가 문제를 갖는 경우

자녀가 자신의 욕구가 충족되지 않아 생기는 문제로, 부모에게는 아무런 영향을 끼치지 않거나 문제로 인식하지 못하는 경우를 말한다. 예를 들면, 자녀가 또래 집단 속에서 적극적으로 놀이에 참여하지 못하여 소외감을 느껴 화가 난 상황으로, 부모가 자녀에게 어떠한 일이 생겼는지 알아채지 못하는 경우이다. 이때 부모는 적극적으로 경청하는 태도(예, "무슨 일 있었니?", "오늘 하루 어떻게 보냈니?")를 보임으로써 심리적 지지를 나타내야 한다. 이때 주의해야 할 점은 부모가 자녀의 문제를 대신 해결해 주기보다 스스로 문제를 깊이 생각하고 해결할 수 있는 방법을 찾아 실행할 수 있도록 끝까지 격려하고 지지하는 역할을 해야 한다. 이를 통해 자녀가 문제를 회피하지 않고 스스로 자신의 문제해결 방법을 터득하게 도움으로써 부모-자녀 모두 성장할 수 있는 기회를 마련하게 되는 것이다.

나. 자녀의 행동으로 인해 부모가 문제를 갖게 되는 경우

자녀의 행동이 부모의 권리나 욕구 충족을 방해하여 부모가 문제 상황을 경험하게 되는 경우이다. 예를 들면, 부모가 전화 통화를 하는 동안 자녀가 떠들거나 칭얼대는 행동으로 인해 부모의 중요한 대화를 지속하지 못하는 경우를 말한다. 이때, 부모는 직면기술(confrontation skill)로 문제를 풀어가야 한다. 즉, '나(I)에게 문제가 생겼는데 네가 도와주면 좋겠다.'와 같은 직접적인 상황 설명을 통해 부모에게 생긴 문제를 알리는 방법으로 문제를 풀어야 한다. 이러한 방법은 나-전달법(I-message) 사용을 통해 부모의 욕구와 권리를 존중해 달라는 의사를 부드럽고 명확하게 전달함으로써 자녀는 자신의 행동을 지각하여 스스로 수정하는 효과가 있다.

나-전달법(I-message)의 사용은 때로는 문화적 배경, 사회적 관계, 대상에 따라 효과가 다르게 나타날 수 있다. 즉, 가정에서 부모의 직면기술이 효과가 있을 수 있으나, 가정을 벗어난 사회적 관계 또는 상황 속에서는 대상들 간의 친밀도와 신뢰 관계를 고려하여 사용해야 효과적이다. 따라서 부모로부터 직면기술을 자녀가 전수받을 때 주의해야 할 점들을 함께 논의하는 것이 필요하다.

다. 자녀와 부모 모두에게 문제가 없는 상황

부모-자녀 간의 관계에서 문제의 소유자가 없는 경우로 부모와 자녀 모두 자신의 욕구가 충족되거나 불편을 느끼지 않는 상황을 말한다. 부모-자녀 관계 속에서 이러한 영역이 확장되거나 보편화되는 것이 PET 훈련이 추구하는 방향성이며, 이를 위해 '도움의 기술'과 '직면기술'을 효과적으로 적용할 수 있도록 부모의 훈련이 필요하다.

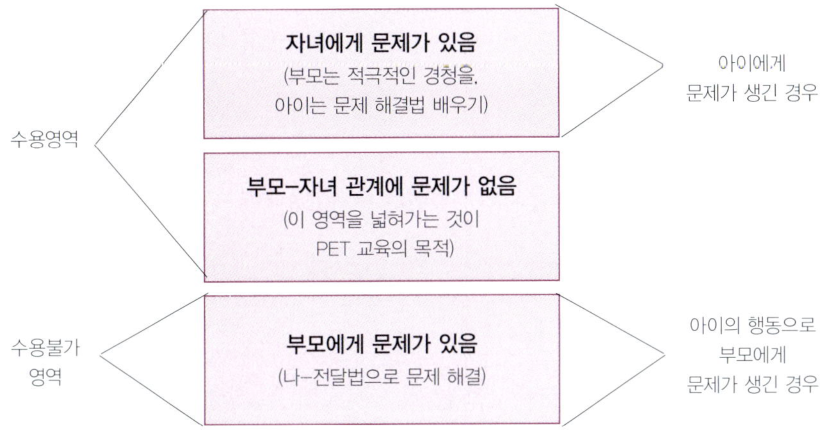

[그림 5-1] 문제 소유자

출처: Gorden(1995).

따라서 문제에 처할 때마다 문제의 소유자를 명확히 파악하는 것이 중요하다. 부모에게 문제가 있을 경우 나-전달법 (I-message)과 같은 직면 기술을, 자녀에게 문제가 있을 경우에는 '적극적 경청'과 같은 돕는 기술을 사용하는 것이 효과적이다(Gordon, 1970;1975).

② 자녀 양육 기술

가. 반영적 경청

자녀에게 문제가 있을 때 부모가 자녀에게 사용할 수 있는 가장 효과적인 의사소통의 방법은 반영적 경청이다. 반영적 경청이란 자녀의 말에 수동적으로 듣는 자세에 그치는 것이 아닌, 적절한 피드백과 함께 상대방의 이야기를 진지하게 들으며 이해하고 있다고 표현하는 의사소통이다. 이때 부모는 자신이 이미 생각한 상황분석이나 문제해결 방법을 제시하기보다 자녀가 하는 말과 행동의 숨은 의미까지 파악하고자 하는 부모의 진지한 경청 상태를 제공하는 것이다. 이러한 경청을 통해 자녀는 심리적인 안정감을 찾을 수 있으며 문제를 올바르게 인식하게 된다. 따라서 부모의 반영적 경청은 문제해결 방법을 찾기 위한 독립적인 사고를 할 수 있는 단계에 도달할 수 있도록 돕는 중요한 과정이다. 일반적으로 반영적 경청의 단계는 〈표 5-2〉와 같다.

〈표 5-2〉 반영적 경청의 3단계

단계	내용	반영적 경청의 예	수동적 경청의 예
1	자녀의 말, 태도, 말투, 신체적 표현, 행동을 통해 문제의 단서 전달	'집에 들어오며 문을 꽝 닫고 방으로 들어간다.'에 대한 단서 찾기 – 얼굴표정에 근심이 어려 있다. – 고개도 들지 않는 것을 보니 많이 속상한 일이 있었나 보다.	"얼굴표정이 또 왜 저래? 나와 봐."
2	단서를 해석, 자녀의 실제적인 문제 파악 및 점검을 통한 부모의 피드백 전달	"학교에서 무척이나 속상한 일이 있었구나."	"조심성 없이 그렇게 문 을 닫고 들어가는구나. 밖에서 무슨 일 있었니?"
3	부모의 피드백에 대한 자녀의 긍정 및 부정을 통한 피드백 결정	"친한 친구가 전학을 가서 속상하고 슬퍼요."	"아니면 아니라고 얘길 해야지 알지."

이러한 반영적 경청의 효과는 다음과 같다.

- 자녀가 말한 것을 들었을 뿐 아니라 이해했다는 것을 보여 준다.
- 부모에게 자신의 문제와 느낌을 이야기함으로써 감정이 정화된다.
- 자녀로 하여금 표면적 문제에서 본질적 문제에 이르도록 정화된다.
- 부모와 자녀가 더욱 친밀하고 따뜻한 관계를 갖게 된다.
- 자녀가 자신의 문제를 분석하고 스스로 해결책을 찾도록 격려한다.
- 자녀도 부모의 말을 더 잘 경청하게 된다.
- 부정적인 감정을 경험하거나 표현하는 것을 두려워하지 않게 된다.

- 자녀가 문제를 스스로 해결해 나가는 모습을 보면서 자녀를 신뢰하게 된다.
- 부모가 자녀의 모든 문제를 다 해결해 주어야 한다는 부담을 가지지 않게 된다(홍길회 외, 2016).

나. 나-전달법

자녀의 행동으로 부모에게 문제가 생긴 경우에 대부분의 부모들은 자녀의 행동의 변화를 목적으로 12가지 의사소통의 걸림돌이 되는 반응을 한다. 예를 들면, 명령, 경고, 훈계, 충고, 논리적인 설득, 비난 또는 비판, 칭찬, 조롱(욕설), 분석(진단), 동정, 캐묻기, 화제 바꾸기 또는 빈정거림 등이다. 그러나 이러한 방법은 자녀의 욕구충족에 도움이 되지 않으며 오히려 그들이 직면한 문제에 대한 자신의 감정을 속이거나 또는 과잉 반응을 하게 되며, 문제를 올바로 인지하는 것을 방해한다.

나-전달법(I-message)은 어느 누구도 상처받는 사람 없이 문제를 해결한다는 전략이며, 부모와 자녀 모두의 욕구를 존중하고자 하는 의도가 있다. 나-전달법(I-message)의 구성요소 세 가지를 통해 진행된다.

- 첫째, 수용할 수 없는 자녀의 행동에 대한 비난, 비판 없이 서술한다.
- 둘째, 자녀의 행동이 부모에게 미치는 구체적인 영향을 표현한다.
- 셋째, 자녀의 행동이나 구체적인 영향에 대한 부모 자신의 감정을 표현한다.

적 용		
상황	긍정적 나-전달법	긍정적 너-전달법
자녀는 열심히 게임에 몰두하고 있다가 부모와 마주치자 얼굴도 보지 않고 방으로 들어간다. 부모가 집안일을 하는 동안 슬그머니 와서 청소기를 들고 청소를 시작한다.	"네가 방으로 그냥 들어가서 무슨 속상한 일이 있나 걱정되면서도 서운하기도 했는데… (엄마[I]) 오늘 직장에서 중요한 행사가 있어 긴장했더니 무척 피곤하고 지쳤거든. 집안 청소하는 것을 도와주어 고맙고 행복하네."	"집안 청소를 도와주다니. 너는 엄마를 배려해주는 멋진 아이로구나. 네가 도와주니 힘이 난다. 네가 최고야."

긍정적 나-전달법은 부모의 감정과 상태를 말하여 도움을 청함으로써, 자녀가 방어적 태도를 취하지 않고 자발적으로 부모를 도우려는 책임감을 갖게 만든다.

부모는 자신의 감정을 구체적이며 솔직히 표현하는 것이 필요하다. 그러나 부정적인 감정만을 전달하거나 평가하려는 자세로, 혹은 한꺼번에 감정을 폭발시켜서는 곤란하다. 화를 내며 하는 '나-전달법'은 적대감을 표출하는 '2인칭 메시지'와 동일한 효과를 나타내기 때문이다.

〈표 5-3〉 유아의 도덕성 함양을 위한 부모교육 프로그램에서 활용한 나 전달법(I-message)과 2인칭 메시지(You-message)

상황	I-massage의 예	You-message의 예
장난감을 정리하지 않아요.	(엄마[I])는 장난감을 치우면 좋겠어. 장난감이 흩어져 있어서 (엄마[I])가 청소하기 어렵단다.	(야[You]) 치워라 좀. (넌[You]) 왜 이 모양이냐!
손님이 오셨는데 인사를 하지 않아요.	인사를 바르게 하면 (엄마[I]는) 네가 대견할 텐데…	(야[You]) 인사 좀 해라. (넌[You]) 손님한테 인사도 못하니.
동생을 때려요.	동생을 때리니 (엄마[I]) 마음이 아프구나. 엄마는 네가 동생을 잘 돌볼 것이라고 믿었거든.	(넌[You]) 동생을 잘 돌봐야지. 형[You]이 때리면 되겠어?

출처: 교육부(1994).

4) 적극적 부모 역할 훈련 프로그램

적극적 부모 역할 훈련(Acting Parenting Training, APT) 프로그램은 1980년 팝킨(Popkin, 1993)이 개발한 부모교육 프로그램으로 현대 사회를 살아가는 데 필요한 기본적 자질, 즉 용기, 책임감, 협동심, 자아존중감 등을 갖추도록 훈련하는 것을 목적으로 하고 있다. 팝킨은 아들러, 드라이커스, 로저스, 고든 등 다수의 심리학자의 이론과 부모교육 프로그램을 기초로 이 프로그램을 개발하였으며, 특별히 다양한 사회적 상호작용과 적극적 참여활동으로 구성한 것이 특징이다. 예를 들면, 부모들은 비디오 상영, 토의, 역할놀이, 독서과제, 가족화목 활동 등을 통해 적극적인 부모가 되기 위한 정보와 기술을 습득한다. 적극적인 부모 역할 훈련 프로그램은 집단구성원 간의 다양한 활동을 촉진함으로써 부모의 민주적인 양육태도, 자아존중감의 긍정적인 변화, 부모-자녀 간의 의사소통 향상, 부모 역할에 대한 효능감을 증진시키는 데 매우 효과적이라는 평가를 받고 있다.

적극적 부모 역할 훈련의 주요 구성 내용은 다음과 같다.

(1) 적극적인 부모 되기

대부분의 부모들은 자녀를 잘 양육하고 싶어하지만 양육기술을 배운 적이 없어 부모와 자녀 사이에 갈등이 생겼을 때 서로 힘겨루기를 한다. 자녀에게 좌절감과 분노를 표출하며 소리를 지르거나 체벌 등의 반응을 보인다. 따라서 가족이 상호 간에 지지해 주고 만족을 주는 원천이 되기보다는 상호 간의 에너지를 고갈시키는 좌절감의 원천이 된다. 또한 자녀들 역시 앞으로 살아나가는 데 필요한 자질인 용기, 책임, 협동심과 자존감을 가정에서 배우지 못한다.

적극적인 부모가 된다는 것은 책임감 있는 부모가 된다는 뜻이다. 적극적인 부모의 가정에서는 자유와 더불어 타인의 권리와 개개인의 책임도 똑같이 추구하는 민주적인 모습이 나타난다. 또한 민주적 가정에서는 질서가 있고 개개인 모두 중요한 구성원으로 인정을 받는다. 적극적인 부모는 자녀를 훈육할 때 자녀를 존중하며 자녀는 부모에게 자신의 생각과 감정을 공손하게 표현할 수 있는 권리를 지니고 자신의 삶에 있어서 중대한 영향력을 발휘할 권리를 가진다.

(2) 용기와 자아존중감 증진시키기

용기 있는 아이는 자신이 필요하다고 생각하는 것은 무엇이든 배울 수 있는 아이다. 부모의 적절한 지도를 받으면서 자란 용기 있는 아이는 인생의 난관에 부딪혔을 때 좌절하지 않고 노력할 것이며, 실패를 극복하고 도전하는 아동이 될 것이다.

반면 용기가 부족한 아이는 쉽게 포기하고 노력하지 않는다. 두려움은 실패를 낳고 실패는 또다시 두려움을 증가시킨다. 자아존중감이 높은 아이는 도전에 맞서 성공할 수 있는 능력을 갖춘 인간으로, 실패했을 때 오히려 실패를 학습을 위한 좋은 기회로 여긴다. 부모는 자녀의 자아존중감과 용기를 북돋아 주기 위하여 다음과 같은 방법으로 격려해 줄 수 있다.

첫째, 부모가 자녀를 신뢰하고 있음을 보여 준다. 자녀가 가정에서 할 수 있는 일에 책임감을 부여하고 자녀의 견해나 충고를 구한다.

둘째, 자녀의 장점을 인식하고 관심을 보인다. 자녀가 잘못하는 것보다는 잘하는 것에 관심을 기울인다. 반대로 부모가 자녀에 대해 부정적 기대감을 갖거나 과잉보호하고 실수나 잘못한 행동에 대해서만 주목한다면, 자녀는 위축될 것이며 자아존중감이 낮아진다. 자녀가 목표로 하는 과정을 여러 단계로 나누어 매 단계로의 작은 진전에 대해 격려해 주거나 진전이 없더라도 자녀의 노력에 대해 격려해 준다면 자녀는 무수한 성공경험을 하게 되며 이를 통해 자아존중감을 가지게 된다.

셋째, 자녀를 존중한다. 의미 있는 사람에게서 수용되는 경험은 자녀에게 소속감을 느끼게 한다. 우리 모두는 누군가로부터 무조건적으로 수용되길 원한다. 인간의 가치는 그가 이루어 놓은 성취나 업적에 의해 평가되는 것이 아니라 인간이라는 사실 그 자체에 있다. 부모는 자녀가 있는 그대로 인정받고 사랑받고 있음을 느끼게 해 줄 필요가 있다.

(3) 자녀 이해하기

자녀가 부모로부터 물려받은 유전적 요인이 자녀의 성격을 형성하는 데 중요한 영향을 미치며 가정환경, 주위환경, 부모의 양육태도 등도 자녀의 성격을 형성하는 데 지배적인 역할을 한다. 반면 자녀도 자신의 성격에 영향을 주는 요인들에 능동적으로 반응하거나 대처한다.

(4) 책임감 증진시키기

민주주의 구성원들이 결정을 내리고 그들이 내린 결정에 대해 책임질 것을 요구한다. 자유와 선택에는 책임이 수반된다. 자녀로 하여금 자신의 선택에 따른 결과를 체험하도록 함으로써 자신의 선택에 대한 책임을 지도록 한다. 책임감을 증진시키기 위한 논리적 귀결의 활용 방법은 다음과 같다(Popkin, 1993).

① 자녀에게 선택권을 준다.

② 자기행동의 결과로 자녀가 설정하도록 한다.

③ 결과는 논리적으로 타당성이 있어야 한다.

④ 부모 쪽에서는 실제로 실천할 수 있는 선택권만을 주도록 한다.

⑤ 단호하나 조용한 목소리로 말한다.

⑥ 일단 자녀에게 선택권을 주고 나서 반드시 그대로 실행하도록 한다.

⑦ 자녀가 부모를 시험해 본다는 사실을 유념한다.

⑧ 자기 행동의 결과를 경험하는 기회를 다시 준다.

(5) 협동심 기르기

부모-자녀 간의 상호이해와 상호의존적 관계를 확립하는 것이 중요하다. 따라서 다양한 사회에서 다양한 사람들과 협력하기 위한 적극적인 의사소통 기법을 습득하는 것이 필요하다.

① 자녀의 말에 주의를 기울이면서 적극적으로 듣는다.

② 문제를 둘러싸고 있는 자녀의 감정에 귀를 기울인다.

③ 자녀의 감정을 반영하면서 그것들이 일어난 상황과 연결시킨다.

④ 대안을 찾아보고 결과를 평가한다.

⑤ 추후 지도를 한다.

3. 국내 부모교육 프로그램

위에서 설명한 부모교육 프로그램을 기반으로 개발된 국내 부모교육 프로그램을 소개하고자 한다.

'행복한 어머니 되기' 훈련 프로그램 개발 및 효과

회기	영역	제목	목표
	예비회기	프로그램 소개 및 자기소개	• 참가자들이 행복한 어머니 되기 훈련 프로그램의 목적, 활동내용, 참여방법을 안다. • 다른 사람에게 자신을 소개하고 프로그램에 대한 희망사항, 그 희망사항을 이루기 위한 개인적 노력들, 프로그램에서 지켜야 할 규칙을 말한다. • 참가자들의 행복 수준과 어머니-자녀 관계를 측정한다.
즐거운 삶	1	감사 표현은 행복달성을 위한 최고의 전략이다.	• 감사가 행복을 증진시키는 이유 8가지를 안다. • 감사편지를 작성한다. • 감사일지 작성의 중요성을 알고 꾸준히 작성하는 것을 습관화한다.
적극적인 삶	2	몸 보살피기는 행복한 삶의 1차 관문이다.	• 몸을 보살피는 것의 중요성을 깨닫는다. • 신체활동과 명상의 유익한 점을 배운다. • 자신에게 맞는 몸 보살피는 방법을 찾아 습관화한다.
의미 있는 삶	3	의미 있는 목표를 세우고 헌신할 때 행복해진다.	• 자신에게 의미 있는 목표를 세우고 헌신하는 것이 지속적인 행복을 가능하게 하는 중요한 전략임을 깨닫는다. • 자신에게 의미 있는 목표를 찾는다.
적극적인 삶	4	자신과 자녀의 대표 강점에 올인하라.	• 자신의 대표 강점을 찾는다. • 자신의 대표 강점과 자기에게 의미 있는 목표와의 연결을 시도한다.
즐거운 삶	5	낙관주의는 목표달성의 지름길이다.	• 낙관적 사고방식이 행복을 증진시켜 주는 이유를 안다. • 낙관주의를 실천/습관화하는 방법을 연습한다.
의미 있는 삶	6	돈독한 인간관계는 행복의 용천수다.	• 돈독한 인간관계와 행복과의 관계, 인간관계를 돈독히 할 수 있는 전략을 배운다. • 사랑 표현의 중요성을 알고 실천한다.

회기	영역	제목	목표
어머니교육	7	현명한 어머니는 자신의 행복을 먼저 선택한다.	• 어머니가 자신의 행복을 먼저 선택해야 하는 이유를 안다. • 어머니 자신이 행복해지기 위해서 해야 할 일들을 알고 실천한다.
	8	행복한 아이는 반드시 성공한다.	• 행복한 아이로 자라는 것의 중요성, 행복한 아이가 성공하는 이유를 안다. • 행복한 사람들의 특징을 자신 및 자녀와 비교해본다.
	9	행복한 자녀로 기르는 자녀양육법	• 행복한 자녀로 기르는 양육법을 배운다. • 자신의 부모유형 및 장단점을 파악한다.
	10	프로그램 마무리	• 행복한 사람처럼 행동하는 것의 중요성을 알고 실천한다. • 행복한 어머니 되기 훈련 프로그램에 참여한 소감을 말한다. • 사후검사 실시하기

출처: 조진영(2009).

PET(Parent Effectiveness Training) 프로그램(Tomas Gorden, 1970)

회기	목표	내용
1	효과적인 부모 역할 이해하기	• 구성원들이 친해진다. • 프로그램의 목표, 내용, 방법에 대하여 이해한다. • 행동의 네모꼴 수용도식에 친숙해진다. • 자신들의 개인적인 욕구와 목적을 분명히 이해한다.
2	원조 기술의 학습	• 자녀가 문제를 가지고 있을 때를 안다. • 자녀가 문제를 가지고 있을 때 의사소통의 걸림돌이 무엇인지 이해한다. • 반영적 경청에 대해 이해한다.
3	반영적 경청의 적용	• 언제, 어떻게 반영적 경청을 사용하는지 안다. • 반영적 경청을 사용해선 안 될 경우를 안다. • 반영적 경청을 연습할 기회를 많이 갖는다.
4	비수용적 행동에 직면하기	• 효과적인 자기표현이 어떠한 것인지 안다. • 자녀의 비수용적 행동에 직면했을 때 비효과적인 방법을 경험한다. • 효과적인 직면하기가 어떠한 것인지와 나-전달법을 이해한다.
5	나-전달법	• 나-전달법을 보내는 것과 기어 바꾸기의 기술을 연습한다. • 비수용적인 행동을 예방하기 위한 환경개선의 방법을 이해한다.

회기	목표	내용
6	갈등의 해결방법	• 갈등에 대해 이해한다. • 권위주의적, 허용적, 민주적 갈등 해결방법을 이해한다. • 민주적 갈등 해결방법이 가족의 갈등을 해결하는 데 좋은 점을 이해한다.
7	민주적 갈등 해결방법 적용하기	• 민주적 갈등 해결방법에 있어서 6단계를 이해한다. • 민주적 갈등 해결방법을 연습한다.
9	가치관 대립의 해결방법	• 가치관에 대해 이해한다. • 다른 사람의 가치관에 영향을 줄 수 있는 기술과 자기 수정을 통해서 가치관을 확립한다. • 차이를 수용하는 방법을 배운다.

출처: 이명순(2008).

적극적 부모 역할(Acting Parenting Today) 훈련 프로그램

회기	주제	내용
1	적극적인 부모	• 우리 자녀가 성공하기 위하여 필요한 것 • 부모 역할의 유형 • 상호존경 • 참여하기: 선택권의 사용 • 보살핌을 제공하는 자로서의 자신을 보살피기 • 가족화목활동과 가족 모임
2	협동심 구하기	• 문제점이 안고 있는 매력 • 누가 문제를 소유하는가? • 협동심과 의사소통 • 의사소통의 걸림돌–적극적인 의사소통 • 가족화목활동: 취침 전 일과
3	책임감	• 책임감 • 처벌과 보상에 따른 문제 • 생각하기–느끼기–행동하기 회로 • 아이들이 그릇된 행동을 하는 이유 • 가족모임: 문제예방을 위한 대화 • 가족화목활동: 긍정적인 '나'–전달법

회기	목표	내용
4	효과적인 훈육	• 효과적인 훈육 • 정중한 요청, '나'-전달법과 단호하게 지시하기 • 논리적 결과 • 가족모임: 문제예방을 위한 대화
5	자녀의 그릇된 행동을 이해하고 교정해주기	• 부모-자녀 간의 회로 • 행동의 네 가지 목적 • 가족모임: 적극적으로 문제를 해결하기 • 가족화목활동: '우리 가족'
6	부모 역할과 분노	• 분노 다루기 • 느슨한 대결(FLAC) • 영향력을 행사하는 부모 • 가족 모임의 중요성 • 가족화목활동: 기술을 가르치기
7	용기, 품성, 자기존중감을 길러주기	• 용기, 품성, 자기존중감을 길러주기 • 격려의 힘 • 장점을 구축해 주기 • 가족모임: 격려의 편지 • 가족화목활동: 품성에 관한 대화
8	적극적인 가정, Now!	• 영향력을 행사하는 부모 • 가족모임의 중요성 • 가족화목활동: '우리 가족' • 소감발표-마무리

출처: 정현주(2012).

4. 요약

이 장에서 소개한 국내외 부모교육 프로그램은 빠르게 변화하는 사회·문화적 맥락에 따라 새롭게 재구성되어야 한다. 만일 우리나라의 전통적 가치에 기반을 둔 문화적 행동양식을 배제하고 다문화적 특성만을 고려한다면 또 다른 불공평한 사회문제를 야기할 수 있다. 따라서 다문화 부모교육의 방향성은 공평한 교육 기회를 통해 가족 공동체 문화를 발전시켜 나갈 수 있도록 지지하고 격려하는 것이어야 한다. 이를 위한 전제 조건은 다문화 가정에 대한 편견과 선입견에서 벗어나 새로운 사고의 전환과 이에 따른 구체적 행동양식의 공유라고 할 수 있다. 다문화 가정 내 가족구성원 간의 갈등뿐 아니라, 지역공동체 내 다문화와 비다문화 가정이 서로를 이해하고 수용하는 수준을 높이기 위해 자녀 양육의 가치와 행동양식을 함께 나누는 것에서부터 시작하는 것이 바람직하다고 하겠다.

연구문제

1. 이 장에서 소개한 다양한 부모교육 프로그램이 제시한 자녀양육의 기본 원리를 참고하여 현 시대적 상황에 필요한 자신의 자녀양육의 기본 견해를 논리적으로 설명하시오.
2. 이 장에서 제시한 부모교육 프로그램을 통해 공통적으로 강조한 자녀양육의 방식은 무엇인가?
3. 인본주의 부모교육 프로그램의 기본 구성은 무엇이며, 이 프로그램이 우리나라 다문화 가정을 위한 교육지원과 관련하여 장점과 제한점은 무엇이라고 생각하는가?
4. 이 장에서 제시한 부모교육 프로그램을 기초로 우리나라 다문화 부모교육을 위해 필요한 요소는 무엇인지 예를 들어 설명하시오.
5. 고든의 PET 부모효율성 프로그램에 있어서 '반영적 경청'이란 무엇이며, 예를 들어 구체적으로 설명하시오.

6

다문화 가정 부모의 역할과 자질

■ 학습목표

1. 가정과 부모의 의미를 이해하고 현대사회에 적합한 가정의 개념을 재정립한다.
2. 다문화 가정의 특성을 이해한다.
3. 다문화 가정의 특성을 사회·문화적 맥락에 따라 재해석한다.
4. 바람직한 부모 역할 수행에 필요한 요건을 이해한다.
5. 생애주기별 부모됨의 발달단계에 따른 부모의 역할을 이해한다.
6. 다문화 가정 부모의 양육태도가 자녀에게 미치는 영향을 구체적인 사례와 함께 이해한다.

가정 내 구성원들은 응집된 가치, 신념, 그리고 사회·문화적 행동양식을 가지고 있다. 즉, 다문화 가정 자녀들은 출생 후 부모와의 사회·문화적 상호작용을 지속적으로 확대해 가며 그들만의 문화적 가치와 신념의 틀을 마련하게 된다. 이를 점차 일상생활 속에 확장하여 그들만의 독특한 행동양식을 습득함으로써 자신만의 정체성을 확립해 나간다. 따라서 부모의 역할은 단순한 자녀의 물리적 양육의 의미를 넘어 사회·문화적 가치의 전달자인 동시에 사회·문화적 자아정체성 확립을 위한 공동 개발자라고 할 수 있다. 이 장에서는 다문화 가정에서 부모 역할의 기본 원리와 부모의 자질을 함양하기 위한 생애주기별 부모됨의 발달단계와 그에 따른 양육태도 및 방법에 대해 알아보고자 한다.

1. 다문화 가정 부모의 역할과 자질 계발

1) 가정과 부모

브론펜브레너(Bronfenbrenner, 2004)에 의하면 가정은 한 개인을 둘러싸고 있는 사회·문화적 영역 중 가장 친밀하면서 개인의 발달과 성장에 직접적인 영향을 미치는 미시체계에 속한다. 가정을 이룬 부부는 태아를 임신하기 전, 그리고 임신과 출산을 통해 부모가 되는 상태인 부모됨(parenthood)을 준비하고 경험한다. 따라서 자녀에게 부모는 사회·문화적 중개자이며 대표자의 역할을 한다. 같은 맥락에서 다문화 가정 내 부모는 자신이 속해 있던 사회·문화적 집단의 대표자가 되며, 자녀들이 사회의 구성원으로서 성장 발전하기 위한 사회·문화 적응의 기반을 마련하는 핵심 단위가 된다.

부모는 자녀의 출산과 함께 부부중심에서 자녀중심의 가정 체계로 전환하는 과정을 거치며, 가정 내 자신의 역할에 변화를 경험하게 된다. 2016년 육아정책연구소의 보고에 따르면, 부모가 자녀를 기준으로 응답한 양육관련 가정의 이슈가

'부모됨의 의미–자녀돌봄–자녀 학교생활 적응–자녀의 교육 및 학습 지원–자녀의 취업의 순'으로 변화하고 있는 것으로 나타났다(문무경 외, 2016). 부모는 부모됨의 의미와 가치, 부모의 역할에 대한 정신적, 심리적, 물리적 과정을 거치며 성장하게 된다.

현재 우리나라 다문화 가정 형태의 다양화와 함께 그 수가 급속도로 증가하면서 그들만의 독특한 특성을 나타내고 있다. 다문화 가정의 특성을 자세히 살펴보면 다음과 같다.

첫째, 가정 내 구성원이 경험한 문화를 기반으로 형성된 인식 및 가치체계에 있어서 차이가 있다. 보통 가족공동체는 그들만의 응집된 가치, 신념, 사회 문화적 행동양식에 있어서 일원화된 가장 최소의 단위이다. 그러나 다문화 가정은 이중문화 또는 다중문화의 존재로 인해 가치, 신념, 사회·문화적 행동양식에 있어서 다양성이 존재한다. 이중문화에 익숙하지 않은 우리나라의 사회·문화적 맥락 속에서 다양성은 때로 가정 내에 갈등과 긴장의 요인이 되고 있다(남상아, 2011). 다문화 가정은 의식주 전반에 걸쳐 한국 문화에 적응해야 하는 배우자의 이중적 문화적응(acculturation and enculturation) 과정 속에서 문화적 차별 또는 중요한 의사결정에서 배제되는 경우가 많아 자녀 양육에 어려움을 겪을 수 있다.

둘째, 언어 수준의 격차로 인한 의사소통의 문제가 있다. 사실상 언어는 표면적인 의사 전달을 넘어 서로를 이해하고 수용하는 의식의 전달이며 사고체계의 공유라고 할 수 있다(Vygotsky, 1968). 이러한 사고체계의 공유는 가정 내 구성원이 가지는 공동체 의식과 함께 자녀들의 자아정체성 확립에 매우 중요한 역할을 한다. 흔히 국제결혼을 통해 이주한 배우자의 한국어 수준은 비다문화 가정의 배우자와 비교해 볼 때 유의미한 차이를 나타내고 있다. 해외에서 이주한 배우자는 언어적 소통이 자유롭지 못하기 때문에 발생할 수 있는 감정의 변화, 생각의 차이와 같은 고등사고 체계를 자유롭게 표현하는 데 어려움을 겪고 있다. 이를 통해 가족구성원 간의 대화를 기피하거나 단절되는 부정적인 결과를 초래하게 된다.

따라서 다문화 가정의 부모는 자녀양육을 위한 부모 역할과 이를 위한 행동양식을 공유하는 하는 데 있어서 어려움을 겪고 있다고 볼 수 있다.

셋째, 자녀 교육을 위한 합의된 교육관과 양육방식을 재구성하는 데 어려움이 있다. 다문화 가정 내 부모는 서로 상이한 사회·문화적 가치관과 일상생활의 풍습은 자녀 양육을 위한 주요 갈등요인이 되고 있다.

넷째, 다문화 가정은 사회·경제적 여건으로 소외 또는 비주류 계층에 소속되는 경우가 많다. 비다문화 가정에 비해 대부분의 다문화 가정이 사회·경제적 소득 수준이 낮은 것으로 나타나고 있으며, 다문화 가정에 대한 편견에서 비롯한 자녀의 사회부적응으로 어려움을 겪고 있다(남상아, 2011).

위에서 살펴본 바와 같이 다문화 가정이 가지고 있는 특성은 아직까지 부정적인 요소가 많으며, 이를 극복하기 위한 부모됨의 준비와 부모 역할에 대한 교육과 지원이 필요하다.

2) 바람직한 부모 역할

각 국가, 사회마다 정의하고 있는 바람직한 부모의 역할에는 다소 차이가 있을 수 있다. 따라서 다문화 사회에 적합한 문화적 접근방법(culturally appropriate approach)에 따라 다문화 가정 부모 역할의 의미를 살펴보고자 한다.

바람직한 부모 역할은 시대와 문화를 초월하여 부모 자신뿐만 아니라 자녀의 건강한 발달과 사회화를 돕고자 그들을 양육하는 과정이다. 따라서 부모와 자녀 사이의 지속적인 상호작용을 통해 자녀가 독립된 객체로 성장할 수 있도록 부모의 양육, 보호, 지도, 지지가 가장 중요한 요인이 된다. 특별히 다문화 가정은 영유아기 자녀에게 출생 전후로 가장 처음 경험하는 사회적 존재로서 부모와의 상호작용을 통해 사회적 존재로서의 가치와 의미를 부여받는다. 따라서 이 시기의 부모는 자녀의 성장과 발달에 원동력이며 근간이 되기 때문에 부모와 자녀의 건강한 관계를 형성하며 바람직한 부모 역할을 수행할 수 있는 교육과 훈련이 필수적이다. 다시 말해서 부모는 서로 양립된 문화적 가치를 품고 있는 다문화 가정 내 갈등을 최소화하고 부모-자녀 관계에서 있어서 상호 성장 및 성숙하기 위해 실제적인 부모 역할에 대한 교육을 통해 건강한 가족을 성장, 유지, 발전시켜 나가야 할 책임이 있다.

바람직한 부모 역할을 수행하기 위해 다음과 같은 기초역량을 갖추어야 한다(유안진, 김연진, 2005).

(1) 모델링(modeling)

부모는 자신의 행동과 반응에 바람직한 변화를 가져와야 한다.

(2) 신뢰 관계(trust)

부모-자녀 간 상호 존중하며 정서적인 공감대를 형성해야 하며, 자녀의 능력과 관심과 능력을 인정해주고 적극적인 지지를 통한 신뢰관계를 형성해야 한다. 이것이 긍정적인 사회관계 형성에 도움이 된다.

(3) 존중(respect)

부모는 자녀를 사려 깊게 존중해 줌으로써 존중받을 수 있다. 자아 존중감이 확립되어야 타인을 온전히 배려하고 존중할 수 있게 된다.

(4) 사랑과 훈육(love and discipline)

사랑은 모든 인간관계의 근본이 된다. 가정에서의 훈육은 사랑을 바탕으로 수행되어야 한다. 그러나 사람마다 사랑하는 방법과 표현에 있어서 개인차가 있으므로 가족구성원은 자아중심적인 사고방식에서 벗어나 타인의 입장과 상황을 이해하는 사고의 훈련이 우선되어야 한다. 즉 사랑은 훈련이 필요하다. 훈육은 사고의 수정, 행동의 제한 또는 금지가 아닌 훈련이며, 벌(징벌)이 아닌 지도(guidance)와 지지(support)의 개념으로 행해져야 한다. 따라서 훈육은 제재와 금지를 최소화하여 자녀들에게 필요한 생활조건을 준비시켜 주는 가장 효과적인 사랑의 방법으로 행해져야 한다.

(5) 소통과 대화(communication and conversation)

가족 문화는 부모-자녀 간 나누는 대화와 반응, 이를 통해 행동을 계획하고 공유할 때 나타난다. 따라서 바람직한 부모의 역할에 있어서 언어, 표정, 행동, 반응, 몸짓 등 대화를 통한 소통과 공감대 형성이 매우 효과적이다.

(6) 솔직성(honesty)

부모는 자신의 감정을 솔직하게 표현해야 한다. 각 문화와 사회마다 감정의 표현 수준과 방법이 매우 다르며, 표현을 미덕으로 여기지 않는 문화와 사회도 있다. 그러나 가족 공동체를 바람직하게 이끌어 가기 위해 부모는 먼저 자신의 감정을 조절하는 훈련이 필요하다. 부모는 자신의 정서적 심리적인 감정을 솔직하게 표현하는 효과적인 방법을 찾아야 한다. 만일 부모가 감정과 표현을 상황과 장소에 따라 다르게 표현한다면 자녀는 부모에 대해 신뢰할 수 없을 뿐만 아니라 혼란과 갈등의 요인으로 작용하여 자신의 사고개념과 자아정체성이 모호해져 자신까지도 신뢰할 수 없게 된다.

(7) 수치심과 원망(shame and blame)

부모가 자녀에게 비난, 조소, 무시하는 반응을 하게 되면 자녀는 심리적·정서적으로 상처를 입게 된다. 이로 인해 자녀는 스스로 위축되어 수치심 또는 원망하는 반응을 보이게 된다. 또한 부모-자녀 관계가 왜곡되거나 그 기능을 잃어버릴 수 있다.

(8) 시간과 관심(time and attention)

부모의 역할을 수행하기 위해서는 자녀와의 상호작용을 위한 적극적인 노력이 필요하다. 따라서 부모는 자녀와 함께 공유하는 시간을 아끼지 않으며, 자녀의 올바른 인격적 성장과 성숙을 위해 인내하며 일관성이 있는 부모의 양육방법을 개발하여야 한다.

(9) 부모의 요구(parents' need)

부모와 자녀는 각각 자신에게 필요한 부분에 대한 요구가 있다. 부모는 자녀의 요구, 희망, 감정을 이해하고 수용해야 하며, 부모 자신의 요구와 필요에 대해서는 수용해야 한다. 부모가 현실을 직시하고 현실에 필요한 요구를 정확히 알고 있을 때, 자녀도 이에 따른 부모의 필요와 요구에 올바르게 반응할 수 있다.

3) 부모 역할의 특성

첫째, 부모의 역할에서 자녀양육은 가장 필수적인 요소이다. 부모의 역할은 외형적 측면에서는 자녀의 생애주기에 따라 양적 성장과 질적 성장을 도울 수 있는 자녀양육의 책임을 의미한다. 또한 내면적으로는 자녀 양육과정을 통한 부모 자신의 개인적인 발달과 성숙을 함께 모색하여야 한다. 이는 부모로서 자녀양육의 역할을 수행하기 위해서는 부모 역할에 대한 자기 만족감이 동반되어야 하기 때문이다. 자기 만족감은 부모의 양육행동과 질적 수준을 결정짓는 요소가 된다(한경님, 2013). 부모 역할에 대한 만족감이 떨어지면 자녀의 성장과 발달에 지지적인 태도를 보이지 못하게 되며, 따라서 자녀의 사회성 발달에 문제를 보이게 되거나 사회적 유능성이 낮아지게 된다(한경님, 2013). 반대로 부모의 역할에 만족감을 느끼는 부모들은 자녀에게 애정적인 태도를 보여 자녀의 발달에 긍정적인 영향을 끼칠 수 있다(한경님, 2013).

둘째, 부모의 역할은 자녀의 생애주기 발달에 따라 부모 자신의 변화와 성숙을 요구한다. 특별히 생애주기에 따른 발달 과정과 수준에 있어서 비다문화 가정 자녀와 다소 차이가 있다는 연구결과에 따라 이들을 위한 효율적인 부모 역할에 대한 구체적인 대안이 필요하다. 이러한 이유로 여성가족부는 다문화가족 자녀를 실질적으로 양육하는 부모를 대상으로 자녀의 생애주기별 부모 역할 증진 프로그램을 개발하여 제공하고 있다. 다문화 가정의 특수성을 고려하여 결혼이민자 어머니가 경험하고 있는 사회문화적 적응의 문제를 다루면서 부모됨의 준비를 위한 기본소양부터 양육기술에 이르기까지 체계적인 교육이 실행될 수 있도록 지원하고 있다(이경숙, 2015).

셋째, 부모의 역할은 각 나라 또는 세대별로 자녀양육과 관련된 가치관과 문화적 행동양식이 다르게 표출된다(문무경 외, 2016). 각 가정의 문화적 신념과 행동양식에 따라 육아방식에 차이가 있다. 예를 들면, 필리핀 어머니의 경우, 자녀의 교육을 위해 자신의 희생을 당연시하며 이에 따라 자녀가 한국사회에 성공적으로 적응하기 위해 헌신적이며 희생적인 양육방식을 나타내고 있다. 따라서 다문화 가정 내 가족구성원의 협의를 통한 일치된 방향성이 요구된다. 바람직한 부모 역할을 수행하기 위해서는 부모의 역량이 강화되어야 하며, 이를 위해 교육과 훈련이 필요하다. 예를 들면, 다문화 가정 어머니를 대상으로 부모 역할 프로그램을 실시한 후 그 효과성을 검증한 연구 결과, 프로그램에 참여하지 않은 통제집단과 비교하여 부모 자녀의 상호작용 및 질적 만족도, 애착 관계 형성과 증진에 있어서 통계적으로 유의미한 결과를 나타내고 있다(강현옥, 황혜원, 2014).

2. 문화 적응과 부모됨의 발달단계

부모됨(parenthood)에 따른 부모의 역할이 과거에는 출산과 양육에 많은 비중을 두었다면, 현대 사회는 다양한 사회·문화적인 요구와 변화에 따른 문화 적응과 관련된 부모의 역량에 초점을 두고 있다. 국제이주기구(IMO)의 기준에 따르면 총인구대비 체류 외국인이 5%에 도달할 경우 다문화 사회에 도달하였다고 정의내리고 있다. 우리나라의 경우, 2015년 기준 초·중등학교에 재학 중인 다문화 가정 학생 수는 82,536명으로 급격한 증가 추세를 보이고 있으며, 2020년이 되면 총인구의 5.5%가 외국인으로 구성될 예정으로 인구통계 수치상으로도 다문화 사회에 진입할 것으로 예측하고 있다.

이러한 급변하는 사회적 맥락 가운데 부모의 역할을 성공적으로 수행하기 위한 부모됨의 재개념화가 필요하다. 부모됨에 대한 전통적인 개념과 방법만을 고집한다면 자녀의 전인적인 성장과 성공적인 사회구성원으로 성장하는 데 어려움이 따를 수밖에 없다. 나아가 다문화 가정 내 부모 역할에 대한 합의 또는 동의가 없는 자녀양육 방식은 가족구성원 간의 또 다른 갈등의 요인이 될 수 있다(이세나, 2012; 최정혜, 2017).

부모됨(parenthood)에 대한 인식은 곧바로 부모 역할에 영향을 미치며, 부모의 역할 수행을 통한 부모–자녀와의 상호작용에 따라 자녀의 사회적 정체성과 문화적응 역량은 달라질 수밖에 없다. 부모는 자녀가 성장하면서 경험하게 되는 이질적인 문화와의 갈등에 대처하거나 문제해결을 성공적으로 할 수 있게 하는 중요한 기반이 된다. 따라서 부모됨의 재개념화를 위한 다양한 논의와 교육복지서비스를 통한 사회적 통합이 절실히 필요하다. 부모를 중심으로 구성된 새로운 가족공동체가 신체·정서적으로 건강하며, 사회·문화적으로 적합한 사회구성원이 되기 위한 지속적인 노력이 필요하다. 부모가 되기 위한 동기와 관련하여 부모됨의 재개념화의 방향성을 살펴보면 다음과 같다.

첫째, 부모됨은 삶의 중요한 심리적 동기로서 작용한다. 부모됨의 동기는 본능이 아니며 자신이 선택하여 획득된 동기이다. 이러한 부모됨의 동기는 개인에 따라 다양한 내적 요인이 있다. 예를 들면, 자기 확장(자기 연장), 사회적 지위 획득, 사랑과 애정의 필요, 가계 계승, 정서적·상징적 동기(보상), 운명론적 동기 등이 있다(유안진, 김연진, 2006). 따라서 부모됨의 동기가 어떠하든 부모는 출산과 양육의 책임자로 자연스러운 것이다. 부모는 주양육자로서 자녀의 권리를 지키고 신변을 보호해야 하며, 그들을 하나의 인격체로서 건강하게 성장하기 위한 중요한 일들을 결정하는 책임자의 역할을 한다. 부모 자신의 삶과 직접적으로 연결되어 있으며, 이를 위한 자기 삶의 생애주기를 재확인하고 부모 역할에 대한 준비가 필요하다.

둘째, 부모됨은 '시민으로서의 책임'을 수행한다는 중요한 사회적 의미가 있다(Veevers). 부모는 자녀를 가짐으로써 자신이 속한 사회에 가치 있는 공헌을 하는 것으로 사회적, 문화적, 경제적 능력을 동반한 사회구성원으로서 중요한 역할을 한다.

셋째, 부모됨의 과정은 자기 성장과 성숙의 계기가 된다. 대부분의 부모는 특별한 훈련이나 준비 없이 생물학적으로, 심리적으로 자연스럽게 부모-자녀의 관계를 이루며 살아간다. 그러나 부모의 역할이란 자녀의 출생을 알리는 태동을 느끼면서 정신적, 육체적, 사회적, 경제적인 부담으로부터 벗어나기 어려우며, 이러한 상황 속에서 부모됨을 준비하는 과정은 결코 단순하지 않은 변화와 습득된 기술이 요구되는 성장을 경험하게 된다.

넷째, 부모됨은 사회·문화적 적응을 위한 기반이 된다. 부모는 자녀의 사회문화적 적응을 위한 모델의 역할을 수행한다. 부모-자녀 간의 상호작용을 통해 사회적 역할과 행동양식을 습득하여 건강한 사회인으로 성장하게 되는 발판을 마련한다. 즉, 그들이 사는 사회·문화적 가치, 부모의 가치관, 자녀관 등이 양육방식으로 표출되며 이를 학습해 나간다. 자녀와 부모의 계속적인 상호작용으로 인해 건강하고 독립심이 강하고 책임감 있는 어른으로 성장할 수 있도록 도와주는 데 목적이 있다. 브라운(Saul Brown)은 부모는 자신을 포함하여 자녀에 대한 의무와 관련지어 4가지 부모 역할을 다음과 같이 설명하고 있다.

- 자녀를 포함한 가족에게 기본적으로 헌신하겠다는 결단
- 가족 모두에게 따뜻한 보살핌 제공

- 가족 개개인의 발달을 장려하고 발달의 기회를 제공
- 자아완성과 자신감 획득

부모기는 부모로서의 역할을 수행하면서 성숙한 인격과 가치체계가 형성되는 시기이다. 또한 이 시기 부모는 자녀의 출생과 성장에 앞서 부모-자녀 관계에 대한 이해를 바탕으로 준비와 노력이 필요하다. 듀발(Duvall, 1987)은 가족의 생애주기에 따른 부모됨의 발달단계를 다음과 같이 설명하고 있다.

① 1단계: 가족 형성기

부부 상호 간에 결혼에 대한 적응기로서 다른 사회·문화적 배경, 가치관, 풍습, 행동양식, 전통 속에서 성장한 두 인격체가 최소 단위인 가족이라는 공동체를 이루어 상호 적응하는 시기이다. 새로운 가족 공동체를 형성하면서 서로 간의 유대감을 확장해 가며 미래에 대한 자아정체감을 공유하는 시기이다.

② 2단계: 부모의 이미지 형성기(자녀출산기)

임신부터 첫 자녀 출생을 통해 부모가 된 현실을 인정하고 부모로서의 역할을 시작하는 시기이다. 이전의 부부 관계 중심에서 출산을 통해 부모에 대한 이미지를 스스로 형성한다. 따라서 이 시기에 부모됨의 체계적인 준비와 훈련이 필요하며, 그렇지 않을 경우 자녀양육과 돌봄에 따른 압박감으로 가족공동체 형성이 지체되거나 또는 문제가 발생할 수 있다.

다문화 가정은 부부간에 가사일과 자녀양육에 관한 적절한 역할 분담을 협의해야 한다. 다문화 가정 부모 역할에 있어서 가장 큰 어려움은 부부 공통으로 자녀의 정체성에 대한 걱정과 효과적인 자녀양육을 위한 지식의 부족으로 나타났다(최정혜, 2017). 따라서 육아 과정에 아버지의 적절한 참여와 양육방법에 대한 협의 또는 교육을 통해 즐겁고 보람된 부모 역할을 수행할 수 있도록 노력해야 하는 시기이다.

③ 3단계: 취학 전 자녀 양육기

영아기를 지나 유아기에 접어든 자녀의 발달단계에 따라 부모 역할의 변화와 양육방식 체계화를 확립해야 하는 시기이다. 자녀의 흥미, 관심, 발달적 특성에 따라 교육적 경험과 자극을 제공함으로써 자신의 전인적인 발달을 촉진해야 한다. 또한 자녀의 사회화 과정을 지지할 수 있는 다양한 사회·문화적 경험과 환경을 제공하는 시기이다.

무엇보다 부모로서의 권위의 범위와 자녀의 행동의 허용범위(한계점)를 설정하여 부모–자녀 간의 갈등을 최소화해야 한다(Galinsky, 1987). 그 범위와 한계를 정할 때 부모뿐만 아니라 가족구성원의 협의를 통해 일관성 있는 부모의 역할을 수행하는 것이 무엇보다 중요하다. 부모가 요구와 필요를 충족하는 일에 과잉 몰두하다 보면 부모들의 에너지를 소모하게 되어 자칫 부부관계를 유지하기 어려워질 수 있다. 따라서 부부간의 공동체적 삶과 애정적 관계의 악화를 최소화할 수 있는 노력이 필요하다. 이 시기 부모의 배우자 역할 모델링을 통해 자녀의 긍정적인 자아형성과 성품 형성에 중요한 영향을 끼친다.

부모–자녀의 긍정적 관계를 유지하도록 부모의 역할에 변화가 필요하다. 이 시기 자녀는 연령이 증가함에 따라 부모와의 관계에서 벗어나 점차 사회적 상호작용의 범위를 확장해 간다. 또한 자아가 성장하면서 성역할에 대한 개념과 행동양식을 습득하는 시기로 부모는 자녀의 성정체감과 함께 사회·문화적 정체성을 동시에 습득하도록 적극적인 지지가 필요하다.

④ 4단계: 학령기 자녀 양육기

아동기라고 칭하는 이 시기는 6세부터 12세까지로 학령기에 해당하는 단계이다. 부모는 이전 단계에서처럼 자녀에게 단순한 생리적인 욕구나 애정적 욕구만을 만족시켜 주는 역할에서 벗어나 아동의 사회화 과정을 적극 지원해야 한다. 아동이 초등학교에 입학하게 되면서 주변세계의 여러 문제에 폭넓은 관심과 깊은 탐구활동이 시작된다. 이 시기 부모는 주로 정보제공자, 자녀의 다양한 의문이나 요구에 대한 해설자, 세상과 사물에 대한 이치를 설명해 주는 설명자로서의 역할을 하게 된다. 부모는 자녀에게 자신의 역할을 이해시키는 것도 필요하며, 동시에 자녀의 일과 활동과 우호적인 친구관계가 형성할 수 있도록 적극 지원해야 한다.

⑤ 5단계: 청소년 자녀 양육기

아동기를 지나 13세부터 20세까지로 청소년기에 해당한다. 이 시기 자녀는 부모로부터 정신적, 신체적으로 독립을 추구하는 시기이며, 일상생활에서 발생하는 다양한 일들을 자율적으로 선택하고 결정이 허용되는 시기이므로 그들의 결정과 선택에 대한 책임의식과 참여를 할 수 있도록 지도하고 격려할 필요가 있다.

이 시기 자녀들은 자신이 경험하는 현실과 이상 사이의 적절한 조화를 유지하지 못하는 데서 오는 정신적, 정서적 공허감 또는 갈등을 경험한다. 이때 부모가 자녀의 행동과 결정을 비난하기보다는 긍정적 격려 또는 공감하는 등 상담자의 역할을 하는 것이 효과적이다.

⑥ 6단계: 부모만 남는 시기

청소년기를 지나 독립된 사회구성원으로서 부모 곁을 떠나는 시기로 자녀가 자신만의 세계에서 새로운 삶을 설계하고 실행하는 시기이다. 자녀가 선택하고 결정하는 다양한 사회활동에 대해 격려하며 사회에 적응할 수 있도록 안내해 주는 것이 필요하다. 자녀의 독립을 통해 부모는 새로운 삶을 계획하고 심리적인 준비가 필요한 시기이기도 하다. 특별히 부부간의 공감대를 형성하여 7단계를 준비해야 한다.

⑦ 7단계: 중년부부 가족 시기

모든 자녀가 독립을 하고 난 후 부모만 남아 새로운 삶을 꾸려 나가는 시기이다. 평생 함께했던 직장과 자녀 양육의 부담에서 벗어나는 시기로 심리적인 허탈감과 우울함이 찾아오기도 한다.

⑧ 8단계: 노년기 부부 가족 시기

사회생활에서 은퇴하여 노인의 제반 발달적 과업을 체험하는 시기이다. 신체적, 언어적, 정서적, 인지적, 사회적 모든 제반 발달이 급격하게 퇴화하며 삶의 활력소가 감소하는 시기이다. 가족은 배우자의 사망으로 인해 해체기에 접어든다. 이 시기는 하나의 인격체가 일생을 정리하는 시기로 죽음을 슬기롭게 준비하고 진지하게 자연의 순리를 받아들이는 자세가 요구되는 시기이다. 따라서 사회나 국가를 통한 사회복지제도를 통한 지원이 절실하다. 즉, 이들의 사회적 기여도와 헌신, 봉사를 인정하는 사회보장제도와 의료서비스의 확충을 통한 실질적 서비스가 강화되어야 한다.

3. 자녀의 발달단계에 따른 효과적인 부모 역할 이해하기

자녀의 성장 및 발달 단계에 따라 자녀의 욕구에 부응하는 부모의 역할과 기능이 무엇인지 이해하고 실질적인 준비과정을 통해 부모의 역량을 갖추어야 한다. 자녀의 성장에 따라 필요한 심리적, 물질적, 환경적, 문화적 환경들을 면밀히 검토하여 위험으로부터 예방하고 발생한 문제를 즉각적으로 처리할 수 있어야 할 것이다. 다문화 가정 자녀의 발달에 있어서 각 시기별 발달 과업의 완성은 성격 형성에도 영향을 미치게 된다. 따라서 다문화 가정 자녀의 발달 양상을 살펴보면서, 각 단계에 적합한 부모 역할을 수행하는 것이 중요하다. 무엇보다 급변하는 사회에서 자녀의 발달 단계에 따른 부모 역할의 변화가 요구되고 있다.

1) 태내기의 부모 역할

부모는 새로운 가족구성원을 맞이할 준비를 하는 시기로 우선적으로 부모는 자신의 생애주기에 따른 실질적인 부모 역할을 이해하고 교육을 통해 준비해야 한다. 이 시기는 새로운 생명의 잉태와 함께 신체적으로 심리적으로 많은 변화가 지속적으로 발생하는 시기이다. 태아의 성장 단계, 즉 수정(conception)−발아기(germinal period)−배아기(2~8주)−태아기(8주 이후 출생 전)−출생의 과정을 거치면서 발달한다. 자녀가 출생하면서 다문화 가정 부모는 가장 큰 기쁨과 만족감을 느끼는 시기이지만(최정혜, 2017) 임신과 출산 그리고 자녀양육에 대한 지식의 부족으로 우울증과 같은 심리적 불안감도 함께 오는 시기이다. 따라서 어머니의 충분한 영양섭취와 안정, 이와 더불어 자녀 양육을 위한 아버지의 적극적인 참여와 애정 어린 지지가 필요하다.

2) 영아기/걸음마기의 부모 역할

이 시기는 감각으로 세상을 탐색하고, 다양한 방법으로 몸을 움직여 세상과 소통하며 자신에게 필요한 중요한 발견을 한다(이신동 외, 2017). 전적으로 부모와의 상호작용에 의존하여 발달하며, 모든 감각을 통한 상호작용을 통해 인과 개념과 물체 항상성 개념들을 습득한다. 따라서 부모는 자녀의 감각운동을 촉진시킬 수 있는 환경을 제공하는 것이 무엇보다 중요하다.

이 시기 부모는 자녀와의 상호성의 관계를 유지하는 것이 중요하다. 특별히 주양육자와의 관계 형성은 자녀의 성품 형성에 많은 영향을 미치며, 연령이 증가함에 따라 사회적 상호작용 및 관계 형성의 근간이 된다. 따라서 부모와의 신체적 접촉과 언어적 상호작용을 통해 자녀의 자기 주도성과 독립성을 향상시킬 수 있다. 이 시기에 영아는 기본적으로 부모−자녀 간 신뢰감 형성이 이루어지는 시기로, 이는 자녀의 요구와 필요에 민감한 일관성 있는 반응을 통해 형성된다. 부모의 안정적인 보살핌을 통해 자녀는 세상에 대한 신뢰감과 안정감을 가지게 되거나 또는 두려움과 불신감을 가지게 된다.

3) 유아기의 부모 역할

이 시기 자녀는 세상에 대한 정보를 얻기 위해 주로 감각을 이용한 활동을 한다. 언어발달과 함께 상징적으로 사고하는 능력이 발달하기 시작하고 주위의 사람들과 상호작용하며, 물체를 인식하기는 하나 자아 중심적인 사고를 한다. 이 시기 영유아는 논리보다는 지각과 직관으로 세상을 판단하고, 보존개념을 이해할 수 없다. 보존개념이란 형태는 변해도 같은 양이 남아 있음을 아는 것이다. 논리적 사고를 못하며 단지 눈으로 보이는 모양과 상태에 기초하여 물체 또는 상황을 이해하는 시기이다.

4) 아동기의 부모 역할

이 시기 자녀는 구체적인 물체로 논리와 추리를 통해 사고한다. 영유아기보다 독립적이긴 하나 부모와의 상호작용을 통해 환경에 적응하는 태도와 사회적으로 적합한 행동양식을 학습하며, 이에 따라 또래 또는 타인과의 사회·문화적 관계를 형성한다. 특히 가정 내 부모의 역할을 통해 새로운 환경 속에서 자신의 역할을 인지하고 확장해 나간다.

이 시기 부모는 자녀의 성장에 따른 다양한 문제에 적절하게 대처하는 능력과 네트워크가 필요하다. 아동기의 자녀는 새로운 학교생활과 사회적 참여활동을 통해 새로운 자아가 성장하고 성숙하는 시기이다. 이러한 과정에서 발생하는 문제들을 정확하게 진단하고 처리할 수 있는 전문성을 가지도록 준비해야 한다. 이때 자녀의 문제행동을 가족체제와 부모와의 관계 속에서 보려는 관점을 갖는 것이 중요하다. 부모는 자녀가 보이는 문제행동을 자녀로부터 해결책을 찾기보다 가족 전체의 상황적 맥락 속에서 문제행동의 의미, 원인, 문제해결 방법 등을 찾아야 한다. 또한 가족 전체의 치료이자 가족구성원 간의 관계 개선을 통해 그 해결책을 찾아야 한다.

5) 청소년기의 부모 역할

다문화 가정 청소년기 자녀들의 경우 부모의 낮은 경제·사회적 지위, 언어와 문화, 교육방식의 차이 등으로 가정뿐만 아니라 학교생활 적응에 어려움을 경험하고 있는 것으로 보고되고 있다(남상아, 2011). 특히 사회적 편견과 선입견으로 따돌림을 경험하므로 인해 정체성과 자아존중감의 혼란을 겪고 있다. 이로 인하여 자녀는 문화적응 스트레스, 부모와의 관계, 또래 집단 내에서의 위축, 불안감, 우울증, 중독 등이 나타나고 있다.

다문화 가정 부모의 양육태도가 자녀의 학교생활에 중요한 영향을 미친다.

사실상 청소년기 자녀들의 학교적응에 관한 연구는 최근에서야 비로소 이루어지고 있는 상황이다. 따라서 국내 다문화 가정 부모의 양육태도와 학교적응 간의 관계를 다룬 연구가 미흡하다고 볼 수 있다. 그러나 아동기와 마찬가지로 청소년기 자녀들은 모의 애착이 높을수록, 사회적 지지가 높을수록, 자아존중감이 높을수록 학교적응에 있어서 긍정적인 것으로 나타나고 있다. 여기서 학교적응이란 학업성취, 또래 및 교사와의 관계, 학교생활에 대한 태도, 학교규범과 규칙에 대한 순응 등 총체적인 생활태도로 정의하고 있다.

이 시기 부모-자녀와의 긍정적 관계 증진은 자녀의 성공적인 학교적응과 밀접한 관련이 있다. 따라서 이 시기 부모-자녀와의 관계 증진을 위해 아동기보다는 좀 더 수용적이며 자율적인 태도와 가정환경을 제공하는 부모의 역할이 무엇보다 중요하다. 연구에 의하면 자녀들의 학교적응은 수용적이면서 자율적인 가정환경 또는 부모의 태도에서 자란 자녀들이 타율적인 환경이거나 거부적인 부모의 태도에서 자란 아이들과 비교하여 학교적응을 더 잘한다고 보고하고 있다. 따라서 자녀의 학교 적응을 위한 부모 또는 가정환경의 요소는 다음과 같다.

- 수용적이고 자율적인 가정환경

- 자녀 중심적, 민주적, 애정적, 합리적 태도
- 긍정적인 가족의 기능(예, 모자간 긍정적 양육태도, 아버지의 긍정적인 양육 태도)
- 이중문화 속 상대방의 문화에 대한 높은 이해와 긍정적 태도
- 자녀양육의 문제에 있어서 갈등의 최소화

다문화 가정 청소년들이 비다문화 가정 청소년들에 비해 학교생활에 대한 만족도와 교사와의 관계에 대한 긍정적인 인식이 높은 것으로 조사되고 있다(박윤경, 이소연, 2009). 그러나 또래 관계에 있어서는 아직 비다문화 가정에 비해 낮은 인식도를 가지고 있으며, 차별적인 경험에 대한 부정적인 인식이 높게 나왔다. 이는 다문화 가정에 대한 편견과 선입견으로 인해 청소년기의 자녀들이 사회적응과 학교적응에 어려움을 경험하고 있으며, 이를 위한 문화경험과 교육지원이 필요하다는 것을 보여준다. 따라서 가정 내에서 부모의 역할이 무엇보다 중요하다. 다문화 가정뿐만 아니라 비다문화 가정 내에서도 반편견 의식과 존중하고 배려하는 생활 태도를 가족공동체 속에서 깊이 있게 다룰 수 있는 기회가 제공되어야 한다.

4. 부모됨의 준비와 부모 역할 및 자질 계발을 위한 프로그램

다문화 가정 실태 조사에 따르면, 다문화 가정 결혼이주자의 경우 사회적응의 어려움뿐만 아니라 자녀양육을 전담해야 하는 일에 있어서 큰 부담을 가지고 있다(여성가족부, 2012). 그들 대부분이 부모가 되기 위한 기본 소양, 자녀양육의 태도와 기술에 있어서 직·간접적으로 교육을 받지 못한 이유로 인해 심리적 불안감을 호소하고 있다(강기정, 2009; 이경숙, 2015). 따라서 여성가족부는 부모 역할 증진 및 자질 계발을 위한 프로그램을 개발하였으며, 다문화 가정의 특수성과 자녀의 생애주기를 고려한 교육내용과 활동을 세분화하여 제공하고 있다. 부모 역

할 및 자질 계발을 위한 전체 프로그램은 아래와 같이 7회기는 감정적, 정서적 성장에 관한 교육을, 3회기는 부모자녀의 관계증진을 위한 활동으로 구성하였다. 프로그램과 활동목표와 활동내용은 〈표 6-1〉과 같다.

〈표 6-1〉 부모교육 프로그램

회기	활동주제	활동목표	활동내용	시간
1	• 준비된 부모 되기	부모로서 준비도를 살펴보고 부모기의 어려움을 공감, 준비된 부모가 되기 위한 방법을 모색한다.	• 사전검사 • 가족 관계도 그리기 • 무자식이 상팔자? • 세 살 버릇 여든까지 간다. • 백지장도 맞들면 낫다	10/8 (100분)
2	• 문화적 차이 발견하기	문화의 차이를 발견하는 과정을 통해 '틀림'이 아닌 '다름'의 개념을 받아들인다.	• 우리 같아요, 달라요 게임 • 문화충격 나눔	10/15 (100분)
3	• 자기분석 –인생 곡선 그리기	자신의 어린 시절을 탐 색하고 인생 곡선을 그려 봄으로써 자신 을 잘 인식할 수 있도록 한다.	• 내가 보는 나, 남이 보는 나 • 인생 곡선 그리기 • 나의 현재, 과거, 미래 • 어린 시절로 돌아가기 • 내가 원하는 부모 되기	10/22 (100분)
4	• 자기분석 –어린 시절로의 여행 –나의 부모, 내가 원하는 부모			
5	• 우리 가족 이야기 • 가족이 나에게 주는 의미	원가족의 특징을 탐색, 문제를 발견하고 해결함으로써 건강한 가족관계를 만든다.	• 우리 가족 가계도 • 가족관계 탐색그림 • 행복했던 순간, 속상했던 순간 • 가족이 나에게 주는 의미	10/29 (100분)
6	• 감정 다스리기	부모가 흔히 느낄 수 있는 감정에 대해 이해하고 대처할 수 있는 방법을 모색한다.	• 나의 분노는 몇 도 ? • 분노 대처하기 • 불안 바로 알기	11/5 (100분)
7	• 영유아기 정서 발달 이해하기	애착 관계의 중요성 인식하고 신체놀이와 정서 이해, 표현 방법을 습득한다.	• 신나는 신체활동 • 부모와 자녀의 느낌 • 자녀의 마음 읽기	11/12 (100분)
8	• 영유아기 사회성발달 이해하기	다문화가족 자녀의 사회성 발달을 촉진할 수 있는 방법을 모색한다.	• 부모의 감정 다루기 • 자녀의 또래 관계 파악하기 • 또래 갈등, 이렇게 도와준다!	11/19 (100분)

회기	활동주제	활동목표	활동내용	시간
9	• 행복한 부모 되기	가족관계 안에서 긍정의 요소를 발견하고 행복한 부모로서의 자아상을 확립한다.	• 이런 사람이고 싶다. • 생각하기 나름이에요. • 행복카드 만들기	11/26 (100분)
10	• 새로운 시작	부모교육을 자신감 있게 생활에 적용할 수 있도록 한다.	• 부모 사명선언문 작성하기 • 훌륭한 부모 자격증 수여 • 사후검사	12/3 (100분)
11	마무리 및 느낌 나눔			12/10

출처: 이경숙(2015).

〈표 6-2〉 부모지원 프로그램 회기별 목표 및 내용

회기	활동목표	활동내용
사전	사전조사 (30분)	
1	• 조기중재를 이해하고 중요성을 안다.	• 조기중재의 이해
2	• 태내기/신생아기/영유아기 발달에 대해 안다. • 자녀의 발달 수준을 이해한다.	• 태내기/신생아기/영유아기 발달
3	• 애착 유형별 부모 양육에 대해 안다. • 친밀감을 위한 놀이를 배운다.	• 애착과 초기관계 형성 • 애착 증진을 위한 활동
4	• 민감한 언어 상호작용의 중요성을 안다. • 언어발달을 위한 지원활동을 안다.	• 언어발달의 이해 • 언어발달을 위한 활동
5	• 기질의 의미와 특성을 이해한다. • 자녀의 기질을 알고, 이에 맞는 양육방식에 대해 안다.	• 기질의 이해 • 기질에 따른 양육지도
6	• 주의문제의 개념 및 증상을 안다. • 조기 중재방법 및 가정에서의 지원 활동방법에 대해 알고 지원한다.	• 주의문제의 이해 • 가정에서의 지원활동
7	• 언어발달 지연의 원인을 이해한다. • 발달지연 아동에게 지원해줄 수 있는 활동을 안다.	• 발달지연의 이해 • 가정에서의 지원활동
8	• 자녀양육 시 부모의 양육 유형을 알아본다. • 자녀양육에서 부모 역할을 지원하는 방법을 안다.	• 부모양육역량 강화 • 부모님 고민 나누기
사후	사후 조사 (30분)	

출처: 김남희(2016).

〈표 6-3〉 부모지원 프로그램 세부내용 예시안[4회기]

<table>
<tr><th colspan="2">[4회기] 언어발달의 이해/언어 발달을 위한 지원활동</th></tr>
<tr><td>목표</td><td>1. 자녀의 언어발달을 이해한다.
2. 민감한 언어 상호작용의 중요성을 안다.</td></tr>
<tr><td>준비물</td><td>영상물, 빔, 유인물, 필기구, 다과, 활동지</td></tr>
<tr><td colspan="2">세부 내용</td></tr>
<tr><td>도입
(5분)</td><td>◎ 자녀와 함께 부를 수 있는 노래/손유희 배워보기
◎ 전개에 관련된 질문으로 호기심 유발하기
T: 우리 아기는 정상적인 언어 발달을 하고 있나요?
T: 어떻게 알 수 있나요?</td></tr>
<tr><td>전개
(50분)</td><td>◎ 언어발달 과정
• [동영상 시청] 언어발달 관련 영상
• 언어발달 과정(울음–베이비사인–옹알이–단어 말하기–문장 말하기)
◎ 언어발달단계 설명하기
• 0~3세 영아의 언어발달에 대해 알아보기
◎ 언어 자극의 중요성 – 질의 중요성, 아기 말투
• [동영상 시청] 언어자극 관련 동영상
• 청각장애인 부모의 TV 자극과 아기말투
◎ [토론] 민감한 언어 반응 찾아보기
• 시나리오 보며 둔감한 반응과 민감한 반응 찾아보기
<table>
<tr><th>둔감한 반응 (잘못된 반응)</th><th>민감한 반응 (잘한 반응)</th><th>이유</th></tr>
<tr><td>입에 넣으면 더러워.</td><td>딸랑이를 입에 넣었구나.</td><td>욕구를 제대로 반영해주지 못함</td></tr>
<tr><td>형아는 우는 거 아니지.</td><td>정말 씩씩하네.</td><td>씩씩함을 읽어줘야 함. 형이라서 아플 때 참고 울지 않는 것이 아님</td></tr>
<tr><td>네가 뭘 만들 수 있겠니?</td><td>혼자서 만들 수 있니?</td><td>아이의 능력을 무시하는 말</td></tr>
</table>
◎ 자녀와 함께할 수 있는 언어지원활동
• [발표] 자녀에게 해주는 언어자극
• 자녀와 함께할 수 있는 언어지원활동 알려주기
• [동영상 시청] 자녀와 함께할 수 있는 언어놀이</td></tr>
<tr><td>마무리
(5분)</td><td>◎ 궁금했던 것 질문하기
◎ 오늘 교육에 대한 소감 이야기하기
T: 오늘 언어발달에 대해 알아보았는데, 어떤 부분이 도움이 되었나요?</td></tr>
</table>

출처: 김남희(2016).

5. 효율적인 부모 역할을 위한 체계적 훈련 프로그램

효율적인 부모 역할을 위한 체계적 훈련(Systematic Training for Effective Parenting; STEP)은 딩크메이어와 맥케이(Dinkmeyer & Mackey, 1976)가 애들러와 드라이커스의 민주적 양육 이론과 고든의 부모효율성 이론(PET) 중에서 장점을 채택하여 체계화한 종합적인 부모교육 프로그램이다. 이 프로그램은 『당신도 유능한 부모가 될 수 있다』(이경우 편역, 1989)로 국내에 출판되어 소개하고 있다.

이 프로그램에서 부모는 아무리 좋은 양육방법이라도 부모가 자발적이고 적극적으로 시간을 할애하여 자녀와 민주적인 인간관계를 맺으려는 노력이 있어야만 효과가 있다고 보았다. 부모-자녀 간의 긍정적인 관계를 유지하기 위한 상호존중, 즐거운 시간 갖기, 격려하기, 적극적으로 사랑 표현하기 등 네 가지 핵심 요소를 살펴보면 다음과 같다.

첫째, 부모-자녀 간 상호존중(mutual respect)이다. 상호존중이란 부모와 자녀가 서로 존중하며, 또한 타인을 존중하는 인식과 태도를 뜻한다. 부모는 자녀에게 잔소리를 하거나 때리고 엄포를 놓는 행위, 그리고 자녀가 독립적으로 할 수 있는 일을 부모가 대신하며, 일관성 없는 태도와 반응 등과 같은 태도를 피해야 한다. 부모가 먼저 자녀에게 상호존중을 위한 좋은 모델링을 보여야 한다.

둘째, 즐거운 시간을 함께 공유하는 것이다(taking time for fun). 부모-자녀의 관계가 원만하고 성숙하게 발전하기 위해서는 가족 모두 함께하는 가족공동체의 시간을 보내는 것이 중요하다.

셋째, 부모의 격려(encouragement)이다. 부모는 자녀를 신뢰하고 자녀가 자신감을 갖도록 지속적인 격려가 필요하다. 이때 무조건적인 격려보다는 자녀가 자신의 생각과 태도에 대해 깊이 사고할 수 있는 기회를 주어 자신 스스로 자신을 평가하도록 격려하는 것이 중요하다. 협동적인 관계는 자녀가 자기 자신 또는 부모에 대해 어떻게 느끼는가에 따라 형성된다.

넷째, 부모의 사랑표현(communicating love)이다. 부모의 사랑을 다양한 방법으로 표현해야 한다. 자녀들이 심리적·정서적 안정감을 느끼기 위해서는 부모가 자신을 사랑하고 있다는 것을 인지하는 것이 중요하다. 부모의 사랑은 자녀를 존중하고 책임감과 독립성을 길러 주는 부모의 태도에 따라 자연스럽게 전달된다.

1) STEP 프로그램의 구성 원리

STEP 프로그램의 내용은 다음과 같이 부모교육의 다섯 가지 원리를 기초로 구성된다.

(1) 대화 기술(communication skills)

우선적으로 부모는 자녀와의 원활한 관계를 형성하기 위해 올바른 대화 기법을 익히는 것이 중요하다. 자녀와의 듣기 기법은 '감정이입(empahty)', '반영적 경청(reflective listening)', '적극적 경청(active listening)'. '공감(shared meaning)', '반영시키기(mirroring)' 등이 있다. 말하기 기법에는 '나-전달법(I-message)', '동등한 수준의 대화', '자녀의 행동에 대한 부모의 솔직한 느낌 표현하기' 등으로 부모의 느낌을 정직하게 표현하는 기술로 자녀의 행동을 평가하거나 판단하지 않고 단지 자녀의 행동을 묘사하는 기술을 말한다.

이 가운데 긍정적인 대화방법에 대해 소개하고자 한다.

다음은 STEP의 부모용 안내서에 나온 긍정적인 대화에 관한 예이다.

〈표 6-4〉 긍정적인 대화방법

아이의 이야기	부모의 폐쇄적인 반응*	부모의 개방적인 반응**
다시는 수하와 안 놀 거야!	아무리 그래도, 그렇게 말하면 안 되지.	수하 때문에 네가 지금 몹시 화가 나는구나.
난 못해요.	그렇게 말하면 못써. 자, 어서 해 봐.	이게 너한테 굉장히 어려운가 보구나.
명선이 때문에 학교에 안 갈래요.	학교는 안 갈 수 없어. 사람들은 모두 학교에 가야 해. 그건 지켜야 해.	명선이가 널 괴롭힐까 봐 걱정이 되는구나.
엄마는 세상에서 제일 나쁜 엄마야!	그런 말이 어디 있니?	너, 나한테 굉장히 화났구나.
아래 빈칸에 폐쇄적인 반응과 개방적인 반응을 각각 연습해 보세요.		
1. 난 야채가 싫어요. 야채 안 먹을 거야.	________________	________________
2. 우리 선생님은 너무 까다로워요.	________________	________________
3. 난 안 잘 거예요. 지금 자기엔 너무 이르단 말이에요.	________________	________________

표 읽는 법

* 아이를 이해하거나 아이의 생각을 수용할 의사 없이 아이의 감정을 거부하는 부모의 반응

** 아이가 느끼는 감정을 표현할 권리가 있음을 인정하는 부모의 반응

출처: Berger(1989).

대안 찾기와 '나-전달법'을 활용한 의사소통

문제가 생겼을 때에는 '나-전달법'을 사용하여 대화하며, 대안을 찾아 문제를 해결해 간다.

〈표 6-5〉 반영적 경청과 나-전달법

문제	문제소유자	의사소통	
		반영적 경청	나-전달법
성적이 잘 나오지 않아 아이가 운다.	자녀	성적이 나빠 실망했구나. 그리고 엄마가 이걸 보고 너를 어떻게 생각할지를 걱정하는가 보구나.	-
아이가 약속대로 집안 청소를 돕지 않는다.	부모	-	네가 약속을 지키지 않아서 (나[I])는 참 실망했어. 왜냐하면 엄마[I] 혼자 일을 해야 되기 때문이야.
아이가 시험 전날 잠을 이루지 못한다.	자녀	시험 때문에 꽤 걱정이 되나보구나. 잘해낼 자신이 없구나.	-
손님이 오셨는데 아이가 계속 방해한다.	부모	-	네가 방해하면 우리[I]는 이야기를 나눌 수가 없단다.

표 읽는 법
문제의 소유자가 자녀 ⇒ 반영적 경청 사용
문제의 소유자가 부모 ⇒ 나-전달법 사용

이때의 나-전달법은 첫째, 네가 ~하면(행동), 둘째, 나는 ~라고 느낀다(느낌), 셋째, 왜냐하면(결과)의 순서로 구성되어 있다.

(2) 환경을 계획하는 기술(skills in planning the environment)

자녀와의 관계를 개선하기 위해서는 의사소통 방법을 익히는 것만큼이나 가족들이 함께하는 공간, 시간, 활동 등을 계획하고 실행하는 것이 중요하다. 가정은 심리적, 정서적, 물리적 환경을 동시에 제공해 주는 중요한 환경이다. 자녀가 환경을 통해 새로운 자극과 풍부한 상호교류가 일어날 수 있도록 가족이 함께 노력하는 것이 중요하다. 때때로 자녀의 성장과정에서 일어나는 심리적·정서적 변화, 즉 무료함, 지루함, 우울함을 예방하기 위한 풍부한 자극과 안정성을 경험하여 가족 간의 갈등을 최소화할 수 있다.

(3) 부모 자신을 변화시키는 기술(parent self-change)

부모와 자녀 사이에 갈등이 있다면, 문제해결을 위해 자녀뿐 아니라 부모 자신도 변해야 한다. 부모 스스로 변화해야 자녀와의 원만한 인간관계가 형성되고, 더불어 긍정적인 삶의 모델링을 제공해 줄 수 있다. 특히 부모는 자녀의 성장과 발달에 따른 이해와 현실에 부합되는 부모의 기대를 조정해야 한다. 부모는 자녀의 있는 그대로의 모습과 상황을 수용하는 태도가 필요하다. 부모는 자녀의 성장에 따라 자녀의 노력과 성취, 그리고 가족에의 기여 정도를 정직하게 표현해야 한다. 이때 부모의 평가(긍정적 또는 부정적)가 전제된 칭찬보다는 격려와 용기를 통해 현실을 직시하고 만족감과 함께 미래지향적인 가치와 의욕적인 행동으로 전개될 수 있도록 지원하는 태도가 바람직하다. 자녀에 대한 올바른 이해를 통한 부모의 변화는 자녀의 긍정적인 변화를 이끌어 낼 수 있다. 부모가 주로 사용하는 칭찬과 격려의 차이점을 살펴보면 다음 표와 같다.

〈표 6-6〉 칭찬

관심영역	부모가 하는 말	가능한 결과
외적 통제	'네가 내 말을 들을 때만 가치 있다.' '너는 믿을 수 없고 믿어서도 안 된다.'	• 순종함으로써 자신의 가치를 측정할 수 있다고 생각한다. • 혹은 반항한다. (포기함으로써 협동의 형태를 보인다.)
외적 평가	'가치 있게 되려거든 날 만족시켜야 한다.' '날 만족시킨다. 그렇지 않으며 없어져라.'	• 자녀는 다른 사람을 기쁘게 할 때에 가치 있다고 느낀다. • 반대하는 데 대한 두려움을 갖는다.
잘 완성된 과제에 대한 보상	'네가 내 기준을 잘 따를 때만 너는 가치 있다.'	• 자녀는 비현실적인 기준을 발달시키고 그가 완전에 도달함으로써 가치 있다고 생각한다. • 실패를 두려워하게 된다.
자기 평가와 개인적 이익	'너는 최고다. 항상 너는 남보다 우위에 있어야 가치 있다.'	• 과다 경쟁하게 된다. • 다른 사람을 희생시켜서 앞서려고 한다. • 최고일 때에만이 가치 있다고 느낀다.

〈표 6-7〉 격려

관심영역	부모가 하는 말	가능한 결과
건설적으로 살아 가는 자녀의 능력	'나는 네가 책임이 있고 독립적이라는 것을 믿는다.'	• 불완전하게 되는 것에 용기를 갖고 시도하려는 의욕을 보인다.
내적 평가	'자신과 자신의 노력에 대해 어떻게 느끼는가가 가장 중요하다.'	• 자신의 진보를 스스로 평가하고 결정할 줄 알게 된다.
노력과 향상	너는 완전할 필요가 없다.' '노력과 향상이 중요하다. '	• 자녀는 자신과 타인의 노력을 인정하게 된다. • 한 과제를 꾸준히 추진시키게 된다. (지속성)
장점-공헌, 가치 인정	'너의 공헌은 가치 있다.' '우리는 네가 한 일의 가치를 인정한다. '	• 개인적인 이익뿐만 아니라 모든 선을 위해 노력하고 자기의 재능을 사용할 줄 알게 된다. • 자녀는 그 자신의 성공뿐만 아니라 타인의 성공에 대해서도 기뻐할 줄 알게 된다.

출처: 유안진, 김연진(2005).

(4) 자녀를 변화시키는 기술(changing the child)

자녀를 훈육하는 데 있어서 한계를 설정하는 '자연적·논리적 귀결(natural and logical consequences)'이 자녀의 책임감을 키우면서 긍정적으로 자녀를 변화시키는 기법으로 사용된다. 보통 가정에서는 자녀를 훈육하는 방법으로 '상'이나 '벌'을 이용한 강화법을 사용한다. 상과 벌은 부모-자녀 간 상호존중보다는 부모가 일방적으로 행사하는 상호작용으로 책임감 있는 자녀로 양육하는 방법으로는 한계가 있다.

〈표 6-8〉 자연적 논리적 귀결을 도덕적 상황에 적용하여 활용한 예

문제	문제소유자	바람직한 접근법
아이가 다른 사람에게 아버지의 물건을 빌려주고 찾아오지 않아요.	부모	• 나-전달법: 그거 가져오지 않았니? 지금 내가 그게 필요하기 때문에 화가 나는구나.
		• 논리적 귀결: 다음에 아이가 물건을 빌려주려 할 때 빌려주지 못하게 한다.
아이가 시험을 못 봐 속상해해요.	자녀	• 반영적 경청: 네가 시험을 못 봐서 무척 속상한가보구나.
		• 대안 찾기: 다음 시험을 잘 보려면 무엇을 할 수 있을까?
아이가 제때에 숙제를 하지 않아요.	자녀	• 자연적 귀결: 선생님의 처분에 맡긴다.
아이가 전기 콘센트를 만지작거려요.	부모	• 논리적 귀결: 전기콘센트로부터 아이를 잠시 격리시켜 두었다가 전기콘센트를 다시 꺼내준다.

표 읽는 법
문제의 소유자가 자녀 ⇒ 반영적 경청 사용
문제의 소유자가 부모 ⇒ 나-전달법 사용

출처: 유안진, 김연진(2005).

(5) 가족 문제해결 방법의 변화(changing the family-problem solving skills)

프로그램에서 문제해결 방법은 민주적인 가족문제 해결방법으로서 고든의 민주적 방법인 '무승부법(no-lose method)' 또는 드라이커스의 가족상담(family counseling)을 사용한다. 먼저 당면한 문제를 세심하게 사고하고, 주의 깊은 상황 분석을 통해 문제해결을 위한 대안 중 가장 적절한 방법을 택하여 실행, 평가하는 체계적인 과정을 사용한다. 문제 해결 과정에서 특정한 가족구성원 중 한 사람을 지목하여 책망하지 않도록 주의해야 하며, 해결되지 않을 경우 해결방법을 재정의하거나 다른 방법을 선택하여 실행해 본다.

2) STEP의 가족 모임을 위한 지침

- 모임을 계획된 시간에 정기적으로 갖는다.
- 모든 가족구성원을 동등하게 대하고 의장 역할은 돌아가며 맡는다.
- '반영적 경청'과 '나-전달법'으로 자기의 느낌과 신념을 솔직하게 전달하고 상대방의 이야기를 개방적인 태도로 수용한다.
- 문제해결을 위해서는 브레인스토밍으로 해결책을 탐색한다.
- 가족 내에 일어난 좋은 일을 알리고 서로 격려한다.
- 가족이 함께할 만한 오락을 준비한다.
- 모임 시간은 가족들이 함께 정하고, 정해진 시간 내에 끝낸다(유아가 있는 경우 20~30분, 아동인 경우 1시간을 초과하지 않는다).
- 모임 중에 나온 제안이나 결정 사항을 기록한다.

3) STEP의 부모교육 방법

STEP은 집단방법을 활용한 부모교육 프로그램으로, 참가자들은 지침서에 따라 체계적으로 교육과정을 이수하게 된다. 훈련하는 전문가에 의해 토의되고 연구되는데 지도자는 보통 심리학자, 사회복지사, 상담가, 목사, 소아과의사, 교육자로서 일정기간 훈련을 받은 전문가들로 구성된다.

프로그램의 교재는 포스터, 카세트, 부모용 안내서와 리더십 훈련용 안내서와 잘 구조화된 강사 지침서로 구성되었으며, 집단에 참여한 부모들의 특성과 필요에 따라 융통성 있게 교재와 매체를 활용한다. 이미 자녀의 연령에 따라 부모를 위한 프로그램이 개발되어 대상별 특성을 고려한 프로그램을 적용하고 있다.

4) STEP 프로그램

딩메이어(Dinkmeyer)와 멕케이(Mackey, 1976)가 개발한 프로그램으로 주 1회 2시간씩 총 9주 10~12명으로 구성하여 진행하는 체계적 부모 역할 훈련이다.

〈표 6-9〉 STEP 프로그램의 구성

주	주제	내용
1주	승자와 패자적 자세	프로그램 전반에 대한 소개와 친밀감 형성 활동 및 승자적, 패자적 자세의 형태를 진단한다.
2주	상호교류분석의 개관	상호교류분석의 세 가지 자아 상태에 대한 이해와 자기 및 타인에 관한 이해를 돕는다.
3주	쓰다듬기 및 시간구성에 대한 인간의 허기	타인으로부터 인정받고 싶어 하며 타인의 존재 자체를 인정하는 모든 행위를 생각해 본다.
4주	인생각본에 의한 드라마	인생각본을 이해하고 문화적 각본과 가족의 각본, 개인의 심리적 각본에 의한 드라마를 이해하고 삶에 대한 자신의 가성과 노력을 깨닫고 다시 결정한다.
5주	부모노릇하기와 부모자아상태	부모 자아상태의 진단과 함께 올바른 부모노릇하기의 활성화 방법을 안다.
6주	아이와 아동 자아상태	유아기의 각 영향에 따라 개인마다의 독특한 아동 자아 상태가 형성됨을 안다.
7주	인성 및 성에 대한 자아정체감	성적 자아 정체감과 성적 표현을 통해 천성적 자아상태와 성인 자아상태 협조의 중요성을 인식한다.
8주	스탬프 모으기와 게임하기	심리적 교환의 스탬프와 상환의 시기, 골드스탬프를 수집하여 친밀감 있게 자신을 표현하는 자유로운 사람이 되는 길을 모색한다.
9주	성인자아상태	성인 자아상태의 중요성과 그 기능에 대해 안다.
10주	자율성과 성인자아의 윤리	인간행동의 동기로서의 생활 자세를 이해함으로써 인생 태도를 파악하여 대인관계에서 보다 자율적인 행동을 할 수 있도록 성인 자아상태의 활성화를 도모한다.

6. 요약

자녀의 건강한 발달과 성장을 위한 사려 깊은 통찰과 이에 따른 부모 역할 수행을 위한 교육과 훈련의 기회가 제공되어야 한다. 이를 통해 다문화 가정 내 부모 또는 가족구성원(조부모)의 문화적 배경의 차이로 인해 발생하는 문제를 최소화하며, 자녀양육을 위한 보편적이며 일관적인 신념과 태도, 행동양식을 공유하고 수행함으로써 자녀의 전인격적인 발달을 도울 수 있다.

연구문제

1. 비다문화 가정과 비교하여 다문화 가정 부모의 역할에 차이점이 있다면 무엇이며, 그 이유는 무엇인가?
2. 내가 생각하는 다문화 가정에 대한 편견과 선입견이 있는가? 있다면 무엇이며, 그 이유는 무엇인가? 그 편견과 선입견을 줄이기 위해 나와 우리 사회가 어떠한 노력이 필요한가? 또한 그 노력을 전개하기 위해 전제되어야 할 요건이 있다면 무엇인가?
3. '부모됨'은 내 인생에 어떤 의미가 있으며, 어떻게 준비하고자 하는가?
4. '부모됨의 준비와 부모 역할을 위한 프로그램'에서 추가하거나 또는 불필요한 내용이 있다면 무엇이며, 그 이유는 무엇인가?
5. 효율적인 부모 역할(Systemic Training for Effective Parenting) 프로그램의 기본 원리를 설명하시오.

7

다문화 가정 부모의 양육태도와 부모-자녀 관계

■ 학습목표

1. 부모의 효율적인 양육태도에 대해 이해한다.
2. 국내 다문화 가정 아버지의 양육태도와 어머니의 양육태도의 특징을 알고 비교한다.
3. 부모의 일반적인 양육태도의 유형과 특성을 이해한다.
4. 부모의 양육행동에 영향을 주는 요인이 무엇인지 이해하고 이에 따른 문화적으로 적합한 교육지원 방법을 모색한다.
5. 국내 다문화 가정 부모의 양육효능감과 부모-자녀의 갈등과의 관계를 이해한다.

급변하는 사회·문화적 맥락 속에서 다문화 가정(결혼이주가정, 해외이민여성, 새터민 탈북가정, 중도입국가정)의 수는 지속적으로 증가하고 있다. 이들 다문화 가정과 한국 주류사회 간 발생하는 사회·문화적 가치 및 행동양식의 격차로 인한 경계선이 형성되었으며, 이러한 경계선의 영역과 범위가 점차 다양해짐에 따라 사회·문화적 변화의 소용돌이 속에서 다문화 가정을 위해 문화적으로 적합한 교육서비스(culturally appropriate services in educational contexts)를 제공하기란 쉽지 않은 상황이다.

현재 국내에서 문화적으로 적합한 교육서비스의 질을 높이기 위해서 각 가정의 다양성을 어떠한 관점에서 어떻게 수용하는가에 대한 논의를 통해 합의점을 찾고자 노력하고 있다. 사회적 맥락과 특성에 적합한 수용적 관점과 태도에 대한 구체적인 교육적 접근이 필요하며, 이것은 사회통합 또는 사회적 상호이해 관계 형성에 초점을 둔 교육시스템 구축을 위한 기반으로서 매우 중요한 요소라고 본다. 따라서 최초의 사회기관인 가정에서 자녀양육에 관한 가치관과 행동양식의 정립이 가능하도록 교육적 지원이 필요하다. 이 장에서는 다문화 가정 부모의 양육형태와 부모-자녀 간의 관계에서 발생하는 다양한 문제점을 고찰해 보고, 이를 개선할 수 있는 부모의 양육방법 및 문제해결 방법에 대해 숙고해 보는 기회를 가지고자 한다.

1. 부모교육의 방향성과 양육태도

우리나라 부모교육의 목표와 내용은 지극히 부모 개개인의 기능적인 요구에 치우쳐 발전해 왔다(유안진, 김연진, 2005). 부모교육의 목적과 방향성에 대한 논의를 통한 교육철학과 가치관의 확립에 앞서서 부모 개개인의 필요와 요구에 따라 진행되어 온 것이 사실이다. 따라서 부모교육의 내용이 대부분 부모 개개인의 양육방식, 교육활성화 방안, 자녀와의 관계 향상, 자녀의 문제행동의 해결방안 등을 다루고 있으며, 주로 세부적이며 기능적인 지침에 치중하고 있다고 할 수 있다. 현대 가정의 변화에 따른 표면적인 필요와 요구에만 치중하다 보니 가장 중요한 부모교육의 교육적 가치, 이념, 방향성이 모호하거나 변질되어 상업화될 가능성이 높아가고 있다. 부모교육이 추구하는 교육·문화적 가치와 이념을 기반으로 한 다문화 부모교육의 방향성이 좀 더 명확해질 필요가 있다. '다문화되어 가는 우리 사회에 필요한 부모교육은 무엇일까?'에 대한 자문자답이 필요하며, 이를 사회·문화 공동체 일원과 논의하여 새롭게 세워나가야 한다.

부모교육의 우선적으로 가치는 '부모와 자녀 간 관계 증진'이어야 한다. 다원주의의 영향으로 확산되고 있는 집단(가족) 이기주의에서 벗어나 올바른 가족 공동체적 가치관의 확립이 필요하다. 부모로서 자녀를 위한 교육이 어떤 의미가 있으며, 자신의 자녀양육 방식이 어떤 결과를 초래하는지, 나아가 사회적으로 어떠한 파급 효과가 있는지에 대해 숙고할 필요가 있다. 세상의 자녀는 모두 소중하고 귀한 존재로 이들이 사회에서 진정한 행복을 추구하고 가정과 사회에서 가치 있는 존재로서의 삶을 살아갈 수 있는 가정 및 지역 공동체를 형성해야 한다. 이러한 가치관 확립을 기반으로 올바른 부모가 되기 위해 양육관과 양육방식에 대한 새로운 지침을 모색하는 것이 무엇보다 중요하다. 내 자녀뿐만 아니라 이웃의 자녀도 함께 돌볼 수 있는 자녀양육을 위한 다문화 사회 가족 공동체 확립이 필요하다.

부모의 양육태도는 자녀의 성격형성과 학교생활 적응에도 매우 큰 영향을 준다(남상아, 2011). 특히 영유아기 자녀의 초기 경험은 부모와의 상호작용을 바탕으로 형성되며, 이는 아동 및 청소년기의 신체, 인지, 사회, 정서, 행동 발달에 지대한 영향을 주며 전인적인 인간으로서의 성장과 성숙의 과정을 경험하게 된다. 따라서 부모의 역할에서 가장 큰 부분을 차지하는 부모의 양육태도를 살펴보면서 다문화 가정 부모와 자녀와의 관계를 증진시킬 수 있는 방법에 대해 살펴보기로 하겠다.

부모의 양육태도란 부모가 자녀를 양육하는 전반적인 과정에서 나타내는 태도 및 행동이라고 정의할 수 있다(강경애, 2010). 특별히 어머니의 양육태도란 어머니와 자녀 사이에서 서로에게 영향을 미치는 지속적인 상호작용의 과정이라는 사회적 구성주의(social constructivism) 관점으로 의미를 해석하기도 한다(정숙자, 2014). 종합적으로 정의하면, 부모의 양육태도란, 부모 또는 주양육자(main caregiver)가 자녀를 양육함에 있어서 일관되게 나타내는 신념, 태도, 행동으로 자녀의 전인적인 발달과 성장에 영향을 미치는 응집된 반응양식이라고 정의할 수 있다.

2. 부모의 효율적인 양육태도

보통 바람직한 부모를 설명할 때, 좋은 부모(good parents)를 떠올린다. 이는 매우 광의적이고 추상적인 표현이며, 여기서는 좋은 부모라는 관점보다 효율적인 부모(effective parents)의 관점으로 접근하여 부모의 양육태도에 대해 살펴보기로 하겠다(유안진, 김연진, 2003; 유윤영, 2011; 홍길회 외, 2016).

첫째, 가족 공동체에 필요한 새로운 가치체계를 세워가는 부모이다. 새로운 가정을 이루고 유지하기 위해 올바른 생각을 공유하고 그에 따른 행동 양식을 꿋꿋하게 만들어 가는 부모이다. 각자 다른 환경과 문화 속에서 성장해 온 부부가 함께 새로운 삶의 터전을 만들어 가는 과정이다. 따라서 그들이 추구하는 가치와 비전을 함께 공유하며 생활양식의 격차를 최소화하는 노력이 필요하다. 이러한 과정을 통해 자녀를 양육하는 것이 자녀의 심리적·정신적으로 건강한 자녀로 성장할 수 있는 터전이 된다. 따라서 자녀양육에 있어서 용기와 소신을 가지고 살아가는 부모의 모습을 지속적으로 보여주는 것이 필요하다. 또한 자녀가 성장함에 따라 가족의 가치체계를 함께 나누며, 세대 간 발생할 수 있는 가치관의 차이를 수용하고 존중하는 태도가 필요하다.

둘째, 일관성 있는 부모이다. 부모가 자녀의 생활습관, 태도, 상황에 적합한 행동, 사고의 습관 등에 대해 바람직하게 성장하고 성숙하게 발달할 수 있도록 원칙을 세우고 유지시키는 것을 말한다. 어떤 상황, 장소, 때에 따라 자녀의 행동을 묵과, 방관, 또는 엄격한 반응을 보이는 경우가 있다. 이러한 일관성이 결여된 부모의 반응은 자녀에게 혼동을 주어 사회적응에 필요한 바람직한 행동양식과 사고체계의 형성을 방해하는 요소로 작용한다. 부모는 옳고 그름을 분명하게 구분하고 확실하게 가르치는 것이 필요하다.

셋째, 민감하게 반응하는 부모이다. 효율적인 부모는 자녀가 처한 상황, 변화, 필요, 욕구에 따라 적절하게 대처할 수 있는 역량이 필요하다. 자녀가 진실로 필요한 것이 무엇이며, 어떠한 상황에 처해 있으며, 어떤 도움이 필요한지 혹은 자신 스스로 해결하도록 기다려야 하는지 아는 것은 민감한 관찰과 인내의 과정이 필요하다. 따라서 부모는 자녀가 부모를 신뢰할 존재로 여기고 편안한 마음으로 자신의 성장을 위해 노력할 수 있는 발판을 제공한다.

넷째, 민주적인 부모이다. 자녀의 관점에서 그들의 생각과 행동을 이해하고 수용하려는 노력을 통해 자녀를 격려하고 지지하는 부모이다. 민주적인 부모가 되기 위해서는 먼저 경청과 대화가 가능한 가족문화를 만들어야 한다. 부모-자녀 간 심층적 의사소통을 통한 논의 또는 문제해결 과정이 필요하다. 부모는 자녀의 생각을 존중하고, 자녀도 부모의 생각을 존중하고 수용하려는 태도를 함께 배워나가야 한다. 자녀의 요구를 무분별하게 허용하는 것은 오히려 방관적인 부모가 될 수 있으며, 자녀는 이기적이거나 남들과 더불어 살아가는 협력적 사회인으로 성장하기 어려울 수 있다. 따라서 부모와 자녀의 의견을 수용하여 그 한계 또는 제한 요건을 적절하게 세우는 것이 필요하다. 이러한 과정은 짧은 기간에 이루어지지 않으며 많은 시간과 노력이 필요하다.

이러한 민주적인 부모의 태도와 반응은 가족에게만 국한하는 것이 아니다. 자녀에게 민주적인 부모로서의 역할을 하기 위해서는 무엇보다 가족이라는 테두리에서 벗어나 남과 이웃에게도 확장해야 한다. 내 자녀만을 존중하는 것이 아니라 이웃의 자녀에게도 구별 또는 차별 없이 돌보고 존중하는 태도를 가진 부모가 민주적인 부모이다.

다섯째, 사랑과 관심을 표현하는 부모이다. 사랑을 표현하는 정도에는 상한·하한점이 없다. 다만 자녀의 성장과 발달에 따라 수용할 수 있는 적합한 사랑의 표현방법을 사용해야 하며, 가족구성원 모두가 공유하고 발전시켜 나가야 한다. 그러나 현대사회를 살아가는 다문화 가정과 비다문화 가정 모두 부모가 자녀양육에 참여하는 시간과 노력이 매우 제한적이다. 부모와 자녀의 충분한 애정적 결속 관계가 형성되기 전에 대리양육자와 더 많은 시간 동안 애정적 관계를 맺는 경우가 있다. 이로 인해 부모는 자녀와의 애착 관계 형성에 어려움이 따를 수 있으므로 부모는 세심한 관심과 수용적 자세를 보여주어야 한다.

여섯째, 모범적인 행동과 생각을 나누는 부모이다. 자녀가 어릴수록 부모의 행동, 말, 태도, 반응 등을 모델링한다. 자녀에게 특별한 행동과 의식을 강요하기에 앞서서 모범적인 행동과 태도를 통해 자연스럽게 학습할 수 있도록 하는 것이 중요하다. 열 마디의 말보다 부모의 솔선수범을 통해 더 많은 것을 느끼며 부모의 말과 행동을 존중하게 된다.

일곱째, 권위 있는 부모이다. 권위 있는 부모와 권위적인 부모는 매우 다르다. 권위 있는 부모는 자녀 또는 특정한 가족구성원에 대해 엄격한 원칙을 적용하거나 그 원칙에 따라 냉담한 태도나 거부적인 행동으로 자율성을 통제하는 권위적인 부모와는 차별화 된다(홍길회 외, 2018). 권위 있는 부모는 자녀의 성장과 발달에 책임과 의무를 수행하는 동시에 권리도 있다는 사실을 인식한다. 부모의 권리를 이행하기 위해서는 권위가 인정되어야 하고 존중받아야 한다. 즉, 부모로서의 권리를 행사하기 위해서는 자녀의 자율성을 인정하는 동시에 자녀에게 합리적인 요구를 함으로써 부모의 입장과 가족의 상황을 이해하고 배려하는 태도를 유지하도록 한다. 이러한 상호보완적인 관계를 통해 부모는 자녀로부터 존중받을 수 있으며 권위 있는 부모의 역할을 수행할 수 있다. 따라서 부모는 가족구성원 모두가 준수해야 할 명확한 기준과 원칙 등을 준수하며, 필요한 원칙 또는 기준의 변화가 필요할 경우 가족구성원과 논의과정을 거쳐 모든 가족구성원을 수용하는 태도를 가져야 한다. 이러한 과정은 부모가 자녀의 요구나 일과에 수동적으로 이끌려 다니는 태도보다 부모중심의 일과를 추진해 나가는 부모상을 보여 주어야 한다. 자녀가 지킬 수 있는 명확한 준수사항들을 선정한다. 권위 있는 부모는 자녀의 요구에 대해 숙고하는 모습을 보이며 참을성을 가지고 자녀와 관계를 형성해 간다.

여덟째, 긍정적, 낙천적, 진취적인 삶의 가치들을 추구하는 부모이다. 부모가 됨에 따라 자녀양육에 따른 부담감과 함께 예상하지 못한 문제 상황에 직면하게 되면서 가족공동체의 위기가 찾아온다. 이 시기에 부모는 지혜롭게 극복할 수 있는 긍정적이며 진취적인 가치관을 제시해 줄 필요가 있다. 특별히 다문화 가정 내에서 경험하는 세대 간 관점의 차이, 문화적 갈등의 문제, 경제적 문제, 자녀양육의 문제를 가장 큰 부담으로 느끼며 어려움을 겪는다. 이러한 상황에서 부모는 훨씬 더 건강하고 행복한 가정을 만들어 나갈 수 있는 가족공동체의 결속력을 경험할 수 있도록 해야 한다(유안진, 김연진, 2003). 어려움 속에서 끝까지 노력하며 목표를 성취하고 문제를 극복하고자 하는 부모로서의 양육태도가 필요하다.

1) 아버지에 대한 관점

가족 내 아버지에 대한 전통적인 개념과 진보적인 개념이라는 두 가지 측면에서 설명할 수 있다. 듀발(Evelyn Duvall)은 진보적인 관점에서 아버지와 자녀 모두 자율성과 자기조절의 발달에 관심을 갖고 있으며, 〈표 7-1〉과 같이 과거 전통적인 개념과 비교하여 자녀의 훈육과 위엄을 명확히 다루고 있다(유안진, 김연진, 2003).

〈표 7-1〉 좋은 아버지에 대한 전통적 개념과 진보적 개념

전통적 개념	진보적 개념
1. 자녀를 위해 목표를 세운다. 2. 자녀를 위해 일하고, 아동을 위해 무엇인가 주는 것을 강조한다. 3. 자녀에게 무엇이 좋은 것인지를 안다고 스스로 생각한다. 4. 아버지는 항상 옳고 강하다. 5. 자녀가 순종하기를 요구한다. 6. 의무감으로 부모가 된다.	1. 자율적인 자녀의 행동을 강조한다. 2. 자녀와 그 자신에 대해 이해하려고 노력한다. 3. 자녀와 자신의 개성을 인식한다. 4. 자녀의 성숙된 행동을 증가시킨다. 5. 부모가 되기를 선택한다.

출처: Duvall(1977).

다문화 사회의 구성원으로서 '건강한' 또는 '효율적인' 아버지가 되어 가기 위해서는 두 가지 차원에서 노력이 필요하다. 즉 개인적이면서 자신이 속한 가정이라는 미시적인 차원에서의 노력, 그리고 자신과 가족구성원이 속한 사회공동체로 거시적인 차원의 변화와 준비가 병행되어야 한다(이경화, 임희정, 2012). 다문화 가정 아버지라는 미시적 맥락 속에서 취약계층 또는 사회배려계층이라는 제한된 삶에서 벗어나 능동적인 삶을 준비하고, 이를 가족구성원과 공유함으로써 새로운 가족문화를 형성해야 한다. 흔히 우리나라의 경우 한국인 배우자가 외국인 배우자의 언어적 소통의 문제로 인해 역할을 대신하거나 도움이 필요한 존재로 인식하는 경향이 있다. 그러나 외국인 배우자에게 가정 내 소속감을 느끼고 가족공동체의 일원으로서 역할과 책임을 나눌 수 있도록 점차적으로 기회의 폭을 확장해 주어야 한다.

우리나라의 전통적 개념에 따른 아버지의 역할에 대한 인식과 행동양식만을 고집하기보다는 자신의 가족구성원의 특성에 적합한 아버지의 역할과 행동양식을 만들어 가는 것이 무엇보다 중요하다.

또한 다문화가족 아버지는 거시적인 맥락 속에서 지역공동체의 사회구성원으로 성장하고 발전해 나갈 준비와 함께 아버지 역할의 변화가 필요하다. 다문화 가정 부모들은 자녀의 출산과 학교 진학을 통해 본격적인 사회적 맥락 속에 새로운

관계를 맺으며 살아간다. 따라서 자녀의 임신시기부터 자녀의 출산에 이르기까지 배우자와의 동반자적 관점에서 소통하고 자녀양육을 위한 역할분담을 준비하고 훈련하여야 한다. 이 과정을 통해 서로의 문화적 관점의 차이를 최소화하며 가족에게 필요한 자녀양육의 문화를 생성해 나가야 할 것이다. 이경화와 임희정(2012)의 연구에 따르면, 배우자가 자녀를 임신했을 때 배우자의 모국 음식 또는 풍습을 함께 공유하는 것이 효과적이라고 제시하고 있다. 또한 자녀가 유아교육기관에 들어갔을 때 선생님과의 의사소통뿐만 아니라 다양한 활동에 배우자와 함께 참여할 수 있는 진취적인 아버지로서 준비하고 변화되어야 한다고 설명하고 있다.

2) 어머니에 대한 관점

과거의 어머니는 자녀에 대해 엄격한 행동규범 또는 예의범절을 갖추도록 하는 훈육에 초점을 두었다. 그러나 현대사회는 자녀의 관심, 흥미, 요구, 발달 및 잠재적 능력 등을 고려한 교육의 지원과 부모-자녀 간의 친밀한 관계를 통한 가족관계의 유지에 초점을 두고 있다. 〈표 7-2〉에서 좋은 어머니에 대한 전통적 개념과 진보적 개념을 비교 설명하고 있듯이 현대사회에서 어머니에 대한 개념에 있어서 많은 변화가 있다.

〈표 7-2〉 좋은 어머니에 대한 전통적 개념과 진보적 개념(유안진, 김연진, 2003)

전통적 개념	진보적 개념
1. 가사의 의무(요리, 청소, 빨래)를 수행한다. 2. 자녀의 신체적 욕구를 충족시킨다. 3. 자녀를 훈련시킨다(규칙적 습관) 4. 도덕 교육을 수행한다. 5. 자녀의 훈련을 담당한다.	1. 자신감과 자율성을 위해 자녀를 훈련한다. 2. 자녀의 정서적 욕구를 충족시킨다. 3. 자녀의 사회성 발달을 격려한다. 4. 자녀의 지적 성장을 자극한다. 5. 아동의 양육환경을 제공한다. 6. 개인의 발달적 욕구에 관심을 갖는다. 7. 이해심을 가지고 훈육한다.

출처: Duvall(1977).

현대사회에서 어머니에 대한 진보적인 개념은 자녀의 발달과 개인차를 고려한 자녀중심적인 개념으로 구성되어 있으며, 과거 전통적인 개념의 어머니에서 확장된 특성을 나타내고 있다.

3. 다문화 가정 부모의 양육태도

인간이 생애 초기에 받는 부모의 보살핌은 자녀의 발달에 매우 결정적인 영향을 주고 다른 사람들과의 관계 형성, 그리고 자신의 감정 및 행동을 조절하는 데에도 많은 영향을 미친다. 특히 가족구성원 중 어머니의 보살핌, 즉 어머니의 양육태도는 자녀가 사회의 일원으로서 성장하도록 하는 데 중요한 역할을 하며 자녀의 인지적, 정서적, 사회적 발달에 영향을 미치는 중요한 요소가 된다.

1) 양육태도와 유형

일반적으로 부모 양육태도의 대표적인 학자인 바움린드(Baumrind, 1971)의 이론을 바탕으로 '권위가 있는 부모', '권위적 부모', '허용적 부모', '무관심한 부모' 등 네 가지로 구분할 수 있다(홍길회 외, 2016; 유안진, 김연진, 2005). 부모의 통제와 애정 차원에 따른 부모의 양육태도의 유형을 아래 [그림 7-1]과 같이 구분할 수 있다.

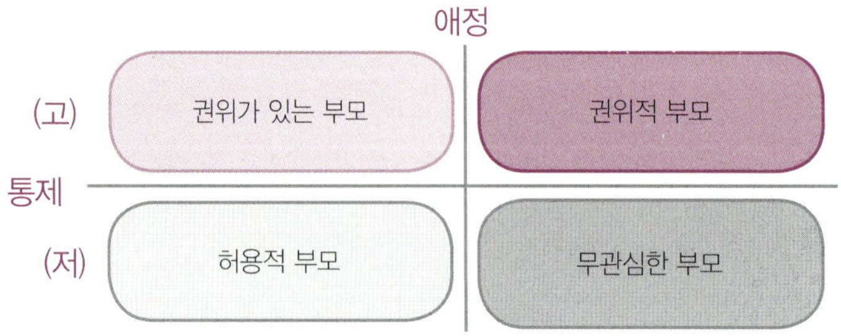

[그림 7-1] 부모의 양육태도 유형
출처: 홍길회(2016).

우리나라의 전통적인 부모의 개념인 엄부자모(嚴父慈母)의 개념이 포함된 비그너(Bigner)의 양육방식의 유형과 자녀의 특성은 〈표 7-3〉과 같다.

〈표 7-3〉 Bigner의 양육유형

양육유형	부모의 특성	자녀의 특성
자애롭기만 한 부모	• 자녀의 모든 요구를 다 들어줌 • 단호하게 자녀를 압도하기보다는 양보함 • 말은 엄격하나 행동으로 보여주지 못함 • 때로는 극단적으로 벌을 주거나 분노를 폭발하여 스스로 죄책감을 느낌 • 벌주는 것 자체를 잘못이라고 생각함	• 책임회피 • 쉽게 좌절하고 그 좌절을 극복하지 못함 • 버릇없고 의존적이며 유아적인 특성을 보임 • 인정이 많고 따뜻함
엄격하기만 한 부모	• 칭찬을 하지 않음 • 부모의 권위에 의문을 제기하는 것을 허락하지 않음 • 자녀가 잘못한 점을 곧바로 지적함 • 잘못한 일에는 반드시 체벌이 따라야 한다고 생각함	• 걱정이 많고 항상 긴장하고 불안해 함 • 우울하고 때로 자살을 생각하기도 함 • 책임감이 강하고 예절이 바름 • 지나치게 복종적, 순종적임 • 부정적 자아 이미지, 죄책감, 자기 비하가 많음
엄격하면서 자애로운 부모	• 자녀가 일으키는 문제를 정상적인 삶의 한 부분으로 생각함 • 자녀의 적절한 좌절을 경험하도록 하여 자기 훈련의 기회를 제공함	• 자신감 있고 성취동기가 높음 • 사리분별력이 있음 • 원만한 인간관계를 유지함
엄격하지도 자애롭지도 못한 부모	• 무관심하고 무기력한 부모임 • 칭찬도 벌도 주지 못하고 비난만 함 • 자식을 믿지 못함(자녀가 고의적으로 나쁜 행동을 한 것으로 생각함)	• 반사회적 성격으로 무질서하고 적대감이 많음 • 혼란스러워하고 좌절감을 많이 느낌 • 세상 및 타인에 대한 불신감이 높음

출처: 홍길회(2016).

2) 다문화 가정 부모의 양육태도

일반적으로 부모의 양육태도는 자녀의 성격을 비롯하여 사회적응력, 학습의 동기, 일상생활 습관 및 태도 등에 큰 영향을 끼친다. 가정 내 어머니와 아버지의 양육태도는 자녀가 성장함에 따라 가져야 할 정체성 확립과 미래 삶의 표상이 되기도 한다. 아버지는 자녀에게 사회적 질서의 규정, 용감성 등을 가르치고, 어머니는 정서적 지원과 함께 부모-자녀 간의 애착 관계 형성을 통한 정서적 지원에 주력하는 경향이 있다. 그러나 사회구조의 변화에 따라 이러한 아버지와 어머니의 일반적인 역할에 변화가 생기고 있다.

국내 다문화 가정 부모들의 양육태도는 각 가정의 사회·문화적 배경과 자국에서 부모로부터 경험한 양육방식에 따라 다양하게 나타나고 있다. 국내 다문화 가정 중 한국인 아버지와 결혼이주여성과의 결혼을 통한 가정이 가장 큰 비율을 차지한다. 따라서 다문화 가정 내 결혼이주여성의 관점에서 다문화 가정 부모의 양육태도를 살펴보는 것도 의미 있는 과정이라고 본다.

결혼이주여성의 양육태도란 자녀를 양육하는 과정에서 주양육자(main caregiver)인 외국인 어머니 또는 이주한 어머니의 개인적, 문화적, 사회적 가치관들이 반영된 일반적인 행동이나 태도를 의미한다. 다문화 가정 부모의 양육태도의 특징을 살펴보면 다음과 같다.

첫째, 자녀양육은 삶의 중요한 가치를 담고 있다.

다문화 가정 부모는 자녀양육에 중요한 가치를 담고 있으나 의사소통의 어려움으로 자녀양육에 있어서 효능감이 낮으며, 이에 따른 스트레스가 높다. 예를 들면, 한국과 베트남의 어머니의 양육태도를 비교한 결과, 베트남 어머니들의 자녀양육태도는 한국어머니들에 비해 애정적인 태도가 높으며, 자녀의 의견을 존중하고 스스로의 자율권을 존중하고 자립할 수 있도록 돕는 양육태도를 보인다(이경숙, 2015). 그러나 한국에 거주 중인 베트남 결혼이주 어머니들의 경우 자녀양육에 적극적으로 참여하지 못하고 있다고 보고되고 있다(염혜정, 2008; 탄티튀히엔, 2006).

둘째, 부모 양육의 만족감은 자녀의 문제와 직접적인 영향이 있다.

다문화 가정 자녀양육의 문제는 가족구성원의 생활만족도에 영향을 미치는 것으로 나타났다(레황바오쩜, 2012). 이주여성의 자녀양육 및 교육에 관해서는 자녀의 양육자인 외국인 어머니의 한국사회 적응문제와 분리해서 생각할 수 없으며, 이는 문화적 배경과 가족관계와도 밀접한 관련성이 있다(염혜정, 2008; 탄티튀히엔, 2006).

셋째, 자녀양육에 능동적인 참여가 어렵다.

다문화 가정 부모는 가치관과 언어능력의 차이로 인하여 배우자 또는 자녀로부터 무시당하는 경험을 하였거나, 부모 스스로 한국어능력이 부족하다고 인식하여 자녀양육에 적극적으로 참여하지 못하는 것으로 보고되고 있다(염혜정, 2006, 2008; 탄티튀히엔, 2006). 예를 들면, 한국 아버지와 베트남 어머니는 결혼을 기점으로 자국의 문화를 기반으로 한국 내에서 다문화 가정을 이루며 생활해야 하는 이중적인 문화구조 속에 뒤엉켜 혼란스러운 상황이다(이경숙, 2015). 사실상 자녀양육에 있어서 현실적인 문제에 부딪힐 경우, 베트남 어머니의 일상적인 상호작용이나 양육행동을 통해 자녀의 성장과 발달에 기여하기란 쉽지 않다. 부모의 양육행동이 영유아의 발달과 미래의 사회적응에 중대한 영향을 미치기 때문에 다문화 가정 내 결혼이주 어머니들이 자녀양육에 적극적으로 참여하며 가족구성원으로서의 역할을 할 수 있도록 교육적 지원이 절실히 필요하다(한경님, 2013).

4. 양육행동 및 유형에 영향을 주는 요인

육아정책연구소에서 실시한 연구보고에 따라 한국인의 자녀양육관의 특징을 아래와 같이 남성과 여성으로 나누어 살펴보고자 한다(문무경 외, 2016).

1) 다문화 가정 아버지의 양육행동

우리나라 아버지의 양육에 관한 인식에 관한 조사 내용을 기반으로 다문화 가정 아버지의 양육관 및 양육경험을 통한 양육행동을 소개하고자 한다.

첫째, 아버지는 가족의 생계를 유지하고 경제적인 지원을 한다. 좋은 부모의 덕목으로 아버지는 경제력과 더불어 책임감, 정직, 근면, 성실, 건강 등을 강조하였다. 좋은 부모가 되는 데 걸림돌은 자녀와의 시간 공유 부족, 세대차이, 권위적 태도라고 인식하고 있었다.

다문화 가정의 아버지는 자녀가 생기면 '결혼이민여성의 남편'의 삶에서 다문화 가족의 아버지'로의 삶으로 전환하게 되며, 이에 따른 경제적 부담이 가장 크게 작용한다(나영이, 홍용희, 2016; 남부현, 오정아, 2013; 이은하, 견주연, 2012; 최정혜, 2011). 다문화가족의 아버지이기 때문에 부가되는 복합적인 역할과 삶의 무게가 더 가중된다. 즉, 아버지는 전통적으로 여성 또는 어머니의 몫이라고 여겨지던 자녀양육을 분담 또는 전담해야 하는 상황에 처하기 때문에 자녀양육에 대한 부담을 크게 느끼고 있다(정수경, 2011).

둘째, 주말에 가정에서 아버지의 적극적이며 능동적인 양육참여가 필요하다고 인식하고 있다. 어머니는 아버지가 자녀와 보내는 시간이 어머니에 비해 상대적으로 짧아 주말에 자녀와 함께 여가활동이나 놀이를 통해 양육에 참여해야 한다고 인식하고 있다.

전통적인 아버지상과 가치관을 가진 세대에 속한 대부분의 다문화 가정의 아버지들은 한국어와 한국문화에 서툰 어머니의 역할까지 수행해야 하기 때문에 다문화 가정 아버지가 어머니보다 능동적으로 양육에 참여하고 있으며, 이로 인한 양육 스트레스를 더 많이 느끼고 있다(정수경, 2011; 이경화, 임희정, 2012). 다만 능동적인 양육참여와 함께 여가활동이나 놀이를 통한 양육참여를 할 수 있는 방법에 대한 지원이 필요하다.

셋째, 아버지는 수동적 양육 정보 수집자로 대부분 지인과 부모 또는 인터넷 등의 매체를 통해 양육에 필요한 정보를 수집하며, 아내가 수집한 정보를 공유하는 경향이 있다.

다문화 가정에서 아내와 남편 그리고 시댁과의 다른 문화적 배경으로 인해 자녀 양육에 있어 자기문화의 관점을 강조하거나 서로의 문화에 대한 이해의 부족으로 인한 갈등이 자주 발생하고 있다(김은영 외, 2010; 이영주, 2007). 다문화 가정 아버지는 자녀양육에 있어서 가장 큰 어려움을 양육지식의 부족이라고 인식하고 있다. 대부분 다문화 가정 아버지의 연령대가 높으므로 인해 사회적 요건에 적합한 효율적인 양육방법에 대한 지식을 습득할 기회가 없었다고 토로하고 있다(최정혜, 2017). 다문화 가정 아버지들도 마찬가지로 수동적 양육 정보 수집자로, 사실상 자녀양육의 어려움을 해결하기 위해 주변 이웃, 모친을 통해 도움을 받으며 해결하고 있는 실정이다(나영이, 홍용희, 2016; 최정혜, 2017). 특히 결혼이주 어머니일 경우 남편에 대한 의존도가 높다는 통계자료를 적용한다면(함보현, 김수경, 2010), 다문화 가정 어머니의 적응 능력과 자녀와의 상호작용을 높이기 위한 바람직한 양육태도를 취할 수 있도록 아내와의 적극적인 정보공유가 필요하며, 이를 통해 자녀양육에 적극적으로 참여할 수 있는 기회를 제공하는 노력이 필요하다.

2) 다문화 가정 어머니의 양육행동

우리나라 어머니의 양육에 관한 인식에 관한 조사 내용을 기반으로 다문화 가정 어머니의 양육관 및 양육경험을 통한 양육행동을 소개하고자 한다.

첫째, 국내 한국인 어머니들은 양육에 대한 심리적, 신체적 부담이 높고 인내심을 필요로 하는 어려운 일이라는 인식을 가지고 있다.

다문화 가정 어머니들도 양육의 현실적인 문제, 즉 한국어 능력의 부족으로 인한 소통의 부족, 지지기반이 미비한 양육 환경, 양육과 노동의 양립화로 심리적, 신체적 부담이 매우 높다고 인식하고 있다(송선화, 안효자, 2010; 최정혜, 2016). 예를 들면, 필리핀 어머니들은 강한 책임감과 함께 자녀를 위해서는 힘든 상황을 인내하고 강한 어머니로서 가정의 버팀목이 되어야 한다고 인식하고 있다. 또한 다문화 가정 자녀가 학교와 사회에서 경험하는 따돌림과 놀림으로부터 대처할 수 있는 사회인으로 성장할 수 있도록 강한 어머니의 모습을 통해 양육해야 한다고 인식하고 있다(송선화, 안효자, 2011).

둘째, 국내 한국인 어머니들은 자녀를 위한 교육설계 및 관리를 어머니의 역할이라고 인식하고 있다.

다문화 가정 어머니들도 비슷한 인식을 하고 있다. 다문화 가정 내 자녀의 출생은 결혼이주여성에게 가장 행복한 순간으로 여기고 있으며, 자녀를 위한 부모의 역할과 교육적 욕구가 높은 것으로 나타나고 있다(이경숙, 2015). 예를 들면, 다문화 가정 결혼이민여성 87명을 인터뷰한 결과(함보현, 김수경, 2010), 자녀와의 놀이(책 읽기, 블록 만들기 등)와 한국어 능력을 위한 학습에 초점을 두고 있다. 다문화 가정 어머니들은 자녀의 외모에 대한 사회적 편견으로 인한 낙인, 오해, 부정적 반응에서 벗어나고자 자녀의 행동에 엄격한 반응을 보이는 것으로 나타났다. 예를 들면, 자녀가 부정적 행동을 보일 경우, 어머니들은 즉각적으로 통제하려는 양육태도를 보이고 있다. 이러한 양육태도는 자녀를 위한 교육과 관리에 대한 책임의식을 강하게 가지고 있다고 볼 수 있다.

셋째, 국내 한국인 어머니들은 양육정보 수집을 다양한 방법으로 능동적으로 수집하여 활용하고 있다.

반면, 다문화 가정 어머니들은 자녀양육에서 가장 큰 어려움은 언어소통의 문제, 경제적 어려움, 양육지식 부족의 순으로 나타나고 있다(나영이, 홍용희, 2016; 남부현, 오정아, 2013; 이은하, 견주연, 2012; 최정혜, 2011). 어머니들은 적절한 양육 및 교육법, 자녀와의 의사소통, 학습지도, 사교육에 대한 부담 등으로 자녀양육과 관련한 다양한 요구와 필요를 나타내고 있다(Kim et al., 2010; Park, 2010; SDI, 2007; Song et al., 2008; 송선화, 안효자, 2010). 다문화 가정 내 어머니의 양육정보 수집이 적극적이긴 하나 양육하는 과정에서는 아버지의 의존도가 높기 때문에 효율적인 실행에는 많은 어려움이 있다.

넷째, 국내 한국인 어머니들은 가정 내 양성평등을 통한 양육 및 가사의 분담을 평등하게 이루어져야 한다고 인식하고 있다.

반면, 다문화 가정 내 부모 간 양육과 가사노동의 평등한 분담이 가장 큰 갈등의 요인이기도 하다. 어머니들은 남편의 전통적 또는 가부장적인 가치관의 영향으로 남편의 지원이 미비한 상태에서 자녀를 양육하고 있으며, 이로 인한 심적 부담과 양육 스트레스를 가지고 있다(조미영, 배지희, 2011). 다문화 가정 남편으로부터의 정서적인 지지와 격려를 받는 결혼이주어머니일수록 자녀에게 애정적이고 자율성을 도모하며, 부모-자녀 간 긍정적인 관계를 형성하는 양육태도를 보이고 있다(조미영, 배지희, 2011; 최정혜, 2017). 따라서 다문화 가정 아버지와 어머니의 적극적인 양육참여 과정 속에서 남편의 양육태도의 변화와 적극적인 참여를 유도하는 효과적인 부모교육 프로그램의 개발이 필요하다.

결론적으로 다문화 가정 부모는 자녀를 양육하는 과정에서 다양한 측면에서 어려움과 갈등을 경험하고 있다. 다문화 가정 아버지는 주양육자로서의 역할에 대한 고민과 배움의 시간을 갖지 못하였기에 자녀양육을 통해 겪는 문제나 어려움을 해결할 수 있다는 양육효능감이 실제적인 양육태도나 양육참여에 미치지 못하고 있는 현실이다. 또한 긍정적인 양육태도를 가지고 어머니 역할의 부족을 지원하는 차원에서 양육에 참여하고는 있으나 아직까지는 제한된 범위에서 이루어지고 있고(김이선 외, 2009), 여전히 다문화 가정 아버지는 한국의 전통적인 아버지 역할에 대한 인식을 가지고 있어 조금 더 능동적인 양육태도를 가지고 자녀와 함께하는 시간을 갖는 것에는 이르지 못하고 있는 실정이다(김낙흥, 장소정, 2012).

5. 부모의 양육효능감

부모의 양육효능감이란 자녀를 잘 양육하고 훈육하며 자녀와 문제가 생겨도 잘 해결할 수 있다는 부모로서 자신의 능력에 대한 믿음을 의미한다(Johnston & Mash, 1989). 부모의 양육효능감은 부모와 자녀 사이에서 일어나는 행동을 예측케 하며, 다문화 가정 부모의 양육효능감을 증진시키는 것은 부모의 양육태도에 긍정적인 영향을 주고 있다. 예를 들면, 부모의 양육효능감의 증진으로 부모의 양육 스트레스가 감소되며, 긍정적인 부모-자녀 관계로 변화시킬 수 있다고 한다(한경님, 2013).

다문화 가정 남편의 경우 자녀양육에 있어서 가장 큰 어려움은 양육지식의 부족인 데 반해, 외국인 아내는 언어소통의 부족으로 나타나고 있다. 이 두 가지가 부모의 양육효능감에 영향을 미치는 요인이다(최정혜, 2017). 대부분의 결혼 이주여성들은 한국어 능력 습득과 한국생활에 적응하기도 전에 임신과 출산으로 이중고를 경험한다. 그들은 자녀양육에 대한 지식과 사전 준비 없이 자녀를 양육하게 되므로(Kim, 2008; Park et al., 2007) 언어장벽으로 양육의 어려움은 더해져 점차 양육의 효능감이 떨어지는 것으로 나타났다(송선화, 안효자, 2011). 그럼에도 불구하고 다문화 가정 결혼이주 어머니들은 부모로서의 만족감이 남편보다 높아 자녀의 출산을 인생의 가장 큰 기쁨으로 여기고 있다(최정혜, 2017).

부모로서의 만족감이 낮아지는 주된 이유는 경제적 어려움과 함께 자녀에게 시간적 물질적인 지원을 충분히 제공하지 못한다는 것에 대한 미안함이 크게 작용하기 때문이다. 특히 국제결혼으로 다문화 가정을 이룬 한국 아버지들인 경우 대부분이 결혼의 시기를 놓친 50대 이상의 만혼인 경우가 많다. 이들은 많은 나이로 인해 제한된 부모의 역할 또는 부모 역할의 비효율성으로 인해 부모로서의 만족감이 낮은 경향이 있다(방혜경, 배지희, 2014; 이은하, 견주연, 2012; 최정혜, 2017). 예를 들면, 자녀에게 충분한 시간을 내어 놀아주지 못한 것에 대한 미안함, 또는 경제력이 부족해서 아이가 하고 싶은 것을 제때 제공해 주지 못하고 있다는 미안함, 그리고 본인의 많은 나이로 인해 부모로서의 만족감이 낮은 것으로 나타났다(최정혜, 2017).

다문화 가정 어머니들이 출산을 통한 초기 양육시기에 자녀의 양육을 도울 도우미를 통한 지원이 부모의 양육효능감을 높이는 데 긍정적인 영향을 미친다는 보고가 있다(한경님, 2013). 특히 본국에 있는 친정어머니를 한국으로 초대하는 경우 또는 양육 도우미의 지원에 대한 요구가 증가하고 있다(송선화, 안효자, 2011). 따라서 다문화 가정 부모의 양육효능감을 높일 수 있는 멘토링 지원이 필요하다(조미영, 배지희, 2011). 멘토링 과정은 다문화 가정의 어머니들에게 자녀교육에 적극적으로 참여할 수 있는 계기가 된다. 다문화 가정 어머니들은 영유아기 자녀의 발달 단계별 성장과 변화의 과정을 통해 자녀의 문제행동을 직면하게 된다. 이때 자녀의 연령에 따른 발달단계를 이해하고, 이에 적합한 양육지식 및 효율적인 양육방법을 터득하는 멘토링 과정을 통해 어머니의 역할에 대한 양육효능감과 긍정적인 양육태도를 가질 수 있게 된다. 예를 들면, 자녀가 다니고 있는 유아교육기관과 연계하여 어머니들이 보조교사, 일일교사 등의 형태로 자녀교육에 참여함으로써 다문화 가정의 어머니들은 자녀교육에 관한 교육정보를 제공받을 뿐만 아니라 어머니 역할에 자신감을 갖게 되는 것으로 나타났다. 유아교육기관과 연계한 부모참여는 유아의 발달에 긍정적인 영향을 주게 되므로(Chavkin, 1993; Epstein, 1991; Miedel & Reynolds, 1999) 다문화 가정 어머니들의 특성을 고려한 다양한 부모참여 프로그램이 개발되어야 한다.

6. 부모-자녀 갈등 상황과 해결방안

현대 사회에서 부모-자녀 간의 갈등으로 인한 가족 문제는 점점 심각해지고 있다. 특히 대부분의 다문화 가정이 직면하고 있는 부모의 언어 및 의사소통 능력의 부족은 자녀의 언어 수준의 발달차이(Hoff & Naigles, 2002; Weizman & Snow,

2011)뿐만 아니라 부모-자녀의 관계에도 부정적인 영향을 미치고 있다(이엄지, 이채원, 2014). 일반적으로 부모-자녀 간 갈등의 원인은 '세대 차이로 인한 갈등'과 '부모의 권위로 인한 갈등' 등 크게 두 가지로 볼 수 있으며, 이와 더불어 다문화 가정은 다양한 갈등 상황을 경험하고 있다. 따라서 다문화 가정 내 부모-자녀 간 갈등과 그 해결방안을 살펴보고자 한다.

첫째, 의사소통의 부족으로 인한 갈등

우리나라 다문화 가정 내 외국인 어머니들의 경우, 그들의 한국어 능력의 부족으로 인해 배우자(또는 가족구성원)뿐만 아니라 자녀로부터 무시 또는 소외감을 경험하고 있는 것으로 나타나고 있다. 무엇보다 부모-자녀의 갈등을 야기하여 실제적으로 훈육방식을 포함한 양육태도에 대해 낮은 효능감을 나타내고 있다.

다문화 가정의 어머니-자녀 간의 의사소통 양상은 '어머니의 한국어 의사소통 능력 차이', '양육태도', '가정 분위기'에 따라 달라지는 양상을 보이고 있다. 송선화와 안효자(2011)의 연구에 따르면, 필리핀 어머니들은 자녀에게 자신의 애정과 관심을 적절하게 표현하지 못해 부모-자녀 간 갈등 관계를 이어가고 있다고 보고하고 있다. 예를 들면, 필리핀 어머니들은 한국어 구사능력의 부족으로 양육방식에 있어서 언어적 상호작용보다 행동(예, 신체적 체벌, 높은 언성, 부정적인 감정 표출)을 통해 소통하고 있으며, 이는 부모의 권위적인 태도로 느낄 수 있어 부모-자녀 관계 형성에 부정적 영향을 끼치게 된다. 또한 그들의 남편은 자녀 양육에 있어서 일관성 없는 훈계와 미숙한 관계 형성으로 인해 또 다른 문제를 양산하고 있다.

다문화 가정 내 부모-자녀 갈등 및 의사소통 양상에 따른 다양한 양육방식의 예를 살펴보면 다음과 같다.

> A 가정의 어머니는 일반 한국의 어머니와 다르지 않은 정도의 한국어를 구사하고 있었고 나름의 교육 철학이 있어 자녀와의 의사소통을 긍정적으로 이끌

고 있었다. B 가정의 어머니는 원활한 한국어 의사소통이 이루어지고 있지는 않았지만 한국어라는 언어의 벽을 넘어서려 애쓰고 있었고 자녀에게 포기하지 않고 끝까지 한국어로 공감하고 대화하려는 노력을 하였다. C 가정의 어머니는 한국어 의사소통 능력이 초급 수준이어서 자녀가 대화를 주도하는 양상이 나타났으며 어머니의 발화를 끊고 자녀가 자신의 의견과 주장을 앞세우는 대화 패턴이 두드러졌다. 또한 다문화 가정 어머니와 자녀의 의사소통 양상은 어머니의 양육 태도, 가정 분위기에 따라 달라지는 양상을 보였다. A 가정의 어머니 경우 양육에서 주도권을 가지기 위해 일상 대화에 비해 학습대화에서 통제적인 모습이 보였다. 이는 다문화 가정의 어머니가 주로 양육이나 학습권에서 주도권을 잃는다는 기존연구(최진영, 김윤신, 이동은, 2012)에 대한 반증이기도 하다. B 가정에서의 어머니는 언어적인 한계에도 불구하고 자녀와 의사소통하고자 나름대로의 언어 자료를 사용하여 자녀가 납득할 수 있는 기반을 마련하고자 하였다. C 가정의 경우 언어적인 한계 및 양육 철학 부재로 기본적인 어휘 및 문형을 사용하여 자녀에게 명령형 말하기 방식 및 자녀의 말에 선택적 반응을 하는 양상을 보였다. 이와 같이 다문화 가정의 어머니와 자녀의 의사소통 방식은 어머니의 의사소통 능력 차이, 양육 태도, 가정 분위기에 따라 달라지는 양상을 보였다.

출처: 백목원, 권순희(2015).

둘째, 다문화 가정 어머니들의 제한된 자녀 교육 참여로 인한 갈등

다문화 가정 내에서 어머니의 교육적 관여는 어머니-자녀와의 유대감 형성에 긍정적인 영향을 미친다(이엄지, 이채원, 2014). 그러나 대부분의 다문화 가정 내 어머니들은 영유아기에 나타나는 자녀의 발달에 대한 이해도가 낮으므로 인해 자녀의 교육에 있어 적절한 개입이 어려운 실정이다. 따라서 다문화 가정 어머니들은 양육효능감이 낮을 뿐만 아니라 자녀와의 유대감 형성에 부정적인 영향을 끼치고 있다.

예를 들면, 다문화 가정 어머니들은 자녀의 문제행동과 부정적인 감정표출에 대해 효율적으로 대처할 수 있는 부모역량이 부족하다(조미영, 배지희, 2011). 따라서 그들은 부모-자녀와의 긍정적인 관계 형성과 지속적인 발달을 위해 다문화 가정 내 부모를 위해 자녀의 발달과 문제행동을 위한 지속적인 부모양육태도에 관한 교육과 훈련이 이루어져야 한다. 다문화 가정 내에서 어머니의 교육적 관여는 아동이 느끼는 어머니와의 유대감을 통해 아동의 학교적응 및 학업성취에 긍정적 영향을 미치는 것을 의미한다. 즉 어머니의 교육적 관여가 활발하게 이루어질수록 자녀가 느끼는 어머니와의 유대감 수준이 높아지고, 이는 궁극적으로 아동의 학교적응에 긍정적인 영향을 주게 된다(이엄지, 이채원, 2014).

셋째, 부모 역할 수행을 위한 배우자의 낮은 지지

부모로서의 역할만족감은 자녀발달의 촉진과 부모-자녀의 관계 형성에 매우 밀접한 관련이 있다(Hock, 1987). 자녀를 양육할 때 배우자의 높은 지지와 격려가 어머니의 역할 수행과 만족도, 자아존중감, 행복감, 유능감을 느끼게 함으로써 자녀와의 긍정적 관계를 유지하는 데 많은 영향을 끼친다(장현숙, 2007; 한경님, 2013; 곽은복, 1991). 또한 부모 역할에 만족하는 부모는 불만족하는 부모보다 부모-자녀 관계의 질을 높이는 중요한 요인이 되며, 부부간의 부모 역할에 대한 갈등이 낮아 자녀를 효율적으로 양육하는 것으로 나타나고 있다(김정희, 문혁준, 2004). 이러한 다문화 가정 갈등의 요인들을 해결하기 위한 방안을 몇 가지로 정리해 보면 다음과 같다.

첫째, 다문화 가정의 자녀양육을 위한 교육관이 확립되어야 한다.

부모-자녀 간 긍정적인 관계를 형성하기 위해 부모의 동의된 양육관이 중요하다. 이는 가정의 유형검사나 의사소통 검사, 양육태도 검사를 통해서도 드러난다(백목원, 권순희, 2015). 자녀 양육에 있어서 확고한 신념이 있는 가정인 경우, 가정의 응집성과 적응성에 있어서 적절한 균형을 이루고 있으며, 이러한 가정은 개방형 의사소통의 형태가 주로 나타나며, 문제형 의사소통은 적게 나타나고 있다.

양육태도 면에서 애정, 자율, 성취, 합리의 영역에서 점수가 높게 나타나는 양육 방식에서도 긍정적인 결과가 나왔다. 반면 확고한 양육 철학이 없는 가정의 경우는 가족 간 친밀도가 낮으며, 자녀가 어머니와의 의사소통을 부정적으로 평가하여, 양육태도에서 적대, 통제, 비성취, 비합리 등 부정적인 성격이 나타났다.

둘째, 어머니와의 원활한 상호작용이 자녀의 학교생활에 긍정적인 영향을 주며, 이를 통해 부모-자녀 간의 갈등이 줄어든다.

다문화 가정 어머니는 언어적 어려움 및 한국의 학교생활에 대한 이해 부족으로 자녀의 학교생활을 제대로 돕지 못했으며 오히려 자녀에게 주도권을 빼앗기는 경험을 하고 있다. 또한 이러한 가정의 경우 자녀는 언어 발달이 지연되고 있으며 또래 관계에서도 소극적이거나 학업능력도 매우 뒤처지고 있다(백목원, 권순희, 2015). 따라서 어머니-자녀 간의 갈등을 해결하기 위해서는 무엇보다 효율적인 언어소통 방법을 익혀야 한다. 다문화 가정에서 어머니-자녀와의 의사소통 검사에서 높은 결과를 보인 가정의 경우, 실제 언어적 상호작용에서도 효율적인 대화방법을 사용하고 있었다. 예를 들면, 적극적 듣기', '나-메시지', '무패의 방법' 등이 많았으며 상대적으로 부정적 의사소통 방식이 적게 드러났다. 이러한 경험은 자녀의 학교생활에 긍정적인 영향을 주게 된다.

셋째, 다문화 가정 내 부모 쌍방 간의 적극적인 지지와 참여로 갈등을 해결한다.

한국어 능력의 부족으로 자녀 양육 효능감이 떨어져 있는 외국인 어머니를 위해서는 특히 배우자인 아버지의 지지와 참여가 무엇보다 중요하다(송선화, 안효자, 2011). 이러한 의식의 전환은 자녀가 경험하고 있는 갈등 상황을 극복하고 새로운 환경에 적응할 수 있는 원동력이 된다. 모자간의 언어적인 문제로 파생되는 갈등에 대해 부모교육 또는 부모-자녀 관계 개선을 위한 교육 프로그램을 통해 적극적으로 지원하는 것이 필요하다.

넷째, 다문화 가정 부모에게 자녀양육의 지식과 경험을 제공하는 교육지원이 필요하다.

자녀의 발달에 대한 지식의 부족으로 어려움을 겪고 있는 다문화 가정 어머니들에게 자녀양육에 도움이 될 수 있는 주기적인 부모교육 프로그램을 제공하되 개별 어머니들의 상황에 맞게 제공되는 사례 중심의 교육지원이 필요함을 의미하는 것이다.

다섯째, 다문화 가정의 정체성 확립을 위한 지원이 필요하다.

다문화 가정 중 결혼이민자 가정을 위한 세계시민교육과 다문화교육을 위한 시민교육이 이루어져야 한다(서종남, 2010). 학교뿐만 아니라 지역사회에서도 사회 구성원을 대상으로 다문화 시민교육을 통한 의식의 전환과 상호존중의 생활태도를 함께 공유해야 한다.

7. 요약

일반적으로 부모의 양육태도는 자녀의 성격이나 행동, 정서, 인지 발달에 중요한 영향을 미치는 요인으로 사회·문화적 배경에 따라 다소 차이를 나타내고 있다. 특히 가정 내에서 부모의 양육태도는 그들만이 가지고 있는 보편적인 태도와 행동의 특징이자 총체로서 전체 다문화 사회를 이해하기 위한 핵심이라 할 수 있다. 앞서서 살펴본 바와 같이 부모의 양육태도는 부모-자녀 관계에 깊은 영향을 끼치고 있다. 또한 다문화 가정 내 아버지와 어머니의 양육경험과 양육관이 다름에 따라 가족 내 갈등 상황도 매우 다양한 양상으로 나타나고 있다. 이러한 문제를 해결하기 위해서는 우선 다문화 가정의 정체성 확립을 위한 교육적 지원이 요구된다. 다문화 가정의 정체성을 기반으로 가정의 새로운 문화가 형성될 수 있으며, 이와 더불어 자녀 양육을 위한 교육철학과 양육방법에 대한 안정된 논의와 조정이 이루어질 수 있을 것이다. 따라서 지역 공동체 차원에서 자녀양육과 관련된 교육적 가치와 문제해결을 위한 방법 등을 공유하고 논의하는 과정을 통해 사회적 연대감과 통합의 가능성은 높아질 것이다(양옥경, 김연수, 2003). 이를 위한 학교 또는 지역사회 차원에서 부모교육을 위한 적극적인 지원과 실행이 필요하다.

연구문제

1. 부모의 효율적인 양육태도는 무엇이며, 그 이유는 무엇인가?
2. 다문화 가정 부모의 양육태도를 바라보는 우리의 관점에 변화가 필요하다면 무엇인지 설명하시오.
3. 다문화 가정 부모의 양육태도의 특징을 실례를 들어 설명하시오.
4. 다문화 가정 아버지와 어머니가 경험하는 자녀양육에 대한 개념은 어떤 차이가 있는가?
5. 내가 부모가 된다면, 나의 양육효능감을 증진시키기 위해 실천해야 할 요소는 무엇인가?
6. 내가 경험한 부모-자녀 간 갈등 상황은 무엇이며, 이를 긍정적으로 해결하기 위해 활용할 수 있는 효율적인 방법은 무엇인가?
7. 현대 사회에서 다문화 및 비다문화 가정이 함께 추구해야 할 자녀양육의 방향성은 무엇인가? 그 이유를 이론 및 사례를 들어 설명하시오.

8

다문화 특수아동과 가정의 이해

■ 학습목표

1. 다문화 특수아동(장애아동 및 영재아동)의 정의 및 특성에 대해 이해한다.
2. 다문화 특수아동의 선별 및 진단(선발)에 대해 살펴본다.
3. 다문화 특수아동 가정의 부모교육에 대해 살펴본다.

현재 다문화 가정을 대상으로 하는 관련 정책과 사업은 지속적으로 확대되고 있지만, 그중에서도 다문화 특수아동 가정 즉, 장애위험 및 장애로 진단받은 장애자녀 또는 또래보다 우수한 지적능력 및 남다른 재능을 가지고 있는 영재 자녀에 대한 관심은 부족한 실정이다. 또한, 다문화 특수아동 가정을 대상으로 한 연구 및 교육 자료도 매우 부족할 뿐만 아니라 부모교육 자료는 더욱 찾기가 쉽지 않다.

다문화 장애아동 가정의 경우에는 그들의 요구를 충족시키기에 적합한 서비스를 제공받지 못하고 있고, 사회 적응이나 학교현장에서 다문화 가정 자녀라는 이유로 사회적 차별과 편견의 대상이 되고 있는 상황 속에 장애까지 가지고 있어 한층 더 심각한 여러 가지 어려움을 이중적으로 겪고 있다(김기홍, 2012; 이영선 외, 2015). 또한 다문화 영재아동 가정의 경우 실제적으로 과소 선발되는 경우가 많아 우수한 영재성을 계발시키지 못하는 경우가 많고 부모 또한 영재성을 지닌 자녀에 대한 관심 부족이나 어떠한 교육을 어디서 시켜야 하는지 등의 정보가 부족하여 다양한 지원을 해주지 못하고 있는 실정이다.

따라서, 본 장에서는 전반적으로 다문화 특수아동 가정의 이해를 돕고 특수아동을 양육하고 있는 부모를 대상으로 하는 교육프로그램은 어떠한 것들이 있는지 알아보기 위한 장으로 다문화 장애아동 가정과 영재아동 가정으로 구분하여 살펴보았다.

1. 다문화 특수아동

다문화 특수아동을 양육하는 부모는 가장 적절한 교육을 제공하기 위해서 자녀가 어떠한 특성을 가지고 있는지, 그러한 특성을 바탕으로 가장 필요로 하고 우선적으로 교육시켜야 할 영역은 어떠한 것인지 결정해야 한다. 모든 자녀의 학업성취능력, 성격과 정서가 각각 다르듯이 다문화 특수아동 자녀 역시 다름은 개별아동마다의 내면성과 다양성으로 나타나며, 이는 아동 개인마다 독특하고 개별적인 특성을 가진 존재라고 보는 시각이 매우 중요하다.

한편, '특수(exceptional)'라는 용어는 광의의 의미로 평균이나 정상으로부터 아래나 위로 떨어져 있는 것을 의미하는데 아동을 대상으로 설명한다면, 한 아동이 신체적, 지적, 또는 행동적으로 일반적인 정상의 범위로부터 위로나 아래로 이탈되어 있는 경우를 말한다. 지능의 예를 들면 한 아동이 매우 낮은 지능을 보이거나 매우 높은 지능을 보일 때, 그 아동은 지능에서 특수한 아동으로 분류된다고 할 수 있다(Heward, et al., 2017).

이에 '특수아동(exceptional children)'이라는 용어는 장애아동(children with disabilities)과 영재아동(gifted or talented children)을 모두 포함하는 포괄적인 용어로 사용되고 있다. 이런 맥락에서 특수교육(exceptional education)은 장애아동에게 제공되는 교육과 영재아동에게 제공되는 교육을 모두 포함하는 교육 분야가 된다. 그러나 우리나라에서 특수교육이란 일반적으로 장애학생에게 제공되는 교육을 의미하는 것으로 사용되고 있다.

따라서, 다문화 특수아동은 이러한 인간의 다양성에 대한 차원에서 이해를 시작해야 한다. 다음에서는 먼저, 일반 특수아동에 대한 이해를 돕고자 정의와 특성을 중심으로 소개하고 그 내용을 바탕으로 다문화 특수아동에 대해 살펴보고자 한다.

1) 다문화 장애아동

(1) 다문화 장애아동의 정의

장애아동을 바르게 이해하기 위해서는 먼저 장애에 대한 정의를 살펴볼 필요가 있다. 우리나라에서 보편적으로 사용하는 '장애'라는 용어는 영어로 'disability'가 사용되고 있다. 그러므로 장애인을 'a person with a disability'로 표현한다. 이렇게 장애인을 지칭할 때 장애를 나타내는 단어보다 사람을 나타내는 단어를 먼저 쓰는 것은, 사람이 장애보다 더 중요하다는 인도적인 관점에서 비롯되었다고 볼 수 있다(이신동 외, 2016).

장애아동은 신체적, 지적, 또는 행동적으로 일반적인 정상의 범위로부터 아래에 속하는 아동으로 개별적 특성에 맞는 특수교육적 서비스를 필요로 하는 아동이다(Heward et al., 2017). 또한, 우리나라는 『장애인 등에 대한 특수교육법』이 2007년에 통과하여 그에 따른 장애유형도 장애영역이 10개, 그 밖에 대통령령으로 정하는 장애가 1개, 이렇게 11개 장애유형으로 세분화되어 있다. 즉, 시각장애, 청각장애, 지적장애, 지체장애, 정서·행동장애, 자폐범주성장애, 의사소통장애, 학습장애, 건강장애, 발달지체, 그 밖에 대통령령으로 정하는 장애를 특수교육대상자로 분류하고 있다.

이처럼 다문화 장애아동을 정의하자면, 다양한 언어적, 문화적 배경을 가지고 있는 특성과 더불어 일반 장애아동이 가지고 있는 특성을 가지고 있는 아동이라고 정의내릴 수 있다(이신동 외, 2017). 다만, 문화적인 배경이 다른 다문화 아동이 잘못된 선별 및 진단절차로 인하여 과소 혹은 과대 비율로 장애아동으로 판별되지 않도록 주의를 기울여야 한다.

2015년 전국 다문화가족 실태조사에 따르면 전체 다문화 가정 중 장애인 가구가 차지하는 비율은 6.4%로 2012년 다문화가족 실태조사와 비교해 보면, 2012년 조사 시 장애인 가구 비중은 8.6%로, 그동안 장애인 가구 비중이 많이 줄어든 것으로 나타났다(여성가족부, 2016). 그리고 2014년 장애인실태조사에서 우리나라 전체 가구 중에서 장애인 가구원이 있는 가구는 약 15.6%인 것으로 파악되고 있는데(보건복지부, 2014), 이러한 결과와 비교한다면 다문화가구 중 장애인 가구 비중이 우리나라 전체 가구 중에서보다 현저히 낮다고 할 수 있다.

한편, 도시 지역에 비해 장애인 지원 인프라가 상대적으로 더 취약한 읍면지역에 거주하는 다문화가구에서 장애인 가구의 비율이 높다는 것은(8.2% 대 5.8%) 적절한 정책적 개입을 필요로 하는 부분이라 할 수 있다(여성가족부, 2016).

따라서, 학교 현장에서 교사를 비롯한 전문가들은 다문화 가정 아동은 환경적인 면을 비롯한 여러 가지 요인들로 인해 일반아동보다 학습부진, 학습장애, 정서 및 행동장애, ADHD 등 장애 위험아동이 될 확률이 높기 때문에, 다문화 가정 아동이면서 장애 위험아동이 될 수 있는 아이들을 조기에 잘 선별하고 적절한 교육적 중재를 제공해 줄 수 있도록 노력해야 한다.

(2) 다문화 장애아동의 특성

장애아동은 각각의 장애유형별 특성이 다르고 장애 정도에 따라서도 다르게 접근해야 한다. 따라서, 다문화 가정 부모가 이러한 자녀를 양육할 때에는 장애유형별, 장애 정도별에 따른 자녀의 특성에 대한 이해가 반드시 선행되어야 한다. 즉, 장애아동 간에도 개인차가 크며, 특히 경도나 중등도 등 장애 정도에 따라 장애아동이 보이는 특성은 여러 가지 면에서 많은 차이가 있을 수 있다는 것을 알아야 한다.

대다수의 다문화 아동은 가정 및 학교에서 다양한 언어적·문화적 배경을 가지고 있는 특성상 의사소통과 언어발달에 있어서의 지체를 우선적으로 직면하게 된다. 또한 언어를 토대로 형성되는 학업적 성취에 어려움을 가짐으로써 학습부진과 학습장애는 물론 정서 및 행동장애로까지 될 수 있기 때문에 다양한 특수교육적 서비스와 관련 지원이 요구되고 있다(강금화, 황보명, 2010; 박혜성, 박현숙, 2014; Cartledge, Gardner, & Ford, 2012). 이에 국내에서도 2000년대에 들어서 특수교육 분야에서도 다문화 아동이 공통적으로 나타내고 있는 언어 및 의사소통의 어려움과 문화 또는 사회 부적응 등에서 비롯된 가정 및 학교 문제, 사회 문제에 관심을 두고 여러 연구가 이루어지고 있다(박민정, 이병인, 2010; 배소영, 김미배, 2010; 오성배, 2007).

다문화 장애아동의 언어발달 특성을 이해하고 발달 수준을 고찰해 보는 것은 매우 중요하다(김혜영, 전은주, 2010). 또한 앞에서도 언급하였듯이 다문화 장애아동의 언어발달에 있어서의 지체는 곧바로 학령기 학습부진으로 이어지게 되는데, 특히 독해와 어휘력, 쓰기 능력의 부족은 곧바로 학령기 학습에 심각한 영향을 미칠 수 있다(권회연, 이미숙, 전병운, 2010). 더 나아가 다문화 장애아동은 또래로부터의 소외와 아동 스스로에 대한 자신감의 저하로 정서 발달에도 영향을 미칠 수 있다.

이재분 외(2011)의 연구 보고서에 의하면 다문화 가정 아동들의 학습결손은 기초학습능력 영역인 읽기, 쓰기, 말하기, 듣기 등 언어능력의 발달 지체와 관련된다고 하였다. 즉, 다문화 가정 아동들의 언어 능력은 일상적인 의사소통에서는 크게 문제가 되지 않지만 수업시간, 조회 시간 등을 통한 형식을 갖춘 질문에 대한 답이나 읽기, 쓰기와 관련된 상황에서는 일반 아동들과 큰 차이를 보인다. 특히, 오성배(2005)의 연구에서는 저학년 단계에서 받아쓰기는 단어를 이해하고 쓰기보다는 주로 단어의 글자를 암기해서 시험 보는 수준이라고 하였다.

한편, 다문화 가정 아동의 정확하지 않은 언어 구사력 및 언어능력의 제한성은 대인관계에도 영향을 미치는 것으로 나타나, 교사나 또래 친구들이 실제로 선입견을 가지고 가까이 다가오지 않는 경우도 있겠지만, 그 반대로 더욱 관심을 가지고 도와주려고 노력하는 경우에도 오히려 다문화 가정 아동이 소극적이고, 회피적인 대인관계를 가지는 경향을 보이게 되었다고 하였다. 이는 학교생활 적응에 있어 중요한 요소인 교사 및 친구 관계에 대한 적응에도 어려움을 주게 된다고 하였다(이재분 외, 2011 재인용).

(3) 다문화 장애아동의 선별 및 진단

평가는 특수교육의 분류 및 배치, 그리고 교육 프로그램의 계획에 필수 과정으로 특히, 다문화 장애아동의 평가는 단순히 선별이나 특정 장애의 명칭을 부여하고 끝나는 것이 아니라 다문화 장애아동 교육의 각 단계에서 선별, 의뢰, 장애의 적격성, 교육 프로그램의 효과, 종결 등 다양한 의사결정과도 연계되어 있기 때문에 매우 중요한 과정이라고 할 수 있다. 그리고 이러한 의사결정을 위해서는 다문화 장애아동의 특성에 맞는 다양성을 존중한 다양한 평가도구와 절차가 활용되어야 한다(김동일 외, 2009).

문화적 차이는 발달지체로 오인받기 쉽다. 다른 문화 속에서 아동은 발달 과제를 다른 방식으로 다른 시기에 달성할 수 있도록 준비한다. 빈곤층 아동은 대부분의 중상층 학교가 학생들에게 갖는 기대치를 달성할 수 있는 준비가 되어 있지 않을 수도 있다. 그러나 이 아동들이 반드시 발달에 문제를 보일 위험이 있는 것은 아니다(Hallahan et al., 2007). 그렇기 때문에 전문가 및 교육자 더 나아가 부모 또한 다양한 언어적, 문화적 배경을 가진 아동의 능력을 평가하는 데 있어 매우 신중을 기해야 한다. 왜냐하면 언어의 차이와 학습에 있어 그 차이가 시사하는 바가 자칫하면 장애가 아닌 아동을 장애아동으로 오해할 수도 있기 때문이다.

표준화된 지능검사와 성취도 검사는 교육 서비스의 적격성 여부를 판단하는 가장 기초적인 도구로 사용된다. 그렇지만 표준화 검사의 효용성을 둘러싼 논란은 여전히 계속되고 있다. 특히 다문화 장애아동에 대한 교육적 결정을 내리기 위해 표준화 검사를 사용할 때 더욱더 그러하다. 성취도 검사보다 지능검사가 더 많은 비판을 받는 이유는 지능검사가 문화적인 편견에 치우쳐 있기 때문이다. 문화편파적인 지능검사로 다문화 장애아동은 특수교육 프로그램에 지나치게 많이 배치되어 참여하게 되었다. 따라서, 다문화 가정 부모들도 이러한 특성들을 잘 파악하여 자녀가 장애아동으로 진단받을 시 문화 적응적인 평가도구를 활용하여 자신의 가능성을 최대한으로 이끌어 낼 수 있는 기회를 제한받지 않도록 관심을 가져야 할 것이다(Cartledge, Gardner, & Ford, 2012).

2) 다문화 영재아동

(1) 다문화 영재아동의 정의

'영재성'이란 용어의 정의는 시대적, 사회적 흐름에 따라 변하고 있으며 학자마다 조금씩 다르게 정의하고 있다. 이는 영재들이 갖고 있는 다양한 특성들을 하나의 정의로 획일되게 제시하기가 쉽지 않고, 영재를 연구하는 방법적인 측면에서의 차이가 있기 때문이다(이신동 외, 2015; 주소영, 2017).

우리나라의 영재교육은 2000년에 접어들어 『영재교육진흥법』과 2002년에 공포

된『영재교육진흥법 시행령』을 바탕으로 출발하였으며 6차례의 개정을 거쳐 오늘날의 우리나라 영재교육 기본법인 「영재교육진흥법」에 이르고 있다. 교육부(2014) 「영재교육진흥법」제 2조에서 정의한 '영재'의 정의는 재능이 뛰어난 사람으로서 타고난 잠재력을 계발하기 위하여 특별한 교육이 필요한 사람을 말한다. 그리고 제 5조의 영재교육 대상자의 선정 기준은 6가지 요소(일반 지능, 특수 학문 적성, 창의적 사고 능력, 예술적 재능, 신체적 재능, 그 밖의 특별한 재능의 어느 하나의 사항에 대하여 뛰어나거나 잠재력이 우수한 사람) 중 영재교육기관의 장이 해당 교육기관의 교육 영역 및 목적 등에 적합하다고 인정하는 사람을 영재교육 대상자로 선발한다.

이처럼, 다문화 영재아동은 다문화 가정의 자녀로 영재의 공통적인 특성을 지닌 학생을 말한다. 그래서 영재가 보이는 높은 인지적 능력, 창의성, 과제 집착력, 리더십, 특정영역에서의 높은 성취나 잠재능력을 가진다(이신동 외, 2016). 또한 다문화 영재는 2개 이상의 문화, 언어를 통하여 다양성을 경험한 학생으로 문화나 언어에 빨리 적응하며 빠른 전환능력을 보이며, 두 문화 속에서 적절하게 행동할 줄 아는 능력을 보여(Felder, et al., 2015), 다양성과 다변화 사회 속에서 리더십을 가진 유능한 인재로 성장할 잠재능력을 가진 아동이다.

다문화 가정 학생에 대한 교육 지원과 관심은 학습부진이나 언어발달 지체 등 장애위험군을 중심으로 제공되고 있으며, 다문화 가정 학생 중 우수한 성취를 보이는 학생에 대한 지원은 글로벌 브리지나 영재선발에서 우선 선발 전형 정책이 있다. 그리고 학년이 올라갈수록 상위 우수한 학생들 안에서 부유층 주류 문화 학생과 빈곤층 가정이나 비주류 문화 학생(경제적 소외계층 학생이나 다문화 가정 학생) 간의 발달 속도는 차이가 나며 이것은 지속적인 격차를 발생하게 한다(이경숙, 2016). 따라서 다문화 영재학생에 대한 특별한 관심과 지원이 필요하다고 할 수 있다.

(2) 다문화 영재아동의 특성

영재는 일반학생들과는 다른 다양한 특성들을 가지고 있으며, 이들이 갖고 있는 다양한 특성만큼 그들은 특별한 교육을 필요로 하므로 영재들의 특성을 파악하는 것은 영재교육에 있어 매우 중요한 일이다(이신동 외, 2016). 주소영(2017)의 연구에서 제시한 일반 영재의 특성을 크게 인지적, 정의적·사회적, 창의적 특성으로 구분하여 살펴보면 다음과 같다.

첫째, 인지적 특성은 높은 지적능력, 발달된 언어능력, 높은 수준의 읽기와 이해능력, 상위인지, 뛰어난 기억력, 높은 집중력, 논리적 사고력, 빠른 학습능력, 일반화, 높은 지적 호기심, 언어의 조숙성, 지각적 민감성 등을 의미한다.

둘째, 정의적·사회적 특성은 높은 동기, 강한 자아개념, 강한 독립심, 높은 도덕심, 정서적인 민감성과 강렬함, 완벽주의, 내적 통제와 내적 귀인성향, 뛰어난 유머감각, 도전성, 리더십 등을 의미한다.

셋째, 창의적 특성은 높은 지적능력, 다양한 아이디어 생성, 사물을 총체적으로 보는 능력, 독립적 사고, 새로운 것에 대한 끌림, 수준 높은 결과물 생성 등을 의미한다.

이러한 맥락으로, 조석희(2005)의 연구에서는 다문화 영재아동에 대한 특성을 인지적, 정의적·사회적, 학습적 특성으로 구분하여 설명하였다. 먼저 인지적 특성으로 유동지능(fluid intelligence)이 뛰어나 개방형 또는 융통성을 필요로 하는 과제에 능력과 관심을 발휘하며, 상위인지(meta cognition) 통제능력이 높다고 하였다. 또한 어휘력이 약하고 사건의 순서, 인과관계 파악 및 추상적 문제 해결력이 일반영재에 비해 낮다고 하였다. 그리고 정의적·사회적 특성으로 학교에 대해 긍정적 태도를 가지며 자아존중감이 높고 단체에 대한 소속감이나 연대감이 높다고 하였다. 또한 스스로 학업능력이나 사회 관계적 능력이 낮다고 지각하고, 일반 영재학생에 비해 자기 통제력이 낮으며, 목표 지향적 행동이 결여된다고 하였다. 끝으로, 학습적 특성으로 경험에 대해 개방적이고, 독립적, 비순응적, 창의적이며 구두로 표현하는 것을 좋아해 프로젝트 학습방식을 선호한다고 하였다. 또한 지식과 실생활을 연결 짓는 능력이 있어 손으로 직접 조작하는 학습방법을 선호하고 협동학습과 비구조화된 환경을 선호한다고 하였다.

이와 같이, 다문화 영재아동의 특성 또한 개인 중심이나 개인 활동보다는 다른 사람과의 조화 및 협력, 환경적인 관점이나 역사 속에서의 전체 이해 및 재해석, 타인에 대한 정서적 민감성 및 개인보다는 가족이나 자신이 속한 집단을 중시한다는 것을 알 수 있다(이신동 외, 2017). 하지만 이런 다문화 영재의 특성을 선입견, 고정관념, 편견으로 왜곡되어 부모를 비롯하여 교사나 학교관리자들에게 받아들여져서, 영재선발 과정에서 부족하고 결핍된 것으로 인식되고 있다(이신동, 이경숙, 2015; Cartledge, Gardner, & Ford, 2012; Felder et al., 2015).

(3) 다문화 영재아동 선발

인종, 문화, 민족, 성, 사회 경제적 지위와 상관없이 영재성은 분포되어 발현된다고 보고 있다. 하지만 영재선발 현황을 살펴보면 특정 사회 경제적 계층, 인종 등 사회의 주류 및 상부 계층에 속한 가정의 아동들이 과대 선발되고 소수 인종과 경제적 소외계층은 과소 선발되는 현상을 발견할 수 있다. 과소 선발이란 전체 학생 수에서 차지하는 비율 대비 영재선발에서 특정 계층, 성, 지역, 인종학생이 더 적게 선발되는 현상이 지속되는 현상을 의미한다.

교육부가 주관하는 영재교육기관에서 영재교육을 받는 학생 중 다문화 가정 학생 수는 적은 수이지만 매년 증가하고 있다. 아래 〈표 8-1〉과 같이 2017년 한국교육개발원(GED) 통계 연보에 의하면 전체 학생 수는 5,882,790명이며, 그중 영재교육 대상자 수는 108,253(1.84%)이다. 전체 다문화 가정 학생 수는 99,186명(1.68%)이며 이중 영재교육을 받는 다문화 가정 학생 수는 234명(0.21%)이다. 이처럼 전체 학생 수 대비 다문화영재 학생이 과소 선발되고 있다는 것을 알 수 있다.

〈표 8-1〉 전체학생, 영재교육대상자, 다문화 가정학생, 다문화영재학생 수

연도	㉠ 전체학생 수	㉡ 영재교육대상자 수 (비율: ㉡/㉠)	㉢ 다문화 학생 수 (비율: ㉢/㉠)	㉣ 다문화 영재교육 대상자 수(비율: ㉣/㉡)
2013	6,529,196	121,421(1.85%)	55,780(0.85%)	178(0.15%)
2014	6,333,617	117,949(1.86%)	67,806(1.07%)	136(0.11%)
2015	6,088,827	110,053(1.81%)	82,536(1.36%)	206(0.19%)
2016	5,882,790	108,253(1.84%)	99,186(1.68%)	234(0.21%)

출처: 한국교육개발원(2017). 재구성.

인종, 문화, 사회 경제적 환경과 상관없이 영재는 동일한 비율로 출현한다고 하지만, 영재교육대상 선발에서 주류 문화나 주류 인종이 아닌 소수 인종, 소수 문화의 배경을 가진 아동이 적게 선발되고 있다(이신동 외, 2015). 미국에서도 소수 민족의 주류를 이루는 흑인이나 히스패닉 아동이 전체 아동 대비 영재교육에서 적게 선발되는 현상이 지속되어 오고 있다(Harradine, Coleman, & Winn, 2014; Milner & Ford, 2007). 이런 소외계층 및 소수 인종의 과소 선발은 영재교육의 동등한 기회 제공과 형평성 관점에서 볼 때 문제가 된다. 국가 간의 노동이주 등이 빈번해지면서 학교에서의 인종과 언어의 다양화 현상은 세계적으로 공통적으로 나타나는 현상이지만 영재교육은 선발, 교육과정, 지원정책 등에서 문화, 언어, 가정의 사회 경제적 지위 등 아동 개인의 인지 발달을 둘러싼 환경 맥락적 요인을 고려하지 않고 있다(Poon-McBrayer, 2014).

2. 다문화 특수아동 가정

1) 다문화 장애아동 가정

(1) 다문화 장애아동 가정 특성

다문화 가정 자녀들은 그들이 처해 있는 특수성으로 인해 심리적 어려움을 많이 경험하게 되는데, 우선 자아정체성에 혼란이 생기고, 학습부진 및 부모의 국적이나 외모, 의사소통의 제한 등으로 따돌림을 받아 학교 적응이 어려운 것으로 보고되고 있다(배향원, 2014). 또한, 다문화 가정 자녀들이 한국어 사용이 미흡한 외국인 어머니와 함께 생활하는 경우, 언어발달지체로 학교생활에서 문제가 되고 있다(이신동 외, 2017). 즉, 다문화 가정 자녀가 초등학교에 입학하게 된 이후부터는 더욱더 교과목에 있어서 어려움을 호소하고, 사회적 편견과 차별로 인해 친구를 사귀기거나 교사와의 돈독한 관계를 맺는 데 어려움을 겪는다(김은정 외, 2017).

다문화 가정 자녀는 발달과정에 있어 환경적 요인 및 사회문화적 요인으로 인해 비 다문화 가정 아동보다 장애위험아동이 될 가능성이 높다. 또한, 교육환경이 일반가정보다 잘 마련되어 있지 못하여 어려서부터 부모에게 적절한 지원을 받지 못하거나 혼자 있는 시간이 많아 학업적인 면과 사회·정서적인 면에서 어려움을 겪어 자연스럽게 학교생활에 부정적인 영향을 미칠 가능성이 높다. 이로 인하여 학습장애, 지적장애, ADHD, 정서 및 행동장애 등 장애위험아동이 될 확률이 그렇지 않은 아동들에 비해 훨씬 높아지게 된다(김동일 외, 2013; 김진호, 차재경, 2015).

이처럼, 우리나라에서 다문화 가정의 자녀가 장애가 있는 경우 한층 더 심각한 사회적 어려움을 경험하게 되기 때문에(김기홍, 2012), 이에 따라 다문화 가정이라는 특수한 환경에서 성장하게 되는 장애위험 및 장애아동에 대한 적절한 중재와 지원은 매우 필요하다고 볼 수 있다(봉귀영, 이소현, 2013). 즉, 장애가 있을 경우에는 '다문화'와 '장애'라는 두 가지의 어려움을 경험할 수 있기 때문에, 이러한 환경적인 요인을 고려한 부모교육 프로그램을 비롯한 추가적인 지원이 요구된다고 할 수 있다(Zhang & Bennett, 2003).

한편, 장애자녀가 있는 가족의 경우 출생부터 시작하여 장애진단을 받고 난 이후부터 지속적인 부정과 우울을 경험하고, 정서적으로 불안하게 되는 슬픔의 주기를 가지게 되며, 장애 자녀를 돌보는 시간과 경제적 부담감으로 인한 가족과의 갈등으로 많은 스트레스를 받게 된다(박지연, 2012; 이미숙 외, 2012; 전혜영, 이미숙, 2014; Heward et al., 2017).

(2) 다문화 장애아동 가정 선행연구

몇몇 연구에 의하면, 특수교육에서 다문화 가정 아동이 지원을 요구하는 경우는 크게 두 가지가 있다고 하였다(강혜진, 2012; 전혜영, 이미숙, 2014; Hart, 2009). 먼저 발달초기에 지체를 보임으로써 장애위험 또는 장애를 가진 경우이며, 환경적인 요인으로 학령기 이후 '특수한 교육적 요구'가 발생하는 경우이다. 또한, 연구자들은 다문화 가정 학생의 언어적, 심리적 특성상 정서·행동장애 선정기준에 부합하거나 의사소통장애 선정기준에 해당될 가능성이 높다고 하였다(이필상, 2009; 전혜영, 이미숙, 2014; Hart, 2009). 전혜영과 이미숙(2014)의 연구결과에 의하면, 특수교육분야에서 다문화 장애아동 가정 관련 연구는 다문화 가정 장애학생 양육의 어려움에 대한 연구(김기홍, 2012; 김명화, 정길순, 노진아, 2012; 염지숙, 2012, 윤란, 2011; 이인숙, 2011), 다문화 가정 부모를 대상으로 중재프로그램을 실행한 연구(봉귀영, 이소현, 2013) 등이 있다고 보고하였다. 연구 시기로 살펴보면, 대부분 연구들이 2000년대 중반부터 연구가 이루어졌으며 2012년 이후로 많은 연구가 이루어졌다고 볼 수 있다.

그중 몇몇의 질적 연구 결과를 살펴보면 다음과 같다. 먼저, 윤란(2011)의 다문화 가정 어머니의 장애자녀 양육경험에 대한 질적 연구 결과에서는 임신과 출산의 과정에서 자녀의 양육을 도와주거나 지원을 받을 수 없었던 어머니들은 유아교육 기관을 이용하기 전까지 자녀의 장애에 대한 적극적인 선별 및 진단에 대한 시도를 하지 못한 경험을 갖고 있었다고 보고하였다. 또한, 고국에서 장애에 대한 경험이 없거나, 의사소통의 어려움으로 정확하게 장애의 소견을 이해하지 못하고 장애를 병으로 인식하여 원인을 찾기 위한 노력을 기울이다가 학령기에 접어들면서 공공기관이나 같은 장애자녀를 둔 동료 부모들로부터 지원을 받기 시작하였고 그래도 포기하지 않고 장애가 있는 자녀와 생활을 하려고 노력하였다고 하였다. 그리고, 주성희(2013)의 연구에서는 장애자녀를 둔 다문화 가정 어머니는 힘든 한국생활에 적응해야 하는 결혼이주여성으로서의 삶과 장애 자녀 어머니의 삶이라는 이중 삼중의 고통을 겪고 있는 것으로 나타났다. 또한, 박지숙(2015)의 청각장애자녀를 둔 다문화 가정 어머니들의 양육경험에 대한 연구에서는, 공통적으로 언어적 어려움으로 인해 정보접근에 있어 어려움을 겪었고 다양한 지원서비스를 받고 있으나 여전히 가정의 경제적 어려움으로 자녀의 청각 및 언어 재활을 위한 치료를 지원하는 데 부담을 갖고 있다고 하였다.

한편, 유일하게 다문화 장애자녀와 어머니를 대상으로 실험연구를 실시한 봉귀영, 이소현(2013)의 연구에서는 반응적 상호작용 전략을 포함한 부모교육 프로그램을 다문화 가정의 특수성에 맞게 적용하여 다문화 가정 내 자폐범주성장애 유아와 어머니의 사회적 상호작용에 미치는 영향을 알아보았다. 그 결과 참여한 다문화 가정 어머니와 자폐범주성장애 유아 모두 사회적 상호작용 발생률이 증가하였고 중재 종료 후에도 중재 효과가 유지되었다. 연구에서 사용한 교육 절차 및 내용과 부모교육 프로그램 회기별 전략은 다음 〈표 8-2〉, 〈표 8-3〉과 같다.

〈표 8-2〉 자폐범주성 장애 유아를 둔 다문화 가정 어머니의 부모교육 프로그램

절차	내용	시간	자료
지난 회기 피드백	1. 지난 일주일간의 전략 사용에 대한 피드백 1) 지난 시간의 전략에 대해 상기시켜 준다. 2) 어머니가 체크한 「전략사용 체크리스트」를 보며 이야기를 나눈다. 스스로 느낀 잘된 점과 어려웠던 점에 대해서 이야기하도록 한다. 3) 이전 회기에서 새로운 전략을 교육받은 직후 유아와 어머니의 상호작용을 녹화한 영상을 보면서 연구자가 피드백을 제공한다. 4) 어머니가 질문하는 내용에 대해 정보를 제공한다.	15분	지난 회기 녹화자료 ('새로운 전략 교육' 이후 모은 상호작용 녹화자료), 전략사용 체크리스트
새로운 전략 교육	2. 새로운 전략 소개 1) 새로운 전략을 간단한 문장으로 소개한다. 2) 새로운 전략의 문장과 자녀와의 상호작용에서 중요한 이유를 설명한다. 3) 새로운 전략을 실행하기 위한 구체적인 방법을 제시한다.	15분	연구자용 중재계획안
	3. 부모에게 새로운 전략 시범 보이기 1) 연구자가 유아의 놀이에 참여하면서 새로 배운 전략을 사용해 보인다. 2) 유아의 반응에 따라서 어머니가 어떻게 전략을 적용하면 좋을지에 대해서 제안한다.		
새로운 전략 피드백	4. 부모가 직접 전략 사용하는 기회 제공 1) 유아와 어머니가 함께 놀이에 참여할 수 있도록 한다. 2) 놀이 동안에 어머니가 새로운 전략을 사용하도록 격려한다. 3) 유아와 어머니의 상호작용을 녹화한다.	20분	연구자용 중재계획안
	5. 부모가 사용한 전략에 대한 피드백 제공 1) 놀이를 하면서 어머니의 전략을 사용 여부에 대해 피드백을 제공한다. 2) 새로운 전략 사용에 있어 잘된 점에 대해서 긍정적인 피드백을 제공한다. 3) 새로운 전략 사용에 있어서 어려웠던 점에 대해 이야기를 나누고 각 유아의 특성에 따라 효과적으로 적용할 수 있도록 피드백을 제공한다.		
계획	6. 일과 중에 전략 적용 가능한 시간과 장소, 있을 수 있는 어려움 파악하여 가족행동계획에 첨부 1) 새로 배운 전략에 대한 소감에 대해 이야기를 나눈다. 2) 가정 내에서 전략 사용 가능한 시간, 장소에 대한 계획을 세워 「가족행동계획표」에 기록한다. 3) 방해가 되는 요인이 있는지 확인하고 해결책을 함께 모색하여 기록한다. 4) 새로 배운 전략의 목적과 중요성, 실행 방법에 대해 정리하여 준다.	5분	가족행동 계획표

〈표 8-3〉 자폐범주성 장애 유아를 둔 다문화 가정 어머니의 부모교육 프로그램 회기별 전략

주제	회기	내용
다문화 가정의 특수성	1	• 한국사회 속에서 다문화 가정의 특수성(놀이방법, 교육관, 자녀 행동에 대한 반응의 문화적 차이, 부모 역할 이행에 대해 스스로 지각하는 어려움)을 고려하여 자녀와의 상호작용의 중요성 및 의미에 대한 교육 제공
자폐범주성 장애의 특성 및 용어 설명	2	• 자폐범주성장애의 핵심적인 특성에 대한 정보 제공 • 각 유아가 보이는 특성과 자폐범주성장애와의 연관성 설명 • 중재 시 사용되는 용어 설명
민감성 (Sensitivity)	3	• 유아의 신체적 높이에 맞추어 얼굴 바라보고 가까이 다가가기
	4	• 유아의 행동 관찰하여 흥미 알아내기
	5	• 유아 행동의 의도 알아내기
수반성 (Contingency)	6	• 유아의 언어적, 비언어적 요구에 즉각적으로 반응하기
	7	• 유아의 작은 행동에 즉각적으로 반응하기
	8	• 비의도적인 행동에 대해 마치 의미 있는 대화인 것처럼 반응하기
상호성 (Reciprocity)	9	• 주고받기의 균형 맞추기
	10	• 직접적인 지시와 질문 줄이기
	11	• 유아의 행동과 의사소통 모방하기
	12	• 유아의 상호작용 기다리기
	13	• 유아에게 선택할 기회주기
유지 (Maintaining)	14	• 유아의 상호작용 속도에 맞추기
	15	• 유아의 주의를 빼앗기지 않도록 흥미롭게 놀이하기
	16	• 유아가 반복적으로 보이는 놀이, 순서가 있는 놀이 지속하기
	17	• 유아가 즐거워하는 활동 반복하기
참여 (Involvement)	18	• 신체적으로 상호작용하기
	19	• 유아의 흥미와 주도에 따라 놀이하기
	20	• 유아의 주도 유지하며 상호작용 확장하기

2) 다문화 영재아동 가정

(1) 다문화 영재아동 가정 특성

다문화 영재가 일반 영재와 차이를 가져오게 된 것은 부모의 인종적, 문화적, 사회·경제적 변인 차이에 근거한다(이신동 외, 2016). 다문화 영재는 부모 중 최소한 명 이상이 주류 문화나 주류 언어가 아닌 다른 문화와 언어를 사용함으로써, 이것이 아이의 인지 발달에 영향을 미친다. 미국에서 아프리카계 미국인의 경우 영재교육을 추가로 교육을 받을 때 돈이 들며, 또래 아프리카계 미국인 학생 중에서는 영재교육을 받는 아동이 많지 않으므로 인해 또래 친구로부터 받는 압력도 심하다(Ford, 1996). 부모의 심리적 지지와 지원은 자녀에 대한 기대로 연결되어 학교에서 아동의 성공적 학업 성취를 위해서는 반드시 전제되어야 할 요소이다(Smilansky & Smilansky, 1967). 영재교육에 대한 바른 이해와 교육의 필요성을 알리는 부모교육이 함께 병행될 때 다문화 영재교육의 효과성이 높아진다.

부모의 사회·문화적 자본이 다문화 영재에게 전달되며 활용될 수 있도록 부모교육지원체계가 교육과정 안에 함께 제공되는 것은 매우 필요하다. 그 결과 다문화 영재교육은 학생의 인지, 사회, 정서적 역량의 성장뿐 아니라 그가 속한 가정도 역량을 강화하는 총체적 교육과정이 될 수밖에 없고, 부모교육 프로그램 제공과 함께 부모와 의사소통 할 수 있는 방법을 만드는 것이 필요하다. 이 중 언어교육이 그 예라 할 수 있는데, 다문화 가정이 가진 역량을 강화하는 프로그램으로 주류 문화나 언어와 다른 언어, 문화, 가치, 역사를 배우고 사용함으로써, 그 문화를 존중한다. 이 외에도 다문화 가정 부모의 환경에 맞는 상담 방법으로 엄마의 모국어로 제작된 SNS, 이메일, 가정 통신문 등은 교육기관과 다문화 영재자녀가 있는 가정 간의 의사소통을 원활히 하여 다문화 가정 부모를 대상으로 정보 접근성을 높일 수 있게 한다. 하지만 17개 글로벌 브리지 프로그램에서도 부모의 모국어로 알리고 있는 기관 수는 1개 기관밖에 없었다(이경숙, 2016). 따라서, 다문화 영재자녀를 양육하고 있는 부모를 대상으로 한 교육지원은 향후에도 더욱더 활발히 이루어져야 할 부분이라 할 수 있다.

(2) 다문화 영재아동 가정 선행연구

영재부모에게 있어 역량강화는 부모가 자녀 양육에 대한 양육 스트레스를 감소시켜 주고 부모들의 자녀교육의 전문성 확보에도 도움이 되는 힘을 의미한다(추성경, 2013). 즉, 영재들은 일반학생에 비해 다른 심리적 특성과 교육적 요구로 인해 자녀양육, 또래 관계, 진로 고민 등 다양한 측면에서 어려움을 겪게 되기 때문에 영재아동 부모를 대상으로 한 부모역량강화 프로그램은 부모들에게 많은 도움을 제공할 수 있게 된다(이신동, 이정규, 박춘성, 2015).

이러한 필요성을 바탕으로, 추성경(2013)의 연구는 일반 영재아동 부모를 대상으로 영재부모들에게 액션러닝수업의 적용을 통하여 영재부모들의 영재아동의 학습과 생활에 도움을 줄 수 있는 프로그램을 제공하였다. 그 결과, 액션러닝수업이 영재 부모들이 함께 실제 문제를 도출하고 해결방안을 모색함으로써 자녀양육에 대한 역량을 강화시킬 수 있는 방안으로 제시될 수 있다고 하였다. 즉, 영재부모의 역량강화를 위한 액션러닝의 수업방안은 행동학습으로 앉아서 듣기만 하는 것에서 벗어나서 다양한 경험을 통해 알게 된 지식과 정보를 몸으로 실천하는 학습으로 시대적 변화에 적합하며 동시에 영재부모의 교육적 요구를 해소할 수 있는 적합한 방법을 액션러닝수업이라는 활동을 통해 그 대안방법을 찾은 것이다.

영재부모를 위한 액션러닝수업의 적용방안에 대한 구체적인 내용을 제시하면 다음 〈표 8-4〉와 같다.

〈표 8-4〉 영재아동 부모의 역량강화를 위한 액션러닝 적용방안 내용

교육대상	영재부모	영재학급, 영재교육원, 각 교육청 영재교육원, 대학부설 영재교육원, 영재학교·과학고에 재학 중인 영재부모 중 액션러닝을 통한 역량강화에 관심이 있는 부모를 대상으로 팀을 구성한다.
교육시기	학기초, 방학	영재부모 신청자를 대상으로 학기 초나 방학을 활용한다.
교육시간	9회기 (18시간)	• 사전교육 – 2회기(4시간) • 핵심프로세스 참가–7회기(14시간)
교육목표	• 자녀가 지니고 있는 영재성에 대한 지식과 기술을 함양할 수 있다. • 영재성 발현에 도움이 되는 양육태도와 가정환경을 조성할 수 있다. • 영재를 효과적으로 지도할 수 있는 방법을 습득할 수 있다.	
교육내용	영재부모들의 공통된 고민, 어려움, 양육 스트레스와 기타 당면문제를 중심으로 한다.	
회기	핵심 프로세스	세부절차
1-2	사전교육	• 인사 및 라포를 형성한다. • 액션러닝의 전체운영에 대한 오리엔테이션을 실시한다. • 액션러닝의 이해를 돕기 위해 액션러닝의 과정과 기법을 PPT나 동영상으로 보여준다.
3	액션러닝 팀 구성	• 팀명, 구호, 규칙을 정하여 전체 학습자 앞에서 발표한다. • 팀규칙은 앞으로의 활동수행에 대한 서로의 약속이며 서로 격려하며 활발한 참여를 유도한다.
4	문제 상황 제시하기	• 팀원들이 관심 있는 주변의 실제 문제를 발굴한다. • 문제선정 시 문제개발 점검지를 활용하여 적절성을 따져본다.
5	문제인식과 문제명료화하기	• 제시된 자료에서 부모가 인식해야 할 문제를 확인한다. • 문제를 명료화하기 위한 전략을 제시한다.
6	해결책 도출과 우선순위 결정하기	• 수집된 정보를 바탕으로 팀의 문제를 해결하기 위한 방법과 전략을 다각적인 아이디어로 도출해 본다(브레인스토밍, 브레인라이팅 기법을 활용). • 선정된 해결안 중에서 우선순위를 결정한다.
7	액션플랜 작성하기	• 액션플랜을 작성하면서 필요한 것과 유의해야 할 것을 팀원들과 공유하기도 하고 역할을 분담하여 문제해결안을 실제로 적용하도록 한다(우선순위 템플릿을 사용).
8	현장 적용하기	• 문제해결안을 현장에서 직접 실천한다. • 현장적용 중 영상이나 사진 또는 증빙자료들을 첨부해 두면 실행하기에 대한 효과를 보다 쉽게 확인할 수 있다.
9	성찰 및 평가하기	• 실행 이후 전체 학습자를 대상으로 팀별로 팀구성을 통한 문제 발굴에서부터 실행까지 일련의 과정을 발표하며, 새로 알게 된 사실, 느낀 점, 실천해야 할 점 등의 성찰과 평가의 과정을 거친다.

출처: 추성경(2013).

비록 위의 사례가 일반 영재아동 부모를 위한 사례이지만 국내 다문화 영재아동 부모를 대상으로 한 부모교육이 전무한 상황에서 위의 사례처럼 영재교육에 대한 바른 이해와 교육의 필요성을 알리는 부모교육이 함께 병행될 때 영재교육의 효과성은 더욱 높아질 것이다.

따라서, 향후 다문화 영재자녀를 양육하고 있는 부모를 위한 프로그램을 개발하고 적용하는 데 있어, 위에서 제시한 다문화 부모의 특성들을 고려하여야 할 것이다. 또한 비주류에 속하는 이유 때문에 특별한 재능과 소질을 가지고 있는 다문화 가정 자녀들이 소외받지 않도록 사회적 분위기가 지속적으로 조성되어야 할 것이다.

3. 요약

다문화 장애아동 가정은 가정의 형성시기부터 장애와 다문화라는 요소를 함께 가지고 출발하여 이중 삼중고에 처하게 되기 때문에, 다문화 가정이면서 장애자녀까지 양육하고 있는 가정에 대한 지원은 절실히 필요하다고 볼 수 있다. 또한, 다문화 영재아동은 주류 문화나 인종이 아니라는 이유만으로 영재성을 가지고 있음에도 적게 선발되는 경우가 많아 잠재력을 발현시킬 수 있는 기회를 놓치는 경우가 많고 부모나 교사의 낮은 기대치로 인하여 가지고 있는 높은 잠재력을 놓치는 경우가 많다.

앞에서 살펴본 바와 같이, 다문화 특수아동 또한 언어영역은 학교생활에 있어 직접적인 영향을 미치며, 기초학습능력 및 또래 관계 등 전반적인 학교생활 적응에 있어서도 매우 중요한 요소로 작용하기 때문에 다문화 특수아동 자녀를 양육하는 부모들은 특히 더 관심을 가지고 살펴보아야 하는 발달영역이라 할 수 있다. 따라서, 현재 일반 다문화 가정에 초점을 맞춘 교육 및 지원사업 중심에서 벗어나, 보다 더 폭넓은 관점에서 다문화 특수아동 가정에도 범위를 넓혀 지원하여 부모들이 이중 삼중 겪는 고통을 조금이나마 덜어줄 수 있도록 범정부 차원에서도 적극적으로 나서야 할 것이다.

연구문제

1. 다문화 특수아동이 과소 또는 과대 선발되는 이유는 무엇이라고 생각하는가?
2. 다문화 특수아동의 특성을 반영하여 향후 우리나라 학교 현장에서 적용할 수 있는 다문화 특수아동 가정을 위한 지원프로그램은 어떠한 것들이 있다고 생각하는가?
3. 생애주기별 관점에서 다문화 특수아동(장애아동 및 영재아동)을 양육하는 부모들에게 필요한 지원은 무엇이라고 생각하는가?

9
부모상담

■ 학습목표

1. 부모상담의 개념 및 필요성을 이해한다.
2. 다양한 부모상담 유형을 이해한다.
3. 다문화 부모상담 방법에 대해 이해한다.

부모상담은 부모 스스로가 본인과 가정에서의 변화를 시작으로 상담이 시작된다. 부모가 변화하면, 아동의 변화 역시 쉽게 이끌어 낼 수 있다. 그러나 다문화 가정의 경우 일반 가정에 비해 추가적으로 겪는 다양한 문제들이 있어 이러한 상담이 쉽지 않기도 하다. 따라서 본 장에서는 부모상담이란 무엇이고 어떠한 유형과 방법으로 진행되는지 살펴본다.

1. 부모상담의 개념 및 필요성

상담(counseling)이란 라틴어의 consulere를 어원으로 하여 '문의하다, 충고하다, 권고하다, 고려하다, 반성하다, 숙고하다, 자문하다, 조언을 구하다' 등의 의미가 있다.

상담은 내담자의 개인, 교육, 직업과 관련된 문제를 개별적으로 돕고, 이와 관련된 모든 것들에 대해 자료를 조사하고 분석하여 해결책을 찾는 것이다. 내담자는 상담을 통해 자신의 문제에 대해 스스로 해결할 수 있도록 개인적 면담, 전문가의 도움, 학교나 지역사회 인사의 도움을 받을 수 있다(Good, 1945). 또한 상담이란 상담자와 내담자가 서로 마음 깊이 품은 생각을 털어놓을 수 있는 친밀하고 원만한 관계가 형성되면서 내담자가 자신의 자아에 대한 구조를 이완시켜 과거에는 받아들일 수 없었던 것에 대해 서서히 받아들이게 되고 그것을 새롭게 구성되는 자아 속에 통합해 가는 과정이다(Rogers, 1952). 각각의 개인은 상담을 통해 스스로 현명한 선택을 할 수 있도록 자기 자신과 타인과의 관계, 주위환경 등을 개선시키는 과정을 경험하며 각각의 개인이 자신에게 맞는 발달체계를 갖추도록 도움을 받을 수 있다(Tyler, 1961). 그러므로 상담이란 도움을 필요로 하는 사람에게 전문적인 지식과 자질을 가지고 내담자가 처해 있는 상황 또는 환경에 대한 이해를 통해 내담자가 갖고 있는 비합리적인 사고를 합리적인 사고로 바꾸어 합리적인 의사 결정을 내릴 수 있도록 돕는 것이라 할 수 있다(장성화 외, 2011).

부모상담은 상담자 또는 교사와 부모가 전반적인 아동의 생활 및 발달을 돕고자 상호연계하여 방안을 모색하는 활동이다. 부모상담은 자녀를 위해 부모가 상담의 주축이 되어 진행되는 상담이기 때문에 부모상담의 목표는 자녀의 문제행동 감소 및 적응능력 향상에 있지만 그 과정에서의 목표는 자녀의 변화를 위한 부모 스스로의 변화이다. 부모상담을 통해 아동의 변화를 가져오기 위해서는 부모의 변화가 먼저 이뤄져야 한다. 부모는 상담을 통해 아동에 대한 이해뿐만 아니라 스스로에 대한 이해를 넓혀야 하며, 자신의 변화가 아동을 변화시키는 큰 원동력임을 인지해야 한다. 이러한 측면에서 부모상담이 필요한 이유는 크게 세 가지로 정리할 수 있다.

첫째, 부모는 아동의 정보제공자 역할을 할 수 있다. 아동 상담을 지원하는 데 가장 효과적인 방법은 상담자와 부모 사이의 정보교환이다(O'Connor, 1991). 오경미(2003)는 부모상담 과정에서 상담자와 내담자 간의 신뢰 있는 관계 형성은 후속 상담과 치료의 진행, 궁극적인 상담목표 달성을 위해 필수적이라 밝히면서 부모와의 신뢰 있는 관계 형성은 효율적인 부모상담과 아동상담을 할 수 있는 기반을 제공해준다고 하였다. 상담자에게 아동에 관한 가장 정확하고 풍부한 정보를 제공할 수 있는 사람은 부모이다. 그러므로 아동에 대한 정보제공을 통하여 아동의 문제 행동을 개선할 수 있는 방안에 대해 상담자와 함께 계획하고 다양한 정보를 공유할 수 있다. 또한 아동을 도우려는 상담자는 이러한 부모의 노력에 뒷받침할 수 있도록 부모와의 관계 형성이라는 연결고리를 형성하도록 노력해야 하며, 이를 통해 아동에 대한 유용한 정보와 단서를 확보해야 한다(Landreth, 1991).

둘째, 부모는 보조치료자 역할을 할 수 있다. 아동과 상담실 내에서 믿음과 신뢰를 쌓는 것은 상담가의 역할이다. 하지만 아동과 상담실 밖에서도 상담실과 같은 환경을 유지하는 것은 쉬운 일이 아니다. 그러므로 상담실 안에서의 활동이 상담실 밖으로 연장될 수 있도록 하는 역할은 부모의 몫이다. 아동이 상담실 안과 밖이 연결되는 환경 속에서 상담을 받는다고 그것이 유지된다면 아동에게 매우 긍정적인 영향을 미칠 것이다.

셋째, 부모 자신의 문제해결을 위해서다. 거울을 보면 거울 속 비친 나의 모습을 볼 수 있듯, 부모는 아동을 상담하기 이전에 자신의 문제가 무엇인지 스스로 돌아보아야 한다. 자신의 성장 배경은 어떠했으며, 현재 갖고 있는 문제가 무엇인지를 밝히고 알아내야 자녀를 마음으로 이해하는 데 도움이 될 수 있다. 기채영(2006)은 부모상담의 치료적 요인의 하위요인으로 부모 자신의 문제 상담을 제시하였다. 즉, 부모는 치료자와 상담을 통해 자신이 겪는 심리적 어려움에 대해 공감과 지지를 받고 심리적인 안정감과 편안함, 자신의 감정을 조절할 수 있는 힘, 새로운 통찰을 얻게 되며, 자기 개념을 개선시킬 수 있다. 이를 통해 아동을 대하는 태도가 변화하고 아동의 증상 완화에도 긍정적인 영향을 주며, 아동이 안정되고 편안하게 성장하게 하는 데 도움을 줄 수 있다고 하였다. 또한 가족 안에서 부부문제로 아동에게 부정적인 영향을 주었던 부모가 상담을 통해 심리적인 안정감을 얻고 문제를 해결할 수 있는 힘을 얻게 되며, 이를 통해 아동에 대한 태도에도 긍정적인 영향을 줄 수 있다고 하였다. 따라서 자녀를 양육하는 데 있어 부모 스스로가 새로운 것을 배우고 시도하고 변화해야 한다는 신념과 태도를 가지고 상담을 진행할 때 비로소 자녀가 올바르게 성장할 수 있다.

부모는 부모상담을 통해 아동이 가정, 학교, 사회에서 경험하는 문제를 해결하기 위해 적합한 지도방법, 양육방법, 소통방법 등에 대해 도움을 받을 수 있다. 또한 부모 스스로에 대한 이해와 수용방법, 자녀에 대한 이해와 수용방법, 아동과 원활한 의사소통을 유도하는 법, 부모자녀 관계 강화기법, 긍정적 대화기법 및 태도 발달, 양육능력 강화기법 등에 대해 도움받을 수 있다.

유미숙 외(2003)는 부모와의 상담 과정 속에서 다루어져야 하는 내용을 크게 세 가지로 나누었다.

첫째, 정보 공유 및 상담에 대한 부모의 이해다. 즉, 아동의 성장, 발달에 관한 지식, 현재 가족 내의 갈등에 대해 정보를 나누는 것을 중심으로 정보 공유의 의미가 크며, 아동 생육사와 발달사, 가족력 등을 통해 아동의 문제에 대한 원인 탐색과 이해를 목적으로 한다.

둘째, 부모교육이다. 아동의 문제 행동에 따른 부모 교육의 접근 방법은 조금씩 차이가 있으며, 상담자는 아동이 가진 어려움에 따라 부모를 교육하는 방법을 체계적으로 계획해야 한다.

셋째, 치료적 작업이다. 부모가 자녀에게 치료자로서 참여해야 할 필요성이 있을 때 부모-자녀 놀이치료 기법 등을 활용할 수 있다. 또한 아동의 문제 원인을 파악하는 데 있어 1차 환경체계인 부모 개인의 문제 또는 부부관계의 어려움으로 끊임없이 원인을 제공하게 될 때, 아동의 문제를 유지시키는 원인을 제거하기 위해 또 다른 차원에서 부모의 성인상담 또는 부부상담을 활용할 수도 있다.

상담의 가장 큰 특징은 내담자가 호소하는 문제를 상담자가 직접 해결해 주는 과정이 아니라 내담자로 하여금 자기 문제를 스스로 성찰하고 해결하도록 도와주는 과정이라는 것이다. 예를 들면, 부부간의 심각한 갈등을 일으켜 이혼 직전에 있는 부인이 부부간의 문제를 상담하러 왔을 때 상담자는 그 문제에 직접 개입하여 조정, 해결하는 것이 아니라 내담자로 하여금 자신의 문제를 스스로 해결하는 방법을 터득하도록 하는 과정이다. 만약, 그 부인이 바라는 대로 상담자가 부부 문제에 직접 개입하여 해결하여 준다면 그 사람은 부부간의 문제가 있을 때마다 상담자를 찾아와야 하고 상담자는 그때마다 해결해 주는 악순환을 거듭해야 하며 그것은 내담자를 도와주는 것이 아니라 내담자로 하여금 자기 문제를 스스로 해결하려는 노력을 하지 않고 문제가 생길 때마다 상담자를 찾아오게 되는 지극히 의존적인 사람으로 전락하게 한다. 그러므로 상담은 내담자가 자기 문제를 자기 스스로 해결하고 앞으로도 그와 유사한 문제를 독자적으로 능히 해결할 수 있는 방법과 용기를 길러주는 것이다. 즉, 굶주린 사람이 밥을 요구할 때 밥을 주는 것이 아니고 쌀과 찬을 구할 수 있는 방법을 스스로 찾게 하거나 교통사고로 다리를 다친 사람에게 전과 같이 다리를 사용할 수 있게 하는 것이 상담을 통해 제공하는 조력이 아니고 다리는 전과 같지 않지만 그 상태 또는 상황을 인정하고 받아들여 생활에 적응할 수 있는 지혜와 용기를 갖게 하는 것이 상담이라고 할 수 있다(조선희, 2000).

2. 부모상담의 유형

상담은 상담자와 내담자가 직접 만나 면대면하여 개별적으로 이루어지는 것이었으나(Burks & Stefflre, 1979; Osipow, Walsh & Tosi, 1980), 각종 통신매체가 대중화됨에 따라 상담방식도 한 명의 상담자가 동시에 여러 명의 내담자를 상대로 하는 집단상담, 전화 또는 컴퓨터를 이용하는 상담 등 형식이 다양해졌다. 부모상담은 상담의 주체에 따라 개별상담, 집단상담과 같은 형식적 상담과 전화상담, 인터넷을 이용한 상담, 가정방문 상담과 같은 비형식적 상담으로 나눌 수 있다.

1) 개별상담

개별상담은 개인상담으로도 불리며, 한 명의 상담자와 한 명의 내담자가 대면해서 진행하는 상담이다. 개인상담은 일대일로 진행하기 때문에 상담자가 내담자의 문제를 직접적이고 깊이 있게 이해하여 도울 수 있다는 장점이 있다. 또한 내담자 개개인을 개별적으로 상대하여 각각의 내담자의 요구에 따라 치료 및 성장과 발달을 촉진할 수 있기 때문에 개별상담은 부모와 할 수 있는 가장 적극적인 의사소통이라 할 수 있다.

부모는 개별상담을 통해 자신의 아이가 가정 밖에서 보이는 행동에 대해 객관적 자료와 구체적 정보를 얻을 수 있기 때문에 다른 상담에 비해 부모의 참여도가 가장 높으며, 교사 역시 아동에게 가장 필요하다고 느끼는 상담 방법이다. 이러한 개별상담 시 비밀상담은 필수다. 교사는 부모와 개별상담 기간 동안 주고받은 아동 정보와 상담 내용에 대해 비밀을 보장해야 하며, 이러한 비밀보장은 부모와 신뢰감을 형성하는 데 매우 중요하다.

개별상담에서의 교사 역할은 매우 중요하다. 그러나 교사들은 다양한 배경을 가진 아동과 부모와 상담하기 위해 자신의 기존 배경지식에 의존하여 상담하게 되므로, 전문성을 갖추지 못할 경우 올바른 해결방안 제시 및 문제해결이 어려워 부모와 올바른 협력관계를 형성하기 어려울 수 있다. 따라서 교사가 전문성을 갖출 수 있는 상담 연수, 상담 프로그램 운영 등이 필요하다.

2) 집단상담

집단상담은 두 명 이상의 구성원으로 구성된 모임에서 여러 문제를 구성원들의 경험을 통해 해결하려는 상담의 한 형태이다. 집단상담은 내담자로 하여금 자신의 문제를 다른 사람의 눈으로 볼 수 있게 하고 다른 사람의 문제와 공통점, 차이점을 이해하게 할 수 있다. 또한 내담자들 간에 지지체제를 형성하여 서로 도움을 주고받을 수 있는 기회를 제공한다.

집단은 개인을 도울 수 있는 훌륭한 자원이다. 특히 개인의 감정 세계를 탐색하고, 다른 사람들과의 관계를 새로운 각도에서 점검하고 교정할 수 있는 좋은 도구이자 현장이다. 보다 구체적으로 말하면, 개인은 집단에의 참여를 통해 자신의 감정적 장애를 제거하고, 자신과 자신의 느낌에 대해 보다 깊이 알아차리게 되며, 다른 사람들 그리고 자신을 둘러싼 세계에 대해 보다 예민한 감각과 통찰력을 키울 수 있다(박성희 외, 2002).

따라서 기관에서 정기적으로 실시하는 부모교육 시간이나 특별 프로그램 운영, 동일한 관심사와 어려움을 갖은 부모들의 모임을 통해 대화방식 및 훈육방식 등을 배우고 유사한 특성과 문제를 가진 자녀를 둔 부모모임을 통해 정서적 지지를 받을 수 있다.

하지만 집단상담은 집단에서 불안정감을 느끼거나 개인적 문제가 심각한 경우, 집단에 너무 큰 기대를 하거나 부적절한 지도를 받을 경우에는 부적합하다.

3) 전화상담

전화상담은 상담자와 내담자가 전화라는 매개체를 통해 개별적인 도움 관계를 형성함으로써 내담자의 문제를 해결하고 나아가 바람직한 방향으로 문제를 해결할 수 있도록 도와준다. 내담자와의 대면에서 이루어지지 않고 내담자의 음성과 전화라는 매체를 통해 이루어진다는 것이 주요 특징이다(노혁, 1991). 따라서 전화상담은 방문상담이 어렵거나 만나서 직접 이야기하는 것을 쑥스러워하거나 부담스러워하는 학부모에게 적합한 상담방법으로, 시공간적 구애를 받지 않고 서로 편리한 시간과 날짜에 의사소통을 할 수 있다는 장점이 있다. 또한 얼굴을 보지 않고 상담하므로 아동의 생활모습과 태도에 대한 정보나 의견을 전화로 전달받게 된다. 전화상담은 정기적 상담형태가 아니므로 아동이 아프거나 결석, 지각을 하는 경우, 행사참석 여부 등을 전달할 때도 활용될 수 있으며, 특정 시기가 아니더라도 아동의 습관이나 문제행동에 대해 편하게 대화하고자 할 때도 사용될 수 있다. 그러나 전화상담이 교사의 근무시간 내에 진행되게 되면 아동을 지도할 수 없으므로 주로 저녁에 이루어지게 되는데, 이럴 경우 교사의 개인적인 시간을 할애해야 한다는 단점이 있다.

4) 인터넷을 이용한 상담

정보화 사회로 진입함에 따라 상담이 오프라인으로만 진행되는 것이 아니라, PC나 모바일을 통해서도 진행될 수 있는 인터넷을 이용한 상담이 형성되기 시작했다. 인터넷을 이용한 상담은 크게 편리성, 신속성, 시공간의 자유라는 세 가지 특징을 가지고 있다.

첫째, 편리성이다. 거리의 제한 없이 언제 어디서든 편리하게 궁금한 내용에 대해 상담할 수 있다는 장점이 있다.

둘째, 신속성이다. 내담자가 도움이 필요할 때 인터넷이 가능한 곳에서는 언제 어디서든 상담사에게 문의할 수 있기 때문에 상담사를 기다리는 시간이 필요하지 않다. 또한 상담사와 실시간 상담을 진행할 경우 원하는 내용에 대해 바로 답변을 받을 수 있다.

셋째, 시공간의 제약이 없다는 점이다. 인터넷을 이용한 상담은 특정 시간의 제약을 받지 않고 제공될 수 있으며, 24시간 연중무휴로 운영될 수 있다. 또한 국내의 지리적으로 접근하기 어려운 곳뿐만 아니라 해외에서도 인터넷 연결이 가능하다면 얼마든지 상담을 진행할 수 있다.

인터넷을 이용한 상담은 보통 해당 사이트의 1:1 게시판이나 Q & A, e-mail, 실시간 상담을 통해 진행되며, 상담 내용을 다른 사람이 참고할 수 있도록 공개하거나 비공개할 수 있다. 인터넷 상담은 시간제약이 없고 자신의 이야기를 잘 털어놓지 못하는 사람도 온라인으로 상담할 수 있다는 장점이 있으나, 해킹 또는 다양한 경로의 인터넷 검색을 통해 상담내용, 연락처 등의 개인정보가 유출될 수 있다는 단점이 있다.

5) 가정방문 상담

가정방문 상담은 개인적 또는 다양한 이유로 상담센터나 기관을 직접 방문할 수 없는 내담자를 대상으로 진행되는 상담이다. 가정방문의 경우 심각한 어려움을 겪고 있어 도움이 필요한 취약계층 가정은 물론 일반가정에도 방문상담이 필요하다고 판단되는 자를 대상으로 상담을 실시하는 것이다. 가정방문은 좋은 상담 환경이나 상담실에서 진행되는 상담이 아니므로, 주어진 상황에 맞는 대처전략을 상담사가 잘 활용해야 한다. 또한 내담자가 상담사를 매우 불신하거나 대인기피증, 우울, 불안 등의 심리적 불안정을 보일 경우 원활한 상담 진행이 어려울 수 있으므로, 가족과 협력적 관계를 유지하며 내담자의 정보에 대해 사전에 파악할 필요가 있다.

과다한 인터넷 사용으로 인한 가정방문 상담의 경우 상담시간에는 상담자 외 1인 이상이 체류하여야 상담이 가능하며, 상담일시는 상호 조정하여 결정한다. 또한 방문상담은 19시 이내 종료를 원칙으로 운영하며, 상담기간은 최초 상담일로부터 2개월 내로 운영한다. 상담은 전화상담 2회, 방문상담 6회(1회당 90분 내외)로 총 8회 진행되며, 상담비용은 전액 무료로 진행된다. 다른 상담과의 차이점은 가정방문 상담 종료 후 향후 상담센터로 내담자의 자발적 방문을 유도하는 것이다.

3. 부모상담의 현황

기존의 부모상담에 대한 연구를 살펴보면, 주로 교육학적 관점에서 자녀에 대한 부모들의 영향력에 주목하여 자녀의 성장을 돕고 문제해결을 위한 보조적인 역할로 부모상담을 이해하고 있다(금명자 외, 2005; 조은경 외, 2014). 부모를 대상으로 한 개별치료의 필요성과 현실적인 어려움 등을 다룬 부모상담에 대한 연구들은 놀이치료 분야에서 발견할 수 있다(전혜리, 2010; 박수영, 2016).

부모상담의 현황과 인식을 조사한 연구(주선영, 김광웅, 2005)에 따르면 아동상담자들은 부모상담의 효과와 필요성을 중요하게 인식하고 있었고, 긍정적 치료경험을 한 부모들은 아동 양육에 대한 전문적 도움과 정보를 얻는 동시에 부모 개인의 심리적 어려움을 해결하는 장으로서 부모상담을 경험하고 있었다. 또한 부모상담에서는 아동의 문제와 부모의 양육태도뿐 아니라 아동에 관한 전반적인 정보, 부모의 심리적 문제, 상담과정과 아동의 변화에 대한 논의를 포함하는 포괄적인 내용이 다루어지고 있는 것으로 나타났다.

유치원 부모상담의 경우 교사보다는 부모가 더 자주, 길게 상담을 원했고, 상담을 위한 자료도 교사보다는 부모가 더 다양하게 원하는 것으로 나타났다. 또한 부모는 개인면담에 대해 대체로 만족하고 있는 것으로 나타났고, 교사를 위해 원내 장학이나 연수가 이루어지지 않아 교사교육에 대한 요구가 있는 것으로 나타났다(황현주, 2003). 유치원 교사의 상담활동에 대한 학부모의 기대와 만족도에 대해서는 학부모들은 교사와의 상담이 필요하다고 인식하고 있었고, 학기가 시작한 지 한 달 뒤 일대일 상담을 원하고 있었다. 대체로 상담에 만족하고 있었지만 상담시간이 짧고, 상담방법에 대해 불만족하는 학부모도 있어 유치원 교사의 상담자로서의 자질과 역할 향상을 위해 노력이 필요하다는 것을 확인할 수 있었다(주화순, 2009).

직장어린이집의 부모상담 내용을 분석한 정효진(2013)은 학기 초에는 대부분 적응과 관련한 상담이 많았지만 시간이 지나면서 만 0세는 신체 발달 및 건강 영역을, 만 1세는 또래 관계 형성과 놀이 관련, 만 2세는 놀이와 관계 형성, 훈육 및 상호작용에 대해서, 만 3세는 아이와 대화하는 방법, 놀이 방법에 대하여, 만 4세는 글자 쓰기, 만 5세는 효과적인 학습지도에 대한 상담이 주를 이루고 있다는 연구결과를 제시하였다. 그러나 국공립, 민간어린이집의 부모를 대상으로 아동양육 상담요구에 대한 연구결과, 아버지보다는 어머니가, 비취업모에 비해 취업모가 상담에 대한 관심도 및 지식에서 우세했고, 상담에 대한 필요성은 인식하고 있지만 시간 부족과 함께 상담할 곳이 없다는 문제점을 제기하고 있다(김미선, 2012). 부모상담에 대한 선행연구들은 대부분 유치원, 어린이집을 대상으로 이루어지고 있는데, 이는 인생의 주기 중 가장 부모의 관심이 지대하고 민감한 영아기이기 때문인 것으로 보인다.

한편, 부모상담을 병행한 사회적 기술 훈련이 초등학교 저학년 아동들의 사회적 기술과 자기 효능감에 미치는 영향을 알아본 연구(최서윤, 2012)에서는 부모상담을 병행한 사회적 기술 훈련 프로그램이 초등학교 저학년 아동들의 사회적 기술과 자기 효능감 증진, 행동변화에 효과적인 것으로 나타났으나, 최근 청소년 상담 연구 동향(1993~2013)에서는 부모 변인에 관한 연구물이 다른 연구내용에 비해 제한적인 것으로 보고되고 있어(김수진, 2014), 초등학교 이상에서 진행되는 상담은 부모를 대상으로 하기보다 아동중심 상담이 많은 것으로 나타났다.

부모상담 실태조사를 통해 부모상담의 어려움을 조사한 결과 부모의 심리적 문제, 정신병리, 비협조적인 태도와 반응, 부모의 낮은 이해 수준 및 통찰부족, 상담시간 부족, 상담자의 성인 상담 지식이나 기술 부족, 부모상담 공간 부족, 상담자의 역전이 등이 나타났으며(김광웅, 2009), 부모의 상담에 대한 비협조적인 태도와 상담자에 대한 신뢰부족 등과 같은 부모의 특성은 상담자와의 긍정적인 관계를 방해하게 되고, 이로 인해 자녀 상담 과정에 영향을 주는 것으로 나타났다(박자영, 2009).

상담은 자녀와 부모가 함께 상담에서 도움을 받는 것이 가장 이상적이나, 어리거나 인지적 문제로 자신의 이야기를 전달하기 어려운 아동이나 선택적 함구 아동들, 부모폭력 문제나 게임 과몰입, 은둔형 외톨이 생활을 하며 외부와 단절되어 있는 청소년들의 경우, 이들을 억지로 상담에 참여시키는 것은 쉽지 않고 효과적이지도 못하다. 또한 많은 경우 아동 및 청소년 내담자들은 성인 내담자들과는 달리 대체로 스스로 상담을 하려는 동기가 부족하다. 그러므로 부모가 부모 자신의 문제를 부모상담을 통해 잘 다루게 되고, 자녀에게 적절한 양육환경을 제공하여 궁극적으로 자녀들의 문제해결에도 긍정적 역할을 제공할 수 있는 개별적 부모상담이 절실하게 요구된다(전혜리, 2010).

실제 상담 현장에서 아동상담자들은 다양한 부모와 만나고 있고, 이들 부모와 상담 관계를 형성하고 작업하기 위해 아동상담자로서 전문적 역량을 증진하고 있다. 그러나 국내외 아동 상담 역사가 짧은 만큼 근래에 와서 부모상담의 중요성이 인식되어 왔기 때문에, 부모상담에 대한 구체적인 연구가 제한적으로 이루어져 왔을 뿐 아니라 전문적 훈련 영역에서도 상담자의 개인적 노력에 의존하고 있는 실정이다(김광웅, 2009). 민간, 법인, 국공립 어린이집의 교사와 부모를 대상으로 부모상담의 인식과 요구도를 연구한 김현미(2012)는 어린이집의 생활 내용 및 적응 정보에 대한 상담이 가장 많이 이루어진다고 분석하고 상담기법에 대한 교사교육의 필요성을 제시하고 있다. 그러므로 앞으로 국내 실정에 맞는 부모상담의 개념 정립과 이론적 체계화가 필요할 것으로 보인다.

4. 다문화 부모상담

부모상담은 부모 스스로가 본인과 가정에서의 변화를 시작으로 상담이 시작된다. 부모가 변화하면 아동의 변화 역시 쉽게 이끌어 낼 수 있다. 그러나 다문화 가정의 경우 일반 가정에 비해 추가적으로 겪는 다양한 문제들이 있어 걸림돌이 되기도 한다. 그러므로 다문화 부모상담의 경우 일반 부모상담에 비해 극복해야 할 많은 문제를 안고 출발해야 하므로 주의하여야 한다.

한국청소년상담원(2008)은 다문화 가정 부모 중 외국인 어머니와 한국인 아버지를 위한 집단상담 프로그램을 개발하기 위하여 다문화 가정 외국인 어머니들을 대상으로 프로그램에 필요한 내용을 검토하였으며, 이를 토대로 어머니용과 아버지용을 다음과 같이 개발하였다. 이 프로그램은 6주 동안 6회기의 구조화된 집단상담으로 진행되는 것을 원칙으로 하나, 다문화 가정 어머니가 직업을 가지고 있는 경우를 감안하여, 주 1회, 2회기를 연속 운영할 수 있고 따라서 전체 과정은 1개월 정도의 기간이 소요된다. 프로그램 운영 방식에 있어서 집단상담의 방법들을 각 회기의 주제별 특성에 맞게 적용하도록 구성되어 있다. 각 회기는 3단계로 구분하여 구성되었는데, 먼저 1단계는 도입부분으로 지난 회기에 대한 점검과 참가자들의 워밍업을 위한 도입활동이 전개되고, 해당 회기의 주제가 어떤 의미를 갖는지에 대한 공유가 이루어진다. 2단계는 그 회기의 주 활동으로 이루어지는데 집단상담의 형식으로 이루어지며 필요한 경우 강의식으로 전개된다. 참가자들은 자신의 생각과 자신의 어려움을 다른 참가자들에게 개방하며, 참여자 간의 대화와 공유 피드백을 통해서 생각을 재정립할 기회를 갖는다. 참가자들에게 정보제공과 교육이 필요한 경우 진행자는 강의를 진행하게 된다. 3단계는 오늘 참가하면서 새롭게 깨달은 점, 아쉬운 점 등을 전체적으로 공유하고 다음 회기 안내로 마무리하게 된다.

1) 어머니용 프로그램

다문화 가정 부모를 위한 집단상담 프로그램 중 어머니용 프로그램은 크게 네 부분으로 구성되어 있다.

첫째, 도입부분이다. 1회기로 이루어진 도입부분에서는 집단상담에 대한 소개와 함께 자기소개 및 자신의 가족을 소개하는 시간을 통해 참가자들의 친밀감과 동기를 높이고 응집력을 높일 수 있도록 한다. 이를 위해 소개 방식 또한 워크지에 기록하는 것이 아닌 교구재를 사용하여 직접 활동하는 작업을 통해 집단원의 호기심을 높일 수 있는 동(動)적인 방식으로 진행된다.

둘째, 2~3회기는 자녀에 대한 이해와 부모-자녀와의 관계를 이해할 수 있도록 구성된다. 여기서는 각자가 자신과 자녀의 관계를 점검하고, 자녀에게 가지고 있는 기대, 한국 문화에서 자녀를 양육하는 데 어려움 등을 함께 나누도록 한다. 특히 한국의 교육과 관련하여 어려움을 함께 이야기하고, 자녀를 초등학교에 입학시키기 전에 알아두어야 할 사항, 입학 후 자녀의 학교생활 및 학업지도, 예비 중학생이 되기 위하여 준비하여야 할 사항에 대한 정보 등을 제공하고 한국의 교육제도에 대하여 교육함으로써 자녀의 학교생활 및 학업지도에 유용한 정보를 제공 및 지원하는 것을 목표로 한다.

셋째, 4회기에서는 자녀의 발달단계에 따른 성장을 이해하고, 자녀의 성장에 따라 부모자녀 관계를 증진시킬 수 있도록 구성된다. 발달연령별로 자녀의 성장곡선을 그려보며, 자녀의 발달에서 중요한 시기가 언제였는지 알아보고 힘들었거나 좋았던 기억을 떠올리며 자녀와 함께 어머니로서의 자신은 어떻게 그 시기를 극복하며 함께 성장해 왔는지 이야기 나누도록 한다. 특히 현재 시점에서 자녀의 성장곡선의 위치를 확인해 봄으로써 자녀의 심리적 어려움을 알아보고 부모로서 자녀의 어려움에 대해 지원 및 지지해 줄 수 있는 부분을 탐색하도록 하여 부모자녀의 관계를 증진시키는 것을 목표로 한다.

넷째, 5~6회기에서는 어머니로서의 부모효능감 향상을 위해 자기점검으로 구성된다. 이를 위하여 자녀와의 관계에서 자신의 성격이나 대응방식의 장점을 찾는 등 보다 개인적인 점검을 위한 시간을 제공하여 자신에 대한 긍정적 자아개념을 회복하고 앞으로의 미래설계를 통해 앞으로 보다 자신 있게 자녀양육을 할 수 있도록 한다.

〈표 9-1〉 어머니용 프로그램 내용

구분	제목	목표	내용	시간
1회기	오리엔테이션 및 자기소개	• 프로그램에 대한 이해 도모 • 참여자의 동기 부여 • 참여자 간 친밀감 형성	• 오리엔테이션 및 프로그램 소개 • 자기소개: 활동 1. 나를 소개합니다~!! • 가족소개: 활동 2. 우리 가족 이야기	60
2회기	나와 자녀의 관계 이해하기	• 자녀 관계에 대한 파악 • 현재 자녀 관계에 대한 이 해	• 지난 회기 점검 및 이번 회기 소개 • 자녀소개: 활동 1. 우리 아이는…	90
3회기	나와 자녀의 관계 증진하기 (1)	• 나와 자녀의 이해 증진 • 한국의 교육제도 이해	• 지난 회기 점검 및 이번 회기 소개 • 자녀를 학교에 보내면서 가장 어려운 점: 활동 1. 우리 아이 잘 키우고 싶어요. • 한국의 교육제도 이해: 활동 2. 강의	60
4회기	나와 자녀의 관계 증진하기 (2)	• 나와 자녀의 관계증진 • 발달연령별 차이 이해	• 지난 회기 점검 및 이번 회기 소개 • 자녀의 성장 곡선 그리기: 활동 1. 우리 아이 성장기	60

구분	제목	목표	내용	시간
5회기	어머니로서의 자신의 모습 찾기	• 자신의 모습 이해하기 • 자신의 긍정적 부분 인정	• 지난 회기 점검 및 이번 회기 소개 • 장점 찾기: 활동 1. 장점을 살려라~!! • 자신 모습 찾기: 입국 후부터 미래까지 활동 2. 마음으로 통하는 우리	90
6회기	어머니로서의 출발	• 자신이 바라는 모습 정리 • 자녀에게 하고 싶은 말 • 수료식	• 지난 회기 점검 및 이번 회기 소개 • 자녀에게 영상 편지쓰기: 활동 1. 사랑을 외치다! • 수료식	60

2) 아버지용 프로그램

다문화 가정 부모를 위한 집단상담 프로그램 중 아버지용 프로그램 역시 어머니용 프로그램과 마찬가지로 네 부분으로 구성되어 있다.

첫째, 1회기로 이루어진 도입부분에서는 집단상담에 대한 소개와 함께 참가자들의 동기를 높이고 응집력을 높일 수 있도록 한다. 특히 아버지들의 참여 동기를 높이기 위하여 구성원 간의 동질감을 느낄 수 있도록 국제결혼의 공통적인 어려움을 토대로 자기소개를 진행하도록 한다.

둘째, 2~3회기는 부부간의 친밀감을 증진시키고 보다 협력적 부부관계를 형성하고 소통을 강화하는 데 초점을 둔다. 이를 위하여 배우자의 국가에 대한 기초적 이해를 위한 재연극, 성격에 대한 점검, 일상적인 갈등을 표현하고 대처방안을 모색하는 시간을 갖는다.

셋째, 4~5회기는 학령기 아동에 대한 부모 역할을 이해하고 자신의 부모 역할을 점검하여 보다 건강한 아버지로 성장할 수 있도록 한다. 이를 위하여 자녀의 일상생활에 대한 점검, 자녀의 발달단계에 대한 이해, 자녀에게 비치는 아버지의 모습 등을 점검하여 보다 안정적으로 아버지 역할을 할 수 있도록 한다.

넷째, 마지막 회기는 자신에 대한 점검으로 구성된다. 자신의 다짐을 서약서로 쓰고 아내와 자녀에게 공개하여 앞으로 보다 행복한 가정을 꾸릴 수 있는 미래설계를 내용으로 구성되었다.

다문화 가정 부모 중 아버지를 위한 집단상담 프로그램 내용을 요약하면 다음과 같다.

〈표 9-2〉 아버지용 프로그램 내용

구분	제목	목표	내용	시간
1회기	자기소개 및 오리엔테이션	• 프로그램에 대한 이해 도모 • 성원의 동기 부여 • 구성원 간 친밀감 형성	• 오리엔테이션 및 프로그램 소개 • 자기소개 • '맞아 맞아' 베스트	70
2회기	부부 관계 1	• 배우자 문화에 대한 친밀감 • 증진과 이해 • 부부간의 친밀감 증진	• 몸 풀기, 지난 회기 점검과 이번 회기 소개 • 재연극 찬반 토론 • 아내 나라 문화는?	70
3회기	부부 관계 2	• 부부간 의사소통에 대한 이해와 강화 • 협력적 부부 관계 형성	• 몸 풀기, 지난 회기 점검과 이번 회기 소개 • 나의 성격유형, 아내의 성격유형 • 화성 남자와 금성 여자	70
4회기	자녀 관계 1	• 자녀에게 보이는 내 모습 점검 • 부모-자녀 관계에서의 아 버지로서의 역할 이해	• 몸 풀기, 지난 회기 점검과 이번 회기 소개 • 나는 어떤 아버지? (아이한테 제일 많이 듣는 말, 아이한테 제일 듣고 싶은 말)	70
5회기	자녀 관계 2	• 자신의 부모 역할 점검 • 학령기 아동에 대한 부모 역할 • 이해와 건강한 아버지 로서의 성장	• 몸 풀기, 지난 회기 점검과 이번 회기 소개 • 우리 아이 알아보기 퀴즈 • 자녀의 발달단계와 아버지의 역할	70
6회기	나의 장점	• 아버지로서의 자신에 대한 점검 • 가족과의 미래설계 • 앞으로의 다짐	• 몸 풀기, 지난 회기 점검과 이번 회기 소개 • 나의 장점 찾기 • 나의 다짐 서약서-편지(아내, 자녀) • 수료식	70

한국청소년상담원(2008)의 다문화 가정 부모를 위한 집단상담 프로그램은 비슷한 경험을 하는 부모들에게 경험을 공유하고 집단원들과 정서적 교류를 통해 부모로서의 올바른 역할을 수행하는 데 도움을 줄 수 있는 프로그램이다. 그러나 다문화가족을 위한 특별한 상담 기법 및 프로그램을 개발하는 것도 매우 중요하지만, 그전에 상담사의 다문화가족과 부모에 대한 문화적, 사회적, 언어적, 개인적 특수성에 대한 이해가 기반이 되어야 하며, 통합적 접근과 함께 개개인의 특성을 이해한 개별적인 상담 접근 역시 필요하다.

5. 요약

위와 같은 내용을 정리하면 부모상담은 상담자 또는 교사와 부모가 전반적인 아동의 생활 및 발달을 돕고자 상호연계하여 방안을 모색하는 활동이다. 부모상담은 자녀를 위해 부모가 상담의 주축이 되어 진행되는 상담이기 때문에 부모상담의 목표는 자녀의 문제행동 감소 및 적응능력 향상에 있지만 그 과정에서의 목표는 자녀의 변화를 위한 부모 스스로의 변화이다. 부모상담을 통해 아동의 변화를 가져오기 위해서는 부모의 변화가 먼저 이뤄져야 한다. 부모상담은 부모가 아동의 정보 제공자 역할임과 동시에 보조치료자 역할을 할 수 있으며, 부모 자신의 문제해결을 위해서 반드시 필요하다. 이러한 부모상담은 한 명의 상담자와 한 명의 내담자가 대면해서 진행하는 개별상담, 두 명 이상의 구성원으로 구성된 모임에서 여러 문제를 해결하려는 집단상담, 상담자와 내담자가 전화라는 매개체를 통해 문제를 해결하는 전화상담, PC나 모바일을 통한 인터넷을 이용한 상담, 다양한 이유로 센터나 기관을 직접 방문할 수 없어 내담자의 집으로 가서 진행되는 가정방문상담 등의 형태가 있다. 부모상담은 부모 스스로가 본인과 가정에서의 변화를 시작으로 상담이 시작된다. 부모가 변화하면, 아동의 변화 역시 쉽게 이끌어 낼 수 있다. 그러나 다문화 가정의 경우 일반 가정에 비해 추가적으로 겪는 다양한 문제들이 있어 걸림돌이 되기도 한다. 그러므로 다문화 부모상담의 경우 일반 부모상담에 비해 극복해야 할 많은 문제를 안고 출발해야 하므로 상담사가 이를 주의하여 접근해야 한다.

연구문제

1. 부모상담의 개념은 무엇이며 왜 필요한가?
2. 다양한 부모상담 유형에는 어떤 것들이 있고 그것은 어떻게 진행하는가?
3. 다문화 부모상담 방법에는 무엇이 있고 어떠한 방식으로 진행하는가?

10

다문화 가정 부모교육 실제 운영

■ 학습목표

1. 우수 다문화 부모 교육프로그램의 특징을 말할 수 있다.
2. 다문화 부모 교육프로그램을 계획, 운영할 수 있는 역량을 계발한다.

본 장에서는 교육부와 시도교육청을 중심으로 학교에서 제공하는 다문화 부모교육과 여성가족부와 다문화가족지원센터를 중심으로 학교 밖에서 제공하는 다문화 부모교육 프로그램을 소개하고, 다른 나라에서 운영하는 다문화 부모교육 사례를 알아보고자 한다. 그리고 다문화 부모교육 프로그램을 준비하고 제작 및 실제로 운영하는 과정과 프로그램을 계획하고 운영할 때 유의점에 대해 살펴보고자 한다.

1. 국내 다문화 부모교육 프로그램

다문화 가정 아동의 학교 및 사회에서의 적응과 성공은 다문화 가정 아동에 대한 지원뿐만 아니라 이들의 학부모를 대상으로 학교에서 이루어지는 교육과 행정에 대한 이해, 교육에 대한 정보 제공, 아동 발달에 대한 이해, 언어 교육 등에 대한 가족통합교육이 함께 지원될 때 성공할 가능성이 높아진다. 즉 다문화 가정 아동의 학교 및 사회에서의 성공적인 적응을 위해서는 다문화 부모교육이 함께 수반되어야 한다.

다문화 부모교육은 「다문화가족지원법」 제6조 1항에 근거한다. 「다문화가족지원법」 제6조 1항에서는 "국가와 지방자치단체는 결혼이민자 등이 대한민국에서 생활하는 데 필요한 기본적 정보(아동·청소년에 대한 학습 및 생활지도 관련 정보를 포함한다)를 제공하고, 사회적응 교육과 직업교육·훈련 및 언어소통 능력 향상을 위한 한국어 교육 등을 받을 수 있도록 필요한 지원을 할 수 있다."고 명시하고 있다.

국내에서 시행되는 다문화 부모교육은 대부분 국제결혼 이주여성을 대상으로 하며, 기존 비다문화 부모대상 교육 프로그램을 그대로 사용하거나 내용 중 일부를 수정하여 사용하고 있으며, 국제결혼 이해교육의 경우에는 다른 나라의 음식, 전통 체험 등에 국한되어 있다(임은미, 김종운, 2014). 다문화 부모의 특수성을 고려한 교육 프로그램이 아닌 기존의 부모교육 프로그램의 내용 중 일부만을 수정한 경우는 효과성이 낮은 것으로 외국사례에서는 보고되고 있어(Short & Johnston, 1994), 다문화 부모의 특성과 필요에 맞추어 부모교육의 내용과 제공 방식을 변경할 필요가 있다.

학교에서 실시하는 다문화 가정 아동과 학부모를 위한 프로그램의 20%는 다문화 부모를 위한 프로그램이며 대도시나 중소도시보다는 농산어촌에서 다문화 부모교육을 상대적으로 더 많이 실시하고 있다(이재분, 김혜원, 2009). 하지만 수적으로 다문화 학생이 가장 많은 곳은 서울, 경기, 인천 순이기 때문에 대도시나 중소도시에서도 다문화 부모교육이 활성화될 필요가 있음을 보여준다. 또한 지역과 함께 학령기 전인 유아 등 다양한 연령대의 자녀를 둔 다문화 가정의 부모의 필요에 따라 프로그램이 다양해져야 한다. 내용에 있어서 유치원 자녀를 둔 학부모를 대상으로 하는 다문화 부모교육 프로그램인 경우는 한국어와 다문화 이해에 중점을 두고 있으며, 초·중·고등학교 자녀를 둔 학부모의 경우에는 한국 문화에 대한 이해와 학교생활 적응에 대한 내용을 중심으로 하고 있다. 다문화 부모교육은 한국어 교육과 한국 문화 이해교육에 치중되어 있으며 학교급이 올라갈수록 다문화 부모교육의 참여율이 낮아지고 있다(이재분, 김혜원, 2009). 이는 다문화 부모교육지원 프로그램의 실시에 대한 홍보가 부족하며, 자녀의 학년이 올라갈수록 직장이나 부업 활동을 하는 부모의 수가 증가하여 다문화 부모교육 프로그램에 참석하기 어렵기 때문이다.

다문화 부모교육 프로그램 내용에서도 다문화 부모와 교육기관 간의 인식 차이가 발견되고 있다. 다문화 부모는 부모교육 프로그램의 내용으로 한국 사회 적응교육, 예를 들어 법, 한국 문화, 사회에 대한 교육, 경제 교육, 취업관련 교육 프로그램을 가장 많이 요청한다. 그다음 순으로 자녀 교육방법과 한국 교육제도에 대한 교육을 원하고 있다. 다문화 부모의 93.6%는 부모교육 프로그램의 필요성을 느끼며 적절한 부모 역할과 자녀양육의 구체적인 방법을 제공하는 프로그램을 요구하고 있다(한경림, 2012). 하지만 교사는 다문화 부모교육에 필요한 내용으로 첫째 한국어 교육을, 그다음은 한국 문화 이해와 자녀 교육에 대한 이해를 뽑아서 다문화 부모교육의 내용에 있어 부모와 교사 간의 관점 차이가 발생하고 있다.

1) 교육청

교육청에서는 다문화 부모가 학교의 입학절차 및 행정에 대해 입학 전에 충분히 알고 학교 교육에 대한 이해를 가질 수 있도록 부모교육 프로그램을 제공하고 있다. 17개 시도교육청은 다문화 학생의 학교적응과 학업성취 지원, 다문화 정책 현장 운영 지원, 다문화 관계기관과의 협력을 위해 교육청 내에 다문화교육지원센터를 책임부서로 설치하고 있다. 다문화교육 지원센터에는 대개 장학관, 장학사, 파견교사, 행정 주무관이 최소한 1명씩 배치되어 다문화 가정 학생의 교육 지원 및 다문화 교사연수와 다문화 부모교육을 운영하고 있다. 2017년 17개 시도교육청과 지역교육청에 있는 다문화교육 지원센터에는 다문화 부모를 대상으로 하는 147개의 부모교육 프로그램을 운영하고 있다.

〈표 10-1〉 2017년 교육청의 다문화 부모교육 프로그램 내용

주제어	취학준비 및 학교생활	이중 언어	부모 역량교육	생활과 문화	방문 교육	언어 발달	자녀 이해	법과 제도	총합
수	49	35	26	14	10	7	3	3	147

프로그램 내용을 빈도가 높은 순으로 나열하면 취학준비 및 학교생활안내, 이중언어, 부모역량교육, 생활과 문화, 언어발달, 자녀이해, 법과 제도 순이다. 부모교육의 형태는 집합 교육 이외에도 부모의 한국어 발달과 자녀 이해 교육을 위해 10개의 방문 교육 프로그램, 웹이나 동영상 활용 교육이 운영되고 있다.

2) 학교 다문화 부모교육 프로그램

(1) 다문화 부모를 위한 한국 교육제도와 진학정보 영상 콘텐츠

본 프로그램은 교육부와 한국방송통신대학교에서 개발한 영상 콘텐츠 프로그램이다. 미취학 자녀 및 초등학교 자녀를 둔 다문화 부모를 대상으로 하며 한국의 교육제도와 진학정보를 소개하는 정보제공 프로그램이다. 동일한 내용에 대해 한국어, 베트남어, 중국어, 영어, 일본어, 러시아어판이 있으며, 1차시의 시간이 30분으로 된 6차시가 개발되었으며 자막이 포함되어 있다. 이 프로그램은 중앙다문화교육포털(http://www.nime.or.kr/search/mmsVideo)에 탑재되어 있으며, 각 시도교육청 다문화가족지원센터에서도 링크되어 있다. 또한 유튜브 상에도 업로드 되어 있어 '한국교육제도와 진학정보'나 '국가평생교육진흥원'으로 검색하면 프로그램을 볼 수 있다.

〈표 10-2〉 다문화 부모를 위한 한국 교육제도와 진학정보 프로그램(6차시 구성)

차시	강의 주제
1	한국의 학교에 대해 알아볼까요?
2	초등학교 입학 준비 어떻게 하면 좋을까요?
3	초등학교의 일상적인 하루 일과, 1년 살이에 대해 알아볼까요?
4	자녀의 초등학교 생활지도 어떻게 하면 좋을까요?
5	자녀의 숙제지도, 학습지도 어떻게 하면 좋을까요?
6	초등학교를 졸업한 다음은 어떻게 될까요?(자녀 진로 · 진학 정보)

(2) 웹 소책자 "우리 아이 학교 보내기"

동영상과 유사한 내용을 포함한 웹 책자 '우리 아이 학교 보내기'가 제작되어 각 시도교육청 다문화교육센터에 탑재되어 있다. 일본어, 중국어, 베트남어, 영어, 러시아어, 몽골어, 아랍어, 태국어판이 각각 탑재되어 있다. 이 책자는 한국의 유·초·중등학교 학교제도, 한국 국적자의 취학 및 입학절차, 외국에 일정기간 거주하다 입국한 중도입국생의 편입학에 대해 소개하고 있다. 또한 다문화 가정 학생을 위한 다문화 유치원, 다문화 예비학교, 다문화 중점학교, 대안학교를 소개하여 학생의 입학과 학교 적응을 돕고 있다. 또한 부록에는 다문화 부모가 편·입학 때 자주 듣게 되는 생소한 용어에 대해 혼동하지 않고 이해할 수 있도록 학교생활과 관련된 용어를 설명하고 있으며, 중도입국자의 경우 학력 인정과 관련된 국제 협약인 아포스티유 협약 국가에 대해 안내하고 있다(국가평생교육진흥원, 2017). 실제 중도입국한 학생의 경우 이주해온 국가에서 받은 학력을 인정받고 학업을 지속할 수 있도록 교육환경을 제공해 주는 것이 필요하기 때문에 아포스티유 국가 협약국 여부를 확인할 필요가 있다.

(3) 인천한누리학교의 뉴스 레터를 활용한 부모교육

인천한누리학교는 우리나라 최초의 초·중·고 통합 기숙형 공립 다문화 학교이다. 전국에서 온 다문화 학생과 중도입국학생이 함께 있기 때문에 학부모를 대상으로 집합교육이 어렵다. '자녀사랑하기 뉴스 레터'를 사용하여 다문화 부모에게 한국에서의 자녀교육에 대한 정보를 제공한다.

1년에 7~10회 정도 뉴스 레터를 집으로 보내며, 학교 홈페이지에도 탑재하여 부모들이 볼 수 있도록 한다. 뉴스 레터의 내용은 자녀의 한국 학교 적응이 필요한 신체, 정서, 인지 발달이 원활히 이루어질 수 있도록 부모에게 정보를 제공한다. '새로운 변화에 적응하기', '생명존중 및 자살예방 교육', '학생 정서·행동특성 검사를 활용한 자녀 특성 파악과 대화법', '현명한 스마트폰 사용법', '공부 갈등을 슬기롭게 해결하기', '건강한 교우 관계', '방학 중 자녀와 대화하기', '자녀의 변화에 주의 기울이기', '의욕이 없는 우리 아이' 등의 주제에 대해 부모에게 자녀를 도울 수 있는 정보를 제공하고 있다. 또한 집합 부모연수를 1년에 4회 실시하며, 면역성과 비만을 피할 수 있는 가정에서의 식사지도, 설탕의 유해성 등 자녀의 건강지도를 내용으로 하고 있다(인천한누리학교, 2017).

가정통신 제 2017 -84호

자녀사랑하기 6호 - 현명한 스마트폰 사용

우리나라는 스마트폰 개통률 세계 1위로 어린 아이들도 쉽게 스마트폰을 사용합니다. 스마트폰 사용으로 인해 생활이 편리해지고 풍부해지는 장점이 있는 반면, 지나친 사용이나 오용으로 인한 부작용과 우려도 커지고 있습니다. 여성가족부의 2017년 인터넷 스마트폰 이용습관 진단조사에 따르면 전국 초중고생의 14.3%가 인터넷 또는 스마트폰 위험 또는 주의 사용자군에 속한다고 합니다. 이번 뉴스레터는 부모가 어떻게 하면 현명하게 자녀의 스마트폰 사용법을 지도할 수 있는지에 대해서 알려드리고자 합니다.

1 스마트폰을 무조건 못하게 하고 줄이는 것이 아니라 자녀의 조절 능력과 자제력을 키우는 것이 중요합니다.

- 일방적인 금지 명령은 효과가 없으며 일단 부모는 자녀와 사용하는 스마트폰 콘텐츠를 같이 사용하고 경험해 볼 필요가 있습니다. 이를 바탕으로 자녀와 대화를 하면서 적절한 제한에 대해서 논의할 수 있습니다.

2 충분한 놀이 시간을 제공합니다.

- 스마트폰을 대신할 수 있도록 친구들과 밖에서 노는 시간을 늘리고 부모님과 자녀가 즐겁게 할 수 있는 취미나 활동을 찾아 주세요. 등산이나 축구 등 신체활동도 좋고 오목이나 보드게임 등 다같이 둘러 앉아 즐길 수 있는 활동도 좋습니다.

3 원만한 가족 관계는 자녀의 스마트폰 중독을 예방할 수 있습니다.

- 부모 자녀 간에 긍정적으로 의사소통을 하고,
- 부모가 세심한 관찰과 관심을 보이며,
- 명확한 한계를 설정하여 지키는 것이 중요합니다.

4 규칙은 자녀가 지킬 수 있도록 현실적이고 매우 구체적이어야 합니다.

- 사용 시간과 사용 가능한 콘텐츠를 정합니다.
  예: 하루 ( )시간, ( )시까지 (*특정 스마트폰 콘텐츠*) 사용 가능
- 사용하지 않는 공간을 정합니다. 식탁이나 침대에서는 사용하지 않도록 합니다. 이러한 규칙은 자녀뿐만 아니라 온 가족이 함께 지켜야 합니다.

[그림 10-1] 인천한누리학교 학부모교육용 뉴스 레터

출처: 인천한누리학교(2017). 알림마당. http://hannuri.icesc.kr/

3) 학교 밖 다문화 부모교육 프로그램

다문화가족지원센터, 대학 연구소, 비영리 개인 기관에서도 다문화 부모교육을 개발하여 운영하고 있으며, 그 교육 형태는 집합교육, 방문교육, 개인별 멘토링과 코칭, 자조 모임, 홈페이지 활용, 전화 상담 등이 있다.

(1) 다문화가족지원센터에서 이루어지는 부모교육 프로그램

2016년에 12개 다문화가족지원센터에서 실시한 부모교육 프로그램을 정리하면 아래 〈표 10-3〉과 같다(송혜림, 전숙영, 김경은, 2016). 프로그램의 주제를 분류하면 이중언어교육, 영양 및 건강, 부모성장교육 및 부모자녀 관계 증진, 학교입학 준비 및 생활지도, 아버지 교육으로 나뉠 수 있다. 또한 교육형태는 센터로 부모가 와서 교육을 받는 집합교육과 방문교사가 개별 가구로 방문하여 실시하는 방문교육으로 나뉠 수 있다.

〈표 10-3〉 2016년 다문화가족지원센터 실시 부모교육 프로그램 요소별 분석

요소	프로그램명	대상	생활주기	회기/시간	단계	구성	접근법
이중 언어 교육	• 이중언어 환경조성을 위한 부모교육 프로그램(2015, 매뉴얼/활동지)	다문화 가족부모	영 · 유아기	2시간씩 6회기	도입-전개 -마무리	매뉴얼과 활동지	센터 집합 교육
영양 및 건강	• 임신, 출산, 영아기 부모교육(2015, 매뉴얼/활동지)	다문화가족 어머니(결혼 이민자 여성)	임신, 출산, 초기 (방문 지도사 찾아가는 교육	2시간씩 20회기	도입-전개 -마무리	매뉴얼과 워크북	방문 교육
	• 임신, 출산, 영아기 건강교육(2015, 매뉴얼/활동지)	다문화 가족부모	임신, 출산, 영아기 (방문지도사 찾아가는 교육)	2시간씩 20회기	도입-전개 -마무리	매뉴얼과 워크북	
	• 방문부모교육 (유아기) 매뉴얼(2015)	다문화 가족부모	유아기	2시간씩 20회기 (주 2회 총 40회기)	도입-전개 -마무리	매뉴얼과 워크북	
	• 영양 및 건강지도 프로그램(2010)	다문화가족 어머니(결혼 이민자 여성)	특별히 지정하지 않음	20회기	도입-전개 -마무리	교육프로 그램	지정하지 않음

요소	프로그램명	대상	생활주기	회기/시간	단계	구성	접근법
부모 성장 및 관계 증진	• 부모교육 및 상담지침서(2010)	다문화 가족부모	발달 단계별	해당 없음	해당 없음	지침서	방문 (언어 발달 지도사)
	• 부모성장 프로그램 (2010)	다문화 가족부모	특별히 지정하지 않음	90분씩 20회기	도입-전개 -마무리	매뉴얼과 활동지	방문 교육
	• 부모자녀 관계 증진프로그램(2010)	다문화 가족부모	영유아기/학령기 자녀 이해 부분포함	20회기	도입-전개-마무리	매뉴얼과 교재 (부모용)	방문 교육
	• 부모자녀 관계 향상 프로그램매뉴얼/워크북(2009)	다문화가족 어머니(자녀 참여 가능)	유아기	2시간씩 8회기 (주 1회)	목표-내용 (다양한 요소로 구성)	매뉴얼과 워크북 (활동집)	센터 집합 교육
	• 부모교육 프로그램(2014)	다문화가족 어머니(결혼 이민자)	영유아기/ 학령 후기	60~90분 총 6회기	도입-전개 -마무리	매뉴얼과 워크북	센터 집합 교육
취학 준비 및 생활 지도	• 생활지도 및 학교입학 준비 프로그램(2010)	다문화가족 양육자(부모)	취학 전~ 초등 재학 (12세)	90~120분 총 20회기	도입-전개 -마무리	매뉴얼과 워크북	방문 교육 (아동 양육 지도사)
아버지 교육	• 다문화가족 아버지 교육 프로그램(2009, 매뉴얼/워크북)	다문화가족 아버지	특별한 지정 없음	2시간씩 5회기(1주에 1회)	도입-전개 -정리	매뉴얼과 워크북	센터 집합 교육

출처: 송혜림, 전숙영, 김경은(2016). xxiii~xxv 재정리.

다문화가족지원센터에서 제공하는 부모교육 프로그램은 다문화 부모에게 자녀 성장과정과 양육방법과 관련된 다양한 전문적 지식이나 정보를 제공하고 있다. 또한 부모가 부모의 역할을 효능감을 가지고 수행할 수 있도록 자녀와의 의사소통 기술, 감정 수용 등 자녀 양육 기술을 습득할 수 있도록 한다. 그리고 외국 출신의 부모가 자신의 정체성, 신념을 명료하게 가질 수 있도록 도와줌으로써 자신의 자녀가 정체성을 바르게 가질 수 있도록 돕는 역할을 할 수 있게 한다. 또한 다문화 가정이 학교와 사회에서 만나는 문제를 해결할 수 있는 능력을 증진하여 건강한 가정으로서 한국 사회에 적응할 수 있도록 돕는다.

(2) 멘토링 프로그램

멘토링은 이주여성을 훈련하여 멘토로 육성하는 프로그램과 한국 부모가 멘토가 되어 이주여성을 돕는 두 가지 유형이 있다. 2016년 사단법인 한국 청소년 심리상담 협회가 개발한 '사랑으로 이웃을 품은 따뜻한 마을'은 다문화 부모를 멘토로 육성하는 프로그램이다. 총 10회기로 구성된 다문화 부모교육 프로그램으로 7년 이상 국내에 거주한 이주여성이 멘토로 지원할 수 있다. 사랑방 상담사 과정은 먼저 한국에 온 이주여성이 자신을 이해하고 자녀 문제 및 가족 갈등 문제를 해결할 수 있도록 훈련을 받은 후, 이주한 지 2년 미만의 다른 이주여성을 도울 수 있도록 한다. 또한 20명의 다문화 이주여성을 선정하여 미술치료 상담과정을 가지며, 가족 의사소통 프로그램을 통해 가족과 친밀한 의사소통을 할 수 있는 능력을 개발하며, 자녀 양육에 필요한 부모교육을 받도록 하고 있다. 이 프로그램을 이수한 다문화 이주여성이 다문화 전문 상담사가 되어 자신과 동일하게 한국 사회 적응과 자녀 양육의 어려움을 경험하는 새로운 이주 여성과 그 가정을 지원할 수 있도록 하는 순환 구조를 가지고 있다. 일대일 멘토링을 통해 동일한 경험을 가진 다문화 여성이 다른 다문화 여성을 서로 돕는다는 강점을 가지고 있으며, 또한 전문 상담가로 육성되기 때문에 다문화 부모가 독립적 주체로서 사회에 참여하며 자신의 역량을 개발하게 한다.

한국 부모와 다문화 부모를 상호 연결하는 멘토링은 지역 도서관을 중심으로 독서 멘토링 프로그램에서 활용사례를 볼 수 있다. 독서 멘토링 프로그램은 한국 지역사회 교육협의회가 개발한 '다문화가족 부모세움 프로젝트'나 인천광역시 중앙 도서관에서 운영하는 '리딩으로 행복찾기!: 책으로 소통하는 다문화 세상(20회)', 부산광역시립시민도서관의 '다문화 가정을 위한 엄마표 독서 멘토링 프로그램(15회)' 등이 있다. 한국 부모로부터 언어지도 및 학교 교육과 자녀 교육 멘토링을 코칭의 형식으로 함께 공유하여 다문화 이주여성이 향상된 한국어 능력을 가지며, 자녀의 한국어 및 학업 지도 능력을 가질 수 있도록 한다.

(3) 코칭 프로그램

다문화가족 부모역량강화 프로그램(이명숙, 2011)은 다문화가족 부모의 역량강화와 자기 효능감을 목적으로 코칭을 제공하는 프로그램이다. 다문화 부모가 가지는 스트레스를 주변의 사회·정서적 지지를 통해 완화시키며 자기 강화를 통해 부모 효능감을 가지도록 구성되어 있다. 부모의 가치와 역할 발견하기, 자기 지지하기, 대화하기, 성장하기로 프로그램이 구성되어 있다. 부모 자신이 가진 강점을 기반으로 자신의 역할을 재발견하고 양육에 있어서 문화적 차이를 발견하고 현대적 부모의 역할을 탐색하여 긍정적인 부모 역할을 인식하도록 하고 있으며 부모 코칭의 경험을 제공하고 있다.

〈표 10-4〉 다문화가족 부모역량 프로그램 구성요소(이명숙, 2011)

<table>
<tr><th>구성요소</th><th>회기</th><th>목표</th><th>프로그램명</th><th colspan="2">세부목표 및 내용</th></tr>
<tr><td rowspan="4">발견하기</td><td rowspan="2">1</td><td rowspan="4">부모 신뢰감 증진</td><td rowspan="2">부모 자신의 가치 발견</td><td>목표</td><td>프로그램에 대한 이해와 자신의 가치를 발견하고 존중할 수 있도록 돕는다.</td></tr>
<tr><td>내용</td><td>• 프로그램에 대한 오리엔테이션(소개 및 ice breaking)
• 자신의 욕구 찾기
• SWOT를 통한 자기 강점 발견하기
• 가족구성원의 강점 발견하기
• 강점을 강화할 수 있는 방법 찾기
• 강점 기술 익히기 및 실습</td></tr>
<tr><td rowspan="2">2</td><td rowspan="2">부모 역할의 재발견</td><td>목표</td><td>부모 역할의 재발견(점검)을 통한 역량 있는 부모 자신을 발견함으로써 자신감을 갖도록 돕는다.</td></tr>
<tr><td>내용</td><td>• 부모 역할과 자녀양육(교육)에 있어서의 문화적 차이 발견
• 전통적 부모와 현대적 부모의 역할 탐색
• 자녀양육과 부모 역할에 적용되는 긍정적 역할 발견하기</td></tr>
</table>

<table>
<tr><th>구성 요소</th><th>회기</th><th>목표</th><th>프로그램명</th><th colspan="2">세부목표 및 내용</th></tr>
<tr><td rowspan="4">지지 하기</td><td rowspan="2">3</td><td rowspan="4">부모 효능감 향상</td><td rowspan="2">자기 지지</td><td>목표</td><td>자기 강화를 통해 자존감, 자기 효능감, 양육 효능감 향상을 돕는다.</td></tr>
<tr><td>내용</td><td>• 긍정의 힘으로 긍정적 자아 찾기
• 자기 보상 방법 찾기
• 자기 인정 및 자기 강화 기술 습득 및 적용</td></tr>
<tr><td rowspan="2">4</td><td rowspan="2">사회적 지지</td><td>목표</td><td>정서적 지원체계를 탐색하고 활용하여 가정 내 겪는 어려움, 스트레스, 위기, 역경 등을 극복하도록 돕는다.</td></tr>
<tr><td>내용</td><td>• 가족 내 구성원들의 역할 점검 및 지원 방법 발견
• 주변의 자원(인적 자원, 물적 자원 등) 찾기 또는 만들기
• 멘토 되기</td></tr>
<tr><td rowspan="4">대화 하기</td><td rowspan="2">5</td><td rowspan="4">의사 소통 능력 기르기</td><td rowspan="2">핑퐁 의사 소통 하기</td><td>목표</td><td>부모 자녀 및 가족 관계에서의 효율적인 의사소통 능력을 기른다.</td></tr>
<tr><td>내용</td><td>• 결혼이야기를 통해 결혼에 대한 자신의 생각과 느낌을 표현하기
• 대화를 방해하는 요인 찾기
• 효과적인 대화기술 습득하기(경청, 질문, 칭찬 등)</td></tr>
<tr><td rowspan="2">6</td><td rowspan="2">갈등 해결 하기</td><td>목표</td><td>일상생활에서 경험하는 어려움 및 갈등을 살펴보고 스트레스 및 갈등을 효과적으로 해결하는 방법을 습득하도록 돕는다.</td></tr>
<tr><td>내용</td><td>• 경험한 스트레스나 갈등을 brainstorming 하기
• 양육 스트레스 대처하기
• 갈등 다루기
• 긍정적 관계 맺기</td></tr>
<tr><td rowspan="4">성장 하기</td><td rowspan="2">7</td><td rowspan="4">자기 관리 능력 기르기</td><td rowspan="2">부모 사명 인식 하기</td><td>목표</td><td>자녀에 대한 의사결정 행동의 주체인 부모로서의 독특한 목표와 사명을 발견하여 부모로서 자긍심을 갖고 효과적인 역할을 수행할 수 있도록 돕는다.</td></tr>
<tr><td>내용</td><td>• 역량 있는 부모 되기 위한 목표 세우기(SMART)
• 부모 사명서 작성 및 발표</td></tr>
<tr><td rowspan="2">8</td><td rowspan="2">유능한 부모로 성장 하기</td><td>목표</td><td>유능한 부모로서 성장하기 위하여 부모 되기 목표를 객관화하고 부모로서 힘이 되는 말과 행동을 통해 자기 관리 능력을 함양한다.</td></tr>
<tr><td>내용</td><td>• 주도적인 부모 되기
• 시너지 활용하기
• 역량 있는 부모로서의 동기화하기</td></tr>
</table>

(4) 자조 모임

자조 모임은 특별한 목적을 성취하기 위해 조직된 자발적인 모임으로 문제행동을 해결할 수 있도록 상호 돕는 동료 집단이다. 자조 모임은 참여하는 구성원이 동일한 상황에 처해 있어 상호 교류를 통해 자신의 현재 상태에 대해 객관적으로 볼 수 있는 시각과 해결 방법을 얻을 수 있도록 하며, 상호 피드백을 통해 스스로 자신의 태도나 행동을 쉽게 바꿀 수 있다. 또한 유사한 경험을 공유한 사람들과의 의사소통을 통해 지지, 자신감, 변화의 동기를 가질 수 있다. 다문화가족지원센터에서는 다문화 가정의 결혼이민자, 남편, 시어머니 등 대상별 자조 모임을 형성하여 정보 교류, 문화예술 활동, 봉사 활동, 가족관계 향상, 자기역량 강화, 지역에 재능 기부의 기회를 가지도록 하며, 개별 가정이 사회에 안정적으로 정착할 수 있도록 지원한다.

(5) 홈페이지를 활용한 다문화 부모교육 프로그램

다누리는 여성가족부가 운영하는 다문화가족 지원포털(https://www.liveinkorea.kr)이다. 여기에서는 다문화 부모가 필요한 교육정보, 생활정보, 취업·채용 정보를 제공하고 있다.

교육정보는 자녀 양육과 진로 두 주제하에 개발되어 있다.

자녀 양육에서는 자녀를 키우면서 필요한 교육주제–형제자매 키우기, 애착, 훈육, 놀이, 베이비 마사지 방법, 아기 수면교육 방법, 동화구연, 연령별 언어 자극 놀이, 장난감을 활용한 아이 발달, 이유식 정보, 아빠 양육 놀이법에 대해 그림을 삽입한 짧은 카드 형식으로 교육 자료를 제작하고 홈페이지에 탑재하여 누구나 장소 시간에 얽매이지 않고 무료로 사용할 수 있다. 최근 교육 프로그램은 영어, 중국어, 일본어, 베트남어, 필리핀어로도 함께 제작되어 있어 한국어에 미숙한 부모도 자신의 모국어도 교육받을 수 있다.

진로에서는 학부모 및 자녀의 진로 개발, 학교에서의 적응을 위한 매뉴얼, 교사를 위한 학적관리 및 다문화 학생 진로·진학 지도 매뉴얼, 학교 및 방학 생활 지도, 한국교육제도를 소개하고 있다. 특히 6차시로 된 '한국 교육제도와 진학정보'는 한글, 영어, 중국어, 베트남어, 일어, 러시아어로 제작된 애니메이션 동영상 프로그램이다. '한국의 학교제도 소개', '초등학교 입학 준비', '초등학교 하루 일과, '초등학교 생활지도', '숙제 및 학습지도', '초등학교 졸업 후'라는 주제로 구성되어 있어 한국 학교 경험이 없는 학부모의 이해를 도우며 자녀의 학업 지도를 도울 수 있도록 개발되었다.

(6) 전화 상담

다누리 콜 센터는 여성가족부가 지원하는 전화 상담 프로그램이다. 전국 어디서든지 1577-1366 전화번호로 접속하면 1년 365일 24시간 교육 및 상담을 받을 수 있다. 결혼 이민 여성의 정착 단계 및 다문화가족의 생애 주기에 따른 맞춤형 종합 서비스를 제공한다. 지원하는 서비스는 종합 생활정보제공(다문화가족지원 안내, 체류, 국적, 법률, 노동, 취업 정보제공), 생활통역 및 3자 통화서비스(가족 내 의사소통 지원), 가족상담 및 부부 상담(가족갈등 해소를 위한 상담), 변호사 상담, 폭력피해 긴급지원 및 사후 관리 등에 대한 상담 및 안내를 제공하고 있다.

2. 국외 다문화 부모교육 프로그램

본 절에서는 우리나라보다 먼저 다문화교육을 실시한 미국, 캐나다, 호주, 뉴질랜드, 독일, 일본의 간략한 다문화 사회 형성과정과 다문화 부모교육 프로그램 사례에 대해 살펴보고자 한다.

1) 미국

미국의 다문화, 다인종 형성은 역사적으로 몇 가지 단계로 나뉜다. 17세기 유럽인이 종교의 자유, 사업, 형벌 등의 이유로 북아메리카로 이주하면서 백인과 북아메리카 원주민 사이의 싸움이 시작되었다. 또 목화 농장의 노동인력을 충당하기 위해 아프리카 원주민이 노예로 잡혀서 강제로 이주하게 되었다. 20세기에는 아메리카 드림을 꿈꾸며 전 세계로부터 다양한 인종과 문화를 가진 이민자들이 이주하게 되었다.

미국의 초기 다문화교육은 학교에서 영어만 사용해야 하는 백인문화에 대한 동화정책을 지향하였지만 1960년대 흑인 민권운동의 영향으로 소수 인종의 문화, 정체성, 언어, 고유성을 중시하는 다문화주의로 전환되고 있다(김천기 외, 2013; Johnson, 1996).

(1) 신나는 부모 되기 프로그램(Incredible Years Parenting Programs)[1)]

'신나는 부모 되기 프로그램'은 미국 헤드 스타트 프로그램에서 문제 행동을 보이는 아동의 부모를 대상으로 한다. 영아기(0~1세), 유아기(1~3세), 취학 전기(3~6세), 취학년기(6~12세)로 자녀 연령별 부모교육이 있으며, 매회 2~3시간 소요되며 자녀의 연령대에 따라 12~20주 프로그램이 개발되어 있다.

프로그램은 부모의 일상 공개, 집단 토의, 강연 등으로 구성된 집단 세션이 있으며, 개인 방문 유형도 있다. 집단 세션은 먼저 각 부모가 비디오로 녹화한 2분의 일상 일화를 매시간 다른 참여자들과 함께 시청한 후, 경험 있는 사회복지사로 구성된 인도자의 사회로 부모와 자녀 간의 상호작용에 대해 그룹 토론을 실시한다. 이 시간을 통해 부모는 문제를 해결하며, 자기 관리와 역량을 개발하며 그룹과 지도자는 참여 부모를 상호 격려하는 지지환경을 만든다. 집단 세션은 부모자녀 간의 상호작용, 양육관계, 엄한 훈육 교정, 아동의 사회성, 정서, 언어발달 지도를 위한 부모역량 개발을 내용으로 한다.

1) http://www.incredibleyears.com/programs/parent/

프로그램 안에 포함되는 주제는 아이와 놀아주기, 학습 도와주기, 아이가 최선을 다해 노력한 것을 격려하고 칭찬하기, 효율적인 규칙 정하기, 잘못된 행동 교정, 아동에게 문제해결방법 교수하기, 참여 부모 간 지지 및 격려하기 등으로 구성되어 있다. 또한 자녀의 취학 준비, 학교에서 교사와 협력적 관계 형성하기, 학교 활동 참여하기에 대해서도 배운다. 이 교육을 통해 부모가 자녀의 사회성과 자기 조절능력을 향상하며, 문제행동을 억제할 수 있도록 학교와 협력하는 동반자가 되도록 한다. 이 프로그램은 사회 학습 이론, 애착 증진과 부모자녀 관계 향상에 대한 이론을 기반으로 하고 있다.

영어에 익숙하지 않은 부모를 위해 베트남어나 스페인어로 운영하는 프로그램도 개설되어 있다. 또한 집합 교육 참석이 어려운 부모를 위한 가정 방문 프로그램이 개발되어 있으며, 전체 프로그램을 압축하여 진행하는 압축형 프로그램도 있다(Webster-Stratton, Reid, & Hammond, 2001).

(2) PACER 센터

미네소타 부모교육 및 정보지원 센터인 PACER 센터는 미국 연방 교육부의 특수교육부서의 재원 지원을 받고 동영상 제작과 무료 워크숍 제공을 통해 다문화 부모교육을 진행하고 있다. 다문화 부모교육의 목적은 다문화 가정 아동이 학교에서 적응하며 학습 부진에 빠지지 않도록 학부모가 학교와 동반자로서 함께 자녀 교육에 참여하여 지원하는 것이다(Pacer Center, 2017). 센터 홈페이지에 다문화 부모가 자녀의 학교교육에 대해 알아야 할 내용을 9~15분 정도의 짧은 동영상으로 제작하여 탑재하고 있다.[2] 동영상은 자녀의 학교에서 적응, 함께 읽기, 다문화 자녀를 지원하는 교사의 세 가지 주요 팁, 도전적 학습을 내용으로 하며, 영어, 스페인어, 멍족어로 제작되었다. 자녀교육에서 부모와 가족이 함께 참여하여

2) http://www.pacer.org/cultural-diversity/

지원하는 방법을 연구 개발하여 제공하고 있다.

PACER 센터는 다문화 부모 대상 무료 워크숍을 운영하고 있다. 개설된 워크숍 강의는 실시간으로 웹으로 중계되어, 거리상, 시간적 여건으로 워크숍에 참석하지 못하는 부모도 부모교육을 받을 수 있다. 2017년 10월에 개설되는 워크숍 주제는 "바람직한 행동, 긍정적 지원과 성공적인 학교생활", "개별화 교육프로그램(IEP)", "자녀의 개별화 교육에 대한 부모의 동반자 역할", "컴퓨터 기술", "특수교육을 받는 자녀의 10개의 성공 팁", "난독증", "학교 선생님들과 의사소통하는 팁", "개별화 교육팀과 부모의 효과적인 의사소통하기", "유치원교육에서의 특수교육중재", "과학교육", "일상 집안 꾸미기" 등이다. 다양한 연령층의 필요에 맞는 내용을 워크숍 주제로 삼아 모든 부모에게 프로그램을 제공하고 있다. 매달 반복개설이 되는 주제도 있으며, 또한 새로운 주제가 추가되기도 한다. 학교에서의 적응을 위해 학교 교원과 의사소통하기와 학생의 개인적 수준과 필요에 맞춘 개별화 교육에 대한 부모 이해와 참여 그리고 집안 꾸미기, 직장 구하기 등 부모의 경제적·실제적 필요는 다문화 부모교육에서 중요한 내용이다(Pacer Center, 2017).

(3) 동남아시아 이주민 청소년 성공지지 부모교육 프로그램(HYS, Helping Youth Succeed Curriculum: Bicultural Parenting for Southeast Asian Families)

미네소타 주립대학에서 운영하는 프로그램으로 멍족과 크메르, 라오스, 베트남 국가 등 동남아시아의 이민자들을 대상으로 이들 자녀의 학교 적응, 가족의 적극적인 교육 참여, 부모가 속한 지역 공동체와 학교와의 유기적 관계 형성 전략을 프로그램 내용으로 하고 있다. 미국으로 이주하기 전에 이민자들이 도시 출신인지 농촌 출신인지, 또 이들의 종교는 무엇인지 등을 고려한다. 또한 미국적인 사고에 앞서 이들이 가지고 있는 가치, 경험, 문화를 존중하는 틀에서 부모교육을 실시한다. 미국의 교육정책에 대해 설명하고 부모의 학교 교육에 적극적인 참여를 독려한다. 특히 취학기의 만 4~5.5세 아동을 둔 부모를 대상으로 하고 있다. 학습 지원, 학교 입학, 부모와 자녀와의 관계 형성을 내용으로 하며, 학부모가 필요로 하는 내용을 홈페이지에 탑재하여, 모든 사람에게 정보를 개방한다.

〈표 10-5〉 HYS 프로그램의 내용

세부주제	학습 지원	학교 입학	부모와 자녀와의 관계
자료	• 학교 성적 • 학교 숙제지원 • 숙제와의 싸움 최소화 • 결석 • 성공적 양육 • 방학 동안의 학습 정체 • 개학 • 즐거운 학교생활 • 학교와의 성공적인 관계 • 발견학습 • 방학 보내기 • 자발적 학습 기회 증진	• 유아대상 – 유치원 입학 준비 – 5~6세 아동의 행동 변화 – 친구 사귀기 • 청소년대상 –방과 후 집에서 시간 사용 –일등이 전부가 아님 –진로 모색 –도전적인 삶 모색 –평생교육 –대학 입학	• 긍정적 행동 강화하기 – 행동 모니터링하기 – 본이 되는 행동 격려하기 – 책임감 있는 아동 만들기 – 자아 존중감 높이기 • 시간 모니터링하기 – TV 시청 – 비디오 게임 – 인터넷 사용 • 부적절 행동에 대한 수정 – 바람직한 훈육 – 타임 아웃 – 행동에 대한 책임, 결과 설명 – 체벌 – 아동의 분노 조절 – 부모의 분노 조절

출처: University of Minnesota extension(2017). 요약 재구성.

2) 캐나다

16세기에 유럽에서 캐나다로 백인들이 건너오면서 백인 유럽인과 캐나다에 원래부터 거주하던 원주민 간의 갈등이 생겼으며, 백인들은 원주민을 보호구역 안에 격리하고 동화하는 정책을 취하였다. 그리고 백인의 주류인 영국과 프랑스에서 온 이민자들에 의해 양 민족 간의 갈등이 있어 왔다. 19세기 말 이주하는 중국인을 막기 위해 캐나다는 중국인 배척법 제정, 투표권 제한 등 유색인종 차별과 억압정책을 취하여 왔다. 1967년 민족, 인종 등의 배경과 상관없이 일정한 자격요건만 갖추면 시민권을 받을 수 있는 이민 정책이 만들어지면서, 캐나다는 투자 이민과 고학력 이민자 유치로 매년 20만 명 이상이 이민을 오는 다문화 이민국가 되었다. 캐나다는 1971년 세계 최초로 다문화주의 정책을 공식화한 국가로 한 문화가 지배문화가 되지 않고 각각의 다양한 문화가 가진 고유성과 개별성을 인정하는 '모자이크 다문화주의'를 표방하고 있다(조원탁 외, 2014).

(1) 성공 프로그램(S.U.C.C.E.S.S.)

성공 프로그램(S.U.C.C.E.S.S.)은 베트남, 소말리아, 시리아 등의 국가에서 정치적 이유로 캐나다에 입국한 난민자를 위한 부모교육 프로그램으로 비영리단체가 1973년 시작하였다. 프로그램은 난민 부모가 캐나다에 적응하면서 가지게 되는 실제 문제인 직업 및 주택 구하기, 영어 습득 등에 대한 지원을 한다. 또한 자녀 교육과 관련해서는 아동발달의 중요성과 아동발달 서비스 정보 및 활용 방법을 알려준다. 이 프로그램 안에는 중국어, 한국어, 중동어로 운영하는 '완벽한 부모는 없어'라는 8회기로 구성된 부모교육이 포함되어 있다. 영유아기 자녀를 키우는 데 필요한 지식, 기술, 자기 효능감을 육성하며 다문화 가정 간에 네트워킹을 제공하여 상호 공동의 문제를 가진 부모끼리 서로 문제를 협력하여 해결할 수 있도록 돕고 있다. 부모들 간에 자녀 안전 문제, 아동 발달, 훈육 등 문제에 대해 상호 의논하는 자조 모임을 제공하는 것이 큰 특징이다.

자녀의 학교 교육에 있어 부모의 적극적인 개입과 자녀에 대한 긍정적인 기대는 자녀의 학업 성적과는 정적인 상관관계가 있다(Ennab, 2017). 하지만 난민 부모의 자녀 교육 참여가 저조하기 때문에 교사들은 난민 부모가 교육에 관심이 없다고 생각하거나 자녀 교육에 부모가 오히려 가로막는 벽이 된다는 결핍 사고를 가진다(Pasic, 2014). 이런 교사가 가진 결핍사고를 수정하며, 부모가 적극적으로 자녀 교육에 관심을 가지고 관여하는 것이 중요하다. '성공' 프로그램은 난민 부모가 자조 모임을 통해 학교 교육에 적극적으로 관여하며 자녀의 성공에 대한 긍정적 확신과 기대를 가지도록 한다.

(2) 부모교육 프로그램 '완벽한 부모는 없어' (Nobody's Perfect)[3)]

'완벽한 부모는 없어 프로그램'은 만 5세 이하 자녀를 둔 미혼모나 이혼한 한부모 가정, 사회적·경제적 소외계층 가정이나 다문화 가정, 낮은 학력배경을 가진 부모를 대상으로 하는 프로그램이다. 긍정적인 양육 방법, 자녀의 신체적 건강과 안전, 자녀행동 이해하기, 부모의 자긍심과 문제 해결능력 향상, 자조능력 향상, 지역 공동체 지원과 자원 도움받기, 가정폭력 방지 등을 프로그램 내용으로 한다. 자신의 환경과 자녀 연령이 비슷한 부모를 만나서 자신이 가진 문제, 염려, 질문 등을 함께 논의하고 자녀의 발달과 행동에 대해 배우며 양육경험을 함께 이야기하고, 프로그램 인도자의 도움을 받으면서 긍정적인 양육 방향을 모색한다.

3) 호주

호주는 영국의 백인들의 건너와 식민지를 세우면서 호주에 살고 있던 원주민을 탄압하고, 유색 인종을 멸시하는 백인 중심의 배타적 동화주의를 취하여 왔다. 호주는 1973년 백호주의를 공식적으로 폐지한 후 이민자가 급증하여 200개 인종과 100개의 언어가 사용되는 다문화 국가이다. 현재는 동화주의 정책 대신 편견과 인종차별주의를 배제하고 다양한 문화를 인정하면서 사회적 통합과 시민 권리 보호를 강조하고 있다(이혜진, 2009; 전우홍, 2008).

(1) 3P 프로그램(바람직한 양육 프로그램, Positive Parenting Program)

이민자 가정이 가지는 학교 정보의 부재와 부부 갈등은 스트레스를 가져온다. 호주 퀸즐랜드 대학의 매튜 R. 샌더스와 그 동료는 이민자 가정이 스트레스를 받는 상황에서 자녀 양육 문제 해결을 지원하기 위해 3P 프로그램을 시작하였으며,

3) http://cbpp-pcpe.phac-aspc.gc.ca/intervention/391/view-eng.htm

현재 25개국에서 사용하고 있다. 사회학습이론, 인지행동주의, 발달이론을 기초로 개발된 프로그램으로 가정이나 학교에서 아동의 행동, 정서 문제의 예방과 해결을 모색한다. 초등학생용과 중고등학생용 두 개로 나누어져 있으며, 장애 자녀를 둔 부모, 이혼한 부모, 비만 자녀나 원주민 자녀를 둔 부모로 범주화하여 각 부모 유형별로 개발되었다. 개인 상담, 집단 과정, 세미나, 온라인 상담 등 다양한 교수방법을 활용하여 이민자 부모를 지원하고 있다.

바람직한 양육 프로그램의 원리는 다음과 같다(Wikipedia, 2017).

- **안전하고 몰입할 수 있는 환경**: 전 연령의 아동이 주변을 탐구하고, 놀 수 있는 안전한 환경을 제공하여 건강한 전인 발달을 할 수 있는 환경을 지원한다.
- **긍정적인 학습 환경**: 부모가 아동의 인지 욕구에 긍정적으로 반응하며, 아동이 문제를 스스로 해결해 나갈 수 있도록 협력적 조력자의 역할을 한다.
- **효과적 훈육**: 부모가 신체적 체벌, 고함지르기 등 비효과적인 훈육 대신, 특정 상황에 대한 일반 규칙 정하기, 자녀와 토론을 통한 명확한 규칙 정하기, 적절한 타임아웃 사용 등 효과적 훈육 방법을 학습한다.
- **현실적 기대**: 부모가 자녀의 바람직한 성장과 발달에 대한 현실적 기대를 가진다.
- **자기 효능감**: 양육의 실제 기술을 배움으로써 양육을 통해 부모로서의 삶의 만족, 자기 효능감, 자원 등을 향상한다.

4) 뉴질랜드

800년 전 마오리 민족이 뉴질랜드에 와서 정착한 후 18세기에 유럽인이 이민을 오면서 마오리 민족에 대한 억압, 차별, 불평 등 문제가 생기면서 뉴질랜드는 두 개의 문화가 양립하는 국가가 되었다. 뉴질랜드는 백호주의 정책을 취하여 1970년

대까지도 유럽계 특히 영국계 백인만의 이민을 허락하여, 사회적으로 마오리 문화와 백인 문화만이 존재하는 '이중문화주의'를 표방하였다. 1987년 유럽계 백인 국가가 아닌 다른 나라로부터의 이민을 허락하는 이민법이 제정되어, 아시아의 이민자들이 증가하여 뉴질랜드는 다문화국가가 되고 있지만 공식적으로는 이중문화주의를 지속적으로 표방하고 있다(신지원 외, 2011).

(1) 지역 이민자 교육코디네이터(Regional Migrant Education Coordinators)

이민자 학부모 중에서 이민자 교육 코디네이터를 선발하고 교육한 후, 다문화 학생이 많은 학교에 근무하면서, 학교, 다문화 가정, 지역 사회 간의 파트너십을 증진하도록 한다. 이는 이민자 학부모의 고용 증진 및 자신감을 형성하게 하며, 이민자 자녀의 자존감과 학교 적응에도 긍정적으로 영향을 미친다. 다문화 부모교육이 일방향적 교육에 그치지 않고 쌍방향적 교육으로 되어 다문화 부모가 사회에 적응하며 기여하는 역할을 하게 한다(김은영, 문무경, 김문희, 박수연, 2020). 영어 이외에 중동어, 소말리어, 크메르, 중국어, 한국어, 힌디어로 된 학교 입학절차, 규칙, 양육자의 의무, 출·결석, 등록금, 교복, 학교규칙, 과제, 학기, 휴일과 방학, 가정의 역할 등에 대한 책자도 제작하여 배포하고 있다.

5) 독일

독일은 1950년대 중반 산업분야의 노동력 부족으로 인해 비유럽국가로부터 이주 노동자를 받아들이면서 외국인 이주민이 크게 증가하게 되었다. 최근 독일은 터키 출신을 포함한 무슬림이 가장 많이 거주하는 유럽국가 중 하나이며, 시리아 내전 이후 시리아 난민을 수용하는 EU의 정책을 따르고 있다. 2013년 현재 독일 전체 인구의 약 8.7%가 외국인이다. 많은 외국인이 독일에 거주함에도 불구하고 독일은 속인주의를 바탕으로 이주민에 대해 배타적 동화주의를 표방하여 왔다. 최근 이주 노동자 자녀의 낮은 학업성취도 문제와 통일 후 동독에서 온 이주민의 사회 적응 등이 문제가 되면서 다문화교육에 대한 사회적 관심이 높아졌다(금혜성, 임지혜, 2010). 취학 전 발생하는 독일어 격차를 좁힐 수 있도록 독일어 교육 프로그램을 이민자 가정 및 부모에게 제공하고 있다. 베를린주의 경우 이민자 가정의 유아는 초등교육을 시작하기 전에 의무적으로 2년 이상 유아 프로그램에 참여함으로써 충분한 독일어 능력을 갖추도록 하고 있으며, 이민자 부모의 학교운영위원회 참여를 강조하고 있다(김은영, 문무경, 김문희, 박수연, 2010).

(1) 부모대상 언어 교육 프로그램

독일어 능력 격차가 학력 격차의 원인이 되기 때문에 독일에서는 취학 전 아동이 있는 외국인 가정을 방문하여 자녀에게 독일어를 교육하는 프로그램이 실시되고 있다. 이중 아이와 함께 부모를 대상으로 독일어 교육을 실시하며 자녀교육에 대한 정보도 제공하는 프로그램이 있다. '배낭(RUCKSACK)'과 '독일어를 배우는 엄마(Mama lent Deutsch)'라는 프로그램이 대표적인 사례이다(이신동 외, 2015).

(2) 헤센주 이주민 학부모 대상 부모교육 프로그램

아이-학교-부모(Klesel: Kind-Schule-Eltern) 프로그램은 이주민 학부모가 독일 학부모보다 네트워크 결속력이 약하고 독일 학교 체계에 대한 정보가 부족한 문제를 해결하고자 개발되었다. 아이-학교-부모 프로그램은 학교 교육에 대한 정보 공유, 학교에서의 학부모 활동 참여, 학부모 간의 강한 유대를 강조한다(최영미, 2014).

이주민 전문가-부모 도우미(Stadtteilmütter-Elternlotsen) 프로젝트는 이주민 중 전문가를 육성하여 이주민과 교육기관을 연결하는 중간 매개 역할을 수행하도록 한다. 학부모 방문 활동, 학부모 카페, 문화 센터, 쉐어 하우스, 가정상담소 등의 활동을 제공하여 이주민 가정 부모를 교육하는 데 목적을 가지고 있다. 이주민 가정 부모가 학교뿐 아니라 자신이 속한 이웃, 공동체와 적극적인 교류를 하며 네트워크를 형성할 수 있는 기회를 제공하여 이주민의 사회 통합에도 영향을 미친다(최영미, 2015).

6) 일본

일본은 다문화교육에 대해 사회통합의 의미를 가진 다문화 공생 정책을 가지고 있다. 정부보다는 지방자치단체를 중심으로 다문화 공생정책을 수립, 지원하고 있다. 다문화 공생정책은 일본 사회에 거주하는 다문화 가정을 일본 사회의 외부자로서 일정 기간 거주하는 자로 간주하기보다는 사회의 구성원으로서 역할을 하는 공생관계자로 보고 함께 사는 사회 수립에 관심을 두고 있다. 다문화 사회 복지사를 중심으로 다문화 가정이 직면한 다양한 문제를 지원하고 해결하려 하고 있다(김범수, 2007).

⑴ 영유아 보육 기관 및 유치원에서의 다문화 부모교육

일본 보육기관 및 유치원의 약 25%가 외국 국적 영유아를 교육하고 있으며, 일본출생 영유아의 35명 중 1명은 부모 중 한 명이 외국적 출신으로 보고되었다(渋谷惠, 2006 재인용). 일본에 거주하는 다문화 부모가 가진 어려움은 영유아 보육기관의 교육비 부담, 일본어로 된 행정적 문서 작성의 어려움, 육아 정보, 타 문화에 대한 교사의 이해와 관심 부족, 다양한 문화에 대한 존중감 부족 등이다(현정환, 2008). 따라서 보육기관에서 실시하는 다문화 부모교육은 부모들 간의 교류 지원, 부모와 자녀 간의 의사소통 및 상담 지원, 언어문제에 대한 지원, 자녀가 속한 교육기관 행사 부모 참여 유도 지원, 지역 공동체와의 연결 지원, 부모 교실이나 부모교육 지원을 내용으로 하고 있다.

교육기관은 부모들 간의 자조 모임을 가장 많이 지원하는 데, PTA 활동이나 학교나 유치원의 행사 참여유도 등을 통해 부모 간의 교류가 활발하게 되면, 다문화 부모의 사회 적응과 육아 불안을 해소하는 데 상호 도울 수 있기 때문이다(현정환, 2008). 외국 국적 부모 간의 교류는 공통으로 경험하는 문제에 대한 이해 및 해결을 모색할 수 있는 기회를 제공하며, 일본 부모들과의 교류는 일본 문화 및 교육 문화에 대한 이해를 돕는다. 부모교육은 영유아의 하원 시간을 이용하거나 반별 간담회 시간을 활용하거나 가정 방문을 통해 이루어지며, 자녀의 교육기관 정보를 제공하고 있다. 특히 보육방침이나 보육내용이 실린 책자를 일본어 이외에 다양한 언어로 제작하고, 외국어가 가능한 파트 타임 교사를 채용하여 교육 지원을 하고 있다.

3. 다문화 부모교육 계획

지금까지 살펴본 국내외 다문화 부모교육 프로그램은 현장의 요구 조사, 목표 및 내용 선정, 교육 방법 고안, 전문가의 의견 반영, 실행, 평가의 과정을 거쳐 개발되었다. 본 절에서는 부모교육 계획을 위해 부모교육의 목적과 내용, 대상자, 방법, 실행, 평가 과정 등 프로그램 개발과정에 대해 살펴보고 프로그램을 운영할 때 유의할 점을 살펴보고자 한다.

[그림 10-2] 다문화 부모교육 프로그램 개발 흐름도

1) 현장 요구 조사

다문화 부모교육은 다문화 가정 아동의 양육에 필요한 정보를 부모에게 제공하고 다문화 아동 특성과 개별 아동의 특성에 맞는 양육기술 습득과 역할 수행의 변화를 통해 부모 자질과 자아 존중감을 향상하고 자아실현을 돕는 교육이다. 다문화 부모교육 프로그램을 개발하기 위해서는 다문화 부모교육이 지향하는 목적

을 분명히 할 필요가 있다. 먼저는 운영하고자 하는 부모교육 프로그램의 대상과 그 대상이 부모교육에서 필요로 하는 내용 즉 부모의 욕구와 흥미를 조사한다. 개발된 프로그램 효과성보다는 프로그램 개발 과정에서 교육의 대상자인 부모의 요구와 수요를 반영한 실제 프로그램 제공의 중요성이 부각되고 있다(이정주, 이종연, 2014).

이를 위해 교육 대상자인 다문화 부모 및 다문화 부모교육 실무자를 대상으로 한 현장 수요조사가 실시되어야 한다. 심층 면접, 인터뷰, 설문지를 통해 운영할 프로그램의 목적과 내용을 조사한다. 자녀 연령에 따라, 한국에 이주하여 거주한 연도에 따라 부모의 요구 내용은 다르다. 다문화 가정 어머니를 대상으로 한 요구 조사에서는 자녀교육 문제, 부부갈등 해소, 한국문화 이해 등을 필요로 하는 것으로 조사되었지만, 실무자의 요구 조사에서는 한국어 교육, 가족 간 역할 이해, 자녀양육방법, 배우자 나라의 문화 이해, 부부갈등 해소, 정보 공유 및 지지망 형성에 대한 내용이 필요하다고 조사되어 다문화 부모와 다문화 부모교육 담당자의 견해 차이가 있는 것으로 나타났다(황해영, 이영선, 2015).

2) 프로그램의 목표와 내용선정

요구 조사를 바탕으로 다문화 부모교육 프로그램의 목표를 선정한다. 그리고 목표를 달성할 수 있는 프로그램의 내용이 선정된다. 부모의 실생활과 실제 자녀교육과 연관된 내용으로, 실제적이며, 적용 가능한 내용을 포함하여야 한다. 그리고 부모의 지적 능력과 함께 행동, 태도, 인식의 변화를 가져 올 수 있는 다양한 주제를 포함하여야 한다(이미란, 2011).

3) 프로그램 교육방법 고안

개발 중인 프로그램은 교육내용, 부모교육 참여 대상자의 특성, 물리적 교육환경조건(교육기간과 시간, 장소) 등을 고려하여 적절한 교육방법을 선정한다. 가장 많이 진행되는 방법은 집합식 교육으로 강의와 토론을 사용한다. 토론은 자조 모임의 성격을 가지면서 비슷한 양육의 어려움을 가지는 다른 부모와의 상호 작용을 통해 다문화 자녀를 양육하면서 야기되는 문제들에 대해 함께 대처 방법을 발견하며 심리적 지지를 형성하게 한다. 최근에는 시간과 장소에 구애받지 않고 교육을 받을 수 있도록 동영상으로 프로그램을 제작하거나 멘토링, 코칭 등의 일대일 프로그램, 가정 방문, 상담, 안내책자, 홈페이지, 가정 통신문, SNS, 전화 등 다문화 부모가 접근할 수 있도록 다양한 방법으로 교육내용을 전달하고 있다.

4) 전문가 의견 반영

개발하고자 하는 프로그램의 목적과 내용 그리고, 실제 운영 방법에 대해 현장 실무자 및 다문화교육, 부모교육 이론 전문가를 대상으로 자문을 받아 의견을 반영하는 프로그램에 대한 수정 과정을 가진다. 이때 아동발달, 다문화교육, 사회복지 등의 이론을 기반하여 프로그램 내용을 수정한다.

5) 실행

강의, 세미나, 워크숍 등 현장 집합교육으로 프로그램이 운영되는 경우에는 다문화 자녀 돌봄 서비스가 함께 제공되어야 한다. 미취학 전인 아동을 가진 학부모인 경우에는 자녀 돌봄을 제공하여야 부모교육에 참여가 가능하다. 또한 많은 다문화 학부모가 참여할 수 있는 요일, 시간과 장소의 위치 등이 고려되어야 한다. 직장을 가진 부모가 교육에 참여하기 위해서는 퇴근 후 저녁시간이나 주말 등을 활용하여 부모교육이 운영되어야 참여할 수 있다. 1회의 시간이 60~120분 사이로 1회로 끝나기보다는 평균 6~10회 정도로 프로그램이 지속되게 운영하고 있다(황해영, 이영선, 2015). 시간 수가 2시간을 초과하거나 수업 횟수가 20회 이상이 되면 중간에 포기할 수 있는 가능성을 고려하여 단기로 자주 프로그램을 개설하는 것이 좋다. 이는 의사소통이 어려운 이주 여성과 교통이 불편한 지리적 조건, 자녀를 양육하므로 외출이 자유롭지 못한 점을 고려하여 부모교육의 총 수업 횟수와 수업시간을 정할 필요가 있다. 또한 집단 크기는 평균 20명 이하로 상호 도움을 줄 수 있는 자조 모임이 가능한 형태가 적절한 것으로 보고되고 있다(이미옥, 김신향, 2015).

부모교육에 사용하는 교수방법은 목적에 따라 차이가 있는데, 정보제공의 목적일 때는 강연, 집단토의, 관련서적 읽기, 부모자조 모임 형태로 제시되며, 기술습득의 목적일 때는 시범, 연습, 집단 토의 방법을 사용하며, 신념과 통찰력 변화를 목적으로 할 때는 집단토의, 개별·집단 활동, 자기분석 연습, 일기 쓰기와 기록 방법을 사용하며, 문제 해결에 관해서는 멘토링, 집단 자조 모임, 부모 토론, 사전·사후검사실시, 관찰에 대한 피드백을 사용한다(송혜림, 전숙영, 김경은, 2016).

6) 평가

부모교육 프로그램 내용에 대해 부모의 요구를 잘 수용하고 있는지와 다양한 주제에 대해 프로그램을 제공하고 있는지를 평가하게 된다. 자녀의 연령이 다양하기 때문에 생애주기별에 따른 다양한 프로그램을 균형 있게 제공하고 있는지도 평가 내용이 된다.

다문화 부모교육 프로그램의 운영에 대한 평가는 참여한 부모의 만족도 조사, 프로그램의 효과성, 다문화 가정의 실제 적응을 조사한다.

프로그램 만족도는 참여한 부모를 대상으로 설문조사를 통해 부모교육이 목표하는 기술습득, 정보제공, 문제해결능력 향상, 신념체계에 생긴 변화와 성취를 평가한다(송혜림, 전숙영, 김경은, 2016). 부모의 만족도 외에도 부모교육 프로그램의 효과성은 다문화 가정의 실제 적응과 건강증진의 정도에 따라 평가된다.

부모교육의 효과성은 자녀성장과 양육, 학교교육, 진로 등에 대한 전문 지식이나 정보 제공, 부모의 신념과 가치관의 진취적 변화, 부모 역할수행에 필요한 기술 습득, 행동수정이론에 기초한 문제 해결력 습득 능력을 실제적으로 부모가 학습하였는지를 평가하는 것이다. 교육에 참여한 부모를 대상으로 사전·사후 검사를 통해 부모교육의 효과성 결과를 평가한다. 부모교육 프로그램의 사전·사후 검사를 실시한 연구들의 메타 분석 결과는 다른 심리상담, 예술 치료, 사회적 기술보다 부모교육의 효과성이 높은 것으로 나타나고 있다(이미옥, 김신향, 2015).

검사지에 의한 효과성 검증 이외에도 다문화 부모교육을 받은 부모들이 실제 가정, 학교, 사회에서 긍정적 부모 역할을 수행하며 한국 생활에 한국인으로 적응하며 가진 부모 역량 측정을 통해 프로그램의 효과성을 평가할 수 있다. 즉 부모교육에서 다문화 수용, 아버지 역할, 정체성이 증진되어 한국 사회에 구성원으로 적응하는 역량의 향상 정도와 가정의 건강성이 평가 내용이 된다.

7) 유의할 점

지금까지 다문화 부모교육 프로그램 계획, 제작, 운영과 평가과정을 살펴보았다. 전체 프로그램을 계획할 때 유념해야 할 사항은 다음과 같다.

첫째, 다문화에 대한 개방성과 수용적인 태도를 가지는 것이다. 다문화 부모교육이 한국 문화중심의 동화주의의 관점에서 한국식 양육 방식만을 주장하는 태도에서 벗어나서 이주 여성이 가진 고유의 자녀양육의 철학과 가치를 존중하고, 한국에서 자녀가 성장하며 교육받기 위한 정보 및 심리적 지지를 제공하도록 한다. 출신국과 한국 문화를 모두 존중하고 가족들이 다문화에 대한 수용성을 가질 때 외국 출신 부모는 자존감을 가지며 자녀 양육에 대한 효능감이 증진된다

(송혜림, 전숙영, 김경은, 2016).

둘째, 부모교육 대상자의 참석할 수 있는 시간, 장소, 방법을 고려한 프로그램 운영계획이다. 부모교육은 낮은 참여율과 결석률이 문제가 되고 있다. 이주여성의 환경이 부모교육에 관심이 있음에도 불구하고 직장으로, 거리상, 자녀 돌봄 등으로 지속적으로 프로그램에 참여하기가 용이하지 않다. 따라서 이주 여성이 지속적으로 부모교육의 혜택을 받을 수 있도록 집합 교육형태 이외에도 사이버 교육 프로그램, 방문교육 멘토링, 모국어로 된 교육자료 개발 등을 통해 다문화 부모교육에 참여할 수 있는 방법을 다양화할 필요가 있다.

셋째, 일회성 교육의 제한점을 극복하는 것이다. 다문화 부모가 지속적으로 참여하기 어렵기 때문에 교육이 일회성으로 한정되어 실시되는 경우가 있다. 부모교육의 지속적 효과를 얻을 수 있도록 유사한 문제와 고민을 가진 다문화 부모의 자조 모임을 형성하여 교육기간 이외에도 상호 상담할 수 있도록 하거나, 교육기관과 정보를 지속적으로 나눌 수 있도록 SNS를 활용하거나 웹 게시판을 통해 질문이나 문제가 생겼을 때 도움이나 상담을 받을 수 있도록 연결망을 제공할 필요가 있다. 부모 자신의 필요를 충족하는 프로그램에 지속적으로 참여하며, 자신이 속한 집단을 통해 도움을 지속적으로 받을 수 있도록 부모교육이 체계화될 필요가 있다.

4. 요약

다문화 부모교육 프로그램의 대부분은 결혼이주여성인 어머니를 대상으로 운영되고 있는데, 최근에는 한국인 아버지 대상 교육프로그램도 적지만 운영되는 현상은 무척 고무적이다(강기정, 이윤정, 2010).

다문화 부모교육은 자녀의 높은 학업 중단율과 학교생활 부적응 문제를 해결하며, 부모의 정체성, 자신감, 양육 효능감 향상을 가져오며, 우리나라 사회구성원으로 적응하도록 돕는다. 그러므로 다문화 부모교육은 동화적 입장이 아닌 다문화 이해와 존중을 바탕으로 이주한 외국 출신 부모가 자아 정체성을 가지며 한국 문화에 적응하면서 부모로서 양육 효능감을 가져 건강한 가정을 건설할 수 있도록 지원해야 한다. 그리고 다문화 부모가 사회에서, 법적으로, 문화적으로 부딪히는 차별에 대해 심리적으로 이겨낼 수 있는 내적 힘과 실제적으로 차별을 철회할 수 있는 구체적 방법 모색도 내용으로 포함할 필요가 있다.

다문화 부모교육은 다문화 부모가 자녀 교육에 방관자나 소극적 참관인이 아닌 적극적으로 그리고 학교와 동반자적인 입장에서 대등하게 참여하여, 부모 역할을 회복할 수 있도록 지원한다(이명숙, 2011). 그리고 부모가 지역사회와 연계가 되어 사회 속에서 자신감을 가진 구성원으로 사회적 역할을 할 수 있도록 기회를 제공한다(이경아, 김민호, 오성배, 윤창국, 임영희, 김세화, 2012; 임은미, 김종운, 2014).

다문화 부모교육의 내용과 방법은 수요자 중심이어야 한다. 자녀에 대한 실제적으로 필요한 내용과 직업 정보처럼 다문화 부모가 한국 생활 적응에 필요한 내용을 포함하여야 한다. 제공 방법도 부모의 접근성을 높일 수 있는 집합교육, 가정 방문, 웹이나 SNS를 사용한 동영상교육, 모국어로 된 교육자료, 오프라인·온라인 자조 모임, 멘토링, 코칭 등 다양한 방법을 사용하여야 한다.

다문화 부모교육 프로그램은 다문화 부모의 부족한 부분을 보완해주는 보상적 차원이 아닌 다문화 가정이 지닌 강점과 잠재력을 중심으로 역량강화 차원으로 제공되어야 한다. 다문화 부모교육을 통해 다문화 부모는 수동적으로 도움만 받지 않고 멘토, 이중언어 강사, 다문화 코디네이터 등 교육 자원으로서 육성되어 다른 다문화 부모를 지원하거나, 다문화 학생을 돕는 역할을 하여, 자신의 정체성을 가지면서도 자녀의 학교 적응을 돕고, 사회의 구성원으로서 역할을 수행할 수 있는 역량을 가지게 된다(임민정, 2012; Tomonori, 2015).

연구문제

1. 우수한 다문화 부모 교육 프로그램의 특징은 무엇인가?
2. 다문화 부모교육 프로그램을 개발할 때 유의할 점은 무엇인가?
3. 코칭, 멘토링, 다문화 코디네이터 육성 등 다문화 부모교육 프로그램의 최근 추이와 다문화 부모의 역량과는 어떤 관계가 있는가?
4. 현장에서 필요한 다문화 부모 교육 프로그램의 내용과 방법은 무엇인가?

참고문헌

강경애(2010). 유아교사의 신체활동 지도실태와 지도스트레스. 전남대학교 대학원. 석사학위 논문.

강구섭, 김정원, 김지수, 정재훈, 안경식, 김유연, 정서윤, 김윤선, 박성철, 김경민, 한선영, 정아영(2017). 탈북청소년교육지원센터 운영사업 8차년도 결과보고서. TR 2017-43. 서울: 한국교육개발원.

강금화, 황보명(2010). 5세 다문화 가정 아동과 일반가정 아동의 언어 읽기, 음운인식능력에 관한 연구. 언어치료연구, 19(1), 143-158.

강기정(2009). 다문화 모의 부모역량강화를 위한 부모코칭 경험 연구. 한국가족복지학, 14(3), 111-125

강기정(2009). 다문화가족 모(母)의 부모역량강화를 위한 부모코칭 경험 연구. 한국가족복지학, 14(3), 111-125.

강기정, 이윤정(2010). 다문화가족 아버지교육 프로그램 개발과 효과분석. 한국가정관리학회지, 28(4), 89-101.

강지현, 여태철, 김재철, 김지현, 임진영(2013). 다문화 가정 아동과 일반가정 아동의 사회성 비교: 역량과 문제행동을 중심으로 한 잠재평균분석. 교육문화연구, 19(2), 31-62.

강현옥(2013). 영아놀이활동적용 다문화가족 어머니의 부모 역할 증진 프로그램 개발-참여 실행연구 방법의 활용. 청주대학교 대학원 박사학위논문.

강현옥, 황혜원(2014). 다문화가족 어머니와 영아의 애착 및 상호작용 증진을 위한 부모역할 프로그램의 효과성 연구. 한국가족복지학, 4, 433-459.

강혜원, 박지연(2011). 부모역량강화를 위한 양육지원 프로그램이 장애유아 부모의 양육효능감과 부모-유아 상호작용에 미치는 영향. 특수교육저널: 이론과 실천, 12(1), 1-25.

강혜진(2012). 다문화 가정아동의 특수교육 지원에 대한 학부모와 교사의 요구분석. 단국대학교 특수교육대학원 석사학위논문.

경기복지재단(2012). 경기도 다문화장애인가족 복지수요 기초연구.

경인일보(2017. 09. 17). [국제 결혼의 그림자·(하)끝·국적취득 후 깨지는 다문화 가정] 이혼·재산분할 요구 '아내가 변했다'. http://www.kyeongin.com/main/view.php?key=20170909010002652(검색일: 2017년 10월 30일)

곽은복(1991). 어머니의 역할만족도와 유아의 지각된 자기능력과의 관계. 중앙대학교 대학원 석사학위논문.

교육부(1994). 유아의 도덕성 함양을 위한 부모교육 프로그램.

______(2014). 영재교육진흥법.

______(2017). 교육기본통계 보도자료. http://www.moe.go.kr

구정화(2008). 국제이해교육이 초등학생의 세계이해 태도에 미치는 효과-유네스코의 '외국인과 함께 하는 문화교실(CCAP)'활동 적용을 통해. 시민교육연구, 40(2), 31-51.

구효진(2009). 농·어촌 다문화 가정 유아의 언어, 인지, 사회-정서 발달수준과 공격성의 구조모형 분석. 유아특수교육연구, 9(3), 1-21.

국가평생교육진흥원(2017). 다문화학부모를 위한 입학절차안내: 우리 아이 학교 보내기. 서울: 교육부.

권민석, 신재한(2009). 가족 내 사회적 자본이 학생의 창의적 성향에 미치는 영향. 아동교육, 18(2), 49-64.

권회연, 이미숙, 전병운(2010). 다문화 가정 아동의 언어발달에 관한 연구 문헌 분석. 지체중복건강장애연구, 53(4), 283-306.

금명자, 송미경, 이호준, 이지은(2005). 청소년 부모상담. 서울: 한국청소년상담원.

금혜성, 임지혜(2010). 독일, 영국, 한국의 다문화 사회로의 이행과정 국제비교. 다문화 사회연구, 3(2), 33-70.

기채영(2006). 놀이치료에서 부모상담의 치료성과 요인 및 과정에 대한 질적 분석. 한국놀이치료학회지, 9(2), 41-58.

김경은(2013). 다문화 가정 아동이 경험하는 가정, 사회, 문화적 어려움에 대한 아동과 교사의 인식 비교. 연세대학교 교육대학원 석사 학위논문.

김경화(2003). 상호교류분석이론에 기초한 부모교육이 어머니의 심리적 자세, 자아개념 및 유아의 자아개념에 미치는 영향. 중앙대학교 대학원 박사학위논문.

김광수, 정태희(2010). 다문화 가정 어머니가 지각한 성공적인 학교상담에 대한 개념도. 인천대학교 석사학위논문.

김광웅(2009). 놀이치료에서의 부모상담 실태조사 연구. 한국놀이치료학회지, 12(1), 47-63.

김기홍(2012). 한일 다문화 가정 장애자녀의 양육 및 교육에 대한 일본인 어머니들의 인식 및 지원요구. 특수아동교육연구, 14(3), 79-111.

김길숙, 김지현, 이혜민(2016). 부모교육 프로그램 내용분석 및 활용방안. 서울: 육아정책연구소.

김낙흥, 장소정(2012). 영유아기 자녀를 둔 다문화 가정 아버지의 양육태도 및 양육참여, 양육효능감에 관한 연구. 영아교육학논집, 16(4), 121-138.

김남희(2016). 부모지원프로그램이 다문화 가정 어머니의 양육 특성 및 심리적 특성에 미치는 효과. 울산대학교 대학원 석사학위논문.

김동일, 고혜정, 박유정, 최나리(2013). 다양한 문화·언어적 배경을 지닌 장애위험 아동을 위한 교육적 지원 방향 및 교사 역할 탐색: 중재반응(Response to intervention)체제를 중심으로. 특수교육재활과학연구, 52(1), 317-335.

김동일, 이대식, 신종호(2009). 학습장애아동의 이해와 교육. 서울: 학지사.

김명화, 정길순, 노진아(2012). 다문화 가정 언어발달지체 유아의 유아교육·보육기관 전이를 위한 사회적 지원에 관한 연구-다문화 가정 어머니 및 전문가 면담결과를 중심으로-. 유아특수교육연구, 12(1), 1-24.

김미경, 나유미, 이혜정(2016). 부모교육. 경기: 양성원.

김미선(2012). 보육시설을 이용하는 맞벌이 부모의 아동양육 상담요구. 대전대학교 대학원 석사학위논문.

김미숙(2009). 영유아 자녀를 둔 어머니의 양육 스트레스에 관한 비교연구: 내국인과 결혼이민자를 중심으로. 성결대학교 석사학위논문.

김미숙, 김유경, 김안나, 김효진, 성수미(2011). 다문화가족 아동의 사회적응실태 및 아동복지서비스 지원방안 연구. 서울: 한국보건사회연구원.

김민경, 김경은(2009). 다문화 가정 어머니의 사회적 지지, 자아존중감 및 양육태도와 유아의 사회적 능력 간의 관계. 아동학회지, 30(5), 119-134.

김범수(2007). 일본의 다문화공생 지원제도에 관한 연구. 현대의 다문화가족, 31, 86-111.

김수진(2014). 한국 청소년 상담연구의 동향: 국내 학술지 게재논문 중심으로(1993-2013). 한국상담대학원대학교 석사학위논문.

김수희, 최윤정(2014). 부모교육. 경기: 공동체.

김양희, 전세경, 문영소, 이영세, 김예리, 김진희, 장온정, 박정윤 김효민, 안진경, 백선아, 최은주, 미래가족연구회편(2011). 결혼과 가족. 경기: 양서원.

김연수(2008). 다문화가족을 대상으로 한 『탄력적 부모되기 프로그램』 적용 연구. 한국가족복지학, 24(24), 189–222.

김연진, 박수홍, 김효정(2014). 액션러닝 기반 부모교육 프로그램 개발을 위한 결혼이주여성의 실제적 문제 유형 탐색. 교육혁신연구, 24(2), 97–116.

김영란, 김영태(2011). CAI를 활용한 부모훈련이 다문화 가정 어머니의 언어행동과 아동의 표현언어 능력에 미치는 효과. 언어청각장애연구, 16(2), 127–142.

김영희(2015). 다문화 가정 영유아 발달지원 경험에 관한 질적 사례연구. 동신대학교 대학원 박사학위논문.

김은영, 문무경, 김문희, 박수연(2010). 다문화 가정 영유아 지원 효율화 방안 연구(연구보고 2010–04). 서울: 육아정책연구소.

김은정, 정지영, 정세미(2017). 다문화 가정 초등학교 저학년 자녀의 학교생활 적응지원을 위한 부모역량강화 프로그램 개발 및 효과성 연구. 가족과 문화, 29(1), 1–36.

김은하, 전성숙, 변은경(2014). 부모교육 프로그램이 다문화 가정 어머니의 양육 스트레스와 양육효능감에 미치는 효과. Journal of the Korean Data Analysis Society, 16(2), 1031–1043.

김이선, 정해숙, 이정덕(2011). 다민족, 다문화 사회로의 이행을 위한 정책 패러다임 구축(IV): 생산적 다문화 사회 구현을 위한 정책의 질적 도약 기반 구축. 연구보고서, 3. 서울: 한국여성정책연구원.

김이선, 황정미, 문경희, 양혜우, 정승희(2009). 다민족·다문화 사회로의 이행을 위한 정책 패러다임 구축. 3. 이주민의 사회통합을 위한 지역사회 참여 현황과 증진방안. 서울: 한국여성정책연구원.

김재은(1988). 취학 전 자녀교육을 위한 부모교육용 VTR 프로그램 개발 기초 연구. 서울: 한국교육개발원.

김정미, Gerald Mahoney(2013). 영유아 반응성 상호작용 중심 RT 부모교육. 서울: 창지사.

김정원, 남규(2009). 그림책 읽기 프로그램의 적용과정에서 표출된 다문화 가정 이주여성의 반응양상. 어린이문학교육연구, 10(2), 73–103.

김정희, 문혁준(2004). 아동의 사회적 유능성에 관련된 변인 연구. 대한가정학회지, 42(10):

23-38.

김지현, 정지나, 조윤주, 한준아(2014). 부모교육. 경기: 양서원.

김진영, 김정원, 전선옥(2009). 영유아를 위한 부모교육. 서울: 창지사.

김진영, 김정원, 전선옥(2011). 부모교육. 서울: 창지사.

김진호, 차재경(2015). 장애 위험아동에 대한 국내연구 고찰. 정서·행동장애연구, 31(3), 127-151.

김천기, 노상우, 박휴용, 이정애, 임은미(2013). 다문화교육의 이해와 실천. 서울: 교육과학사.

김춘화(2009). 다문화 가정 어머니의 양육 스트레스 및 양육지원 요구에 관한 연구. 숭실대학교 교육대학원 석사학위논문.

김태원, 김유리(2011). 다문화가족정책을 통한 사회통합수준 분석: Castles and Miller의 모형을 중심으로. 인문연구, 62, 323-362.

김현덕(2007). 다문화교육과 국제이해교육의 관계정립을 위한 연구. 국제이해교육, 2, 59-74.

김현미(2012). 어린이집 교사와 부모가 지각한 부모상담에 대한 인식 및 요구도: 어린이집 부모상담. 전북대학교 일반대학원 석사학위논문.

김현옥, 김경호(2011). 아동방임에 영향을 미치는 가족요인에 대한 사회적 자본의 조절효과 연구. 한국영유아보육학, 67, 219-243.

김혜영, 전은주(2010). 중등 다문화 학습자의 국어과 교수-학습 양상 분석. 국어교육학연구, 38, 5-31.

김화수, 이은경(2010). 취학 전 다문화 가정 아동의 언어발달 특성. 특수교육저널: 이론과 실천, 11(3), 209-226.

나영이, 홍용희(2016). 한국 내 베트남 결혼이민여성의 부모 역할에 대한 인식과 실제. 유아교육연구, 36(2), 213-241.

나장함(2010). 다문화주의 패러다임에 대한 종합 분석: 패러다임과 Banks 접근법과의 관계성을 중심으로. 아시아교육연구, 11(3), 21-41.

남부현, 오정아(2013). 베트남 여성결혼이민자의 임신과 출산에 따른 가족관계 경험연구. 한국가족관계학회지, 18(1), 131-154.

남부현, 정천석, 한경님(2010). 다문화 가정 부모교육 프로그램의 개발 방향에 대한 탐색적 연구: 여성결혼이주자 가정을 중심으로. 한국가족자원경영학회 2010년도 추계학술대회 학술발표자료집.

남상아(2011). 다문화 가정 부모의 양육태도가 아동과 초기 청소년의 학교 적응과 자아존중감에 미치는 영향. 한국청소년시설환경학회, 9(1), 3-12.

남정아, 양명숙(2013). 다문화 가정의 모-자 상호작용 향상을 위한 집단미술활동 프로그램 개발. 상담학연구, 14(1), 143-161.

노혁(1991). 전화상담자원봉사자 교육프로그램에 관한 연구. 숭실대학교 대학원 석사학위 논문.

다누리(2017). 교육정보: 부모. https://www.liveinkorea.kr/portal/KOR/board/mded/boardView.do(검색일: 2017년 10월 9일).

레황바오쩜(2012). 베트남 결혼이주 여성이 지각한 부모자녀 관계와 삶의 질: 토착심리학적 연구. 인하대학교 대학원 석사학위논문.

류방란, 오성배(2012). 중도입국 청소년의 교육기회와 적응 실태. 다문화교육연구, 5(1), 29-50.

류진아(2015). '다문화 청소년 진로지도 실태와 과제'에 대한 토론문. 제40차 한국진로교육학회 춘계학술대회 발표집-사회적 배려 대상 청소년의 문제, 진로 교육에게 길을 묻다.

문무경, 조숙인, 김정민(2016). 한국인의 부모됨 인식과 자녀양육관 연구. 서울: 육아정책연구소

민성혜, 김경은, 김리진(2011). 유아기 자녀를 둔 다문화가족 부모자녀 관계 증진을 위한 부모교육 프로그램 개발 및 효과성 연구. 아동학회지, 32(1), 31-49.

박량규, 윤진영(2008). 다문화 가정의 모-자 애착 증진을 위한 집단 치료놀이 프로그램의 개발. 한국아동심리치료학회, 3(2), 61-82.

박미단, 성순옥, 김영희(2013). 다문화 가정 유아와 일반가정 유아의 언어발달 특성 비교. 미래유아교육학회지, 20(2), 83-103.

박민정, 이병인(2010). 다문화 가정 유아의 교육기관 적응과정과 상호작용 행동유형에 관한 근거 이론적 접근. 특수교육학 연구, 45(1), 129-151.

박선옥, 김하림, 최수현(2010). 자녀 교육 능력 향상을 위한 여성결혼이민자 특별 교육 프로그램 설계. 인문학연구, 26, 551-574.

박성환, 최성우(2010). Blended-Learning 기반의 부모교육 프로그램(Parenting Cross-fertilizing Program) 개발을 위한 요구 분석. 평생교육 HRD 연구, 6(2), 21-39.

박성희, 이동렬(2002). 상담과 상담학 3: 상담의 도구. 서울: 학지사.

박소현, 정명심(2012). 다문화 가정 아동의 언어치료에 대한 질적 연구. 언어청각장애연구,

17(1), 47-65.

박수영(2016). 놀이치료 사례연구에 나타난 부모상담 개입에 대한 질적 메타분석. 한국가족복지학, 21(11), 135-158.

박윤경, 이소연(2009). 다문화 가정 학생의 학교생활 실태에 대한 조사연구: 집단 간 차이와 집단 내 다양성. 시민교육연구, 41(1), 41-71.

박자영(2009). 아동상담자가 부모상담에서 경험하는 어려움. 숙명여자대학교 석사학위논문.

박주희, 남지숙(2010). 다문화아동의 언어발달과 심리사회적 적응. 한국청소년연구, 21(2), 129-152.

박주희, 정진경(2010). 국제결혼 이주여성의 문화적응과 정체성. 여성, 12(4), 395-432.

박지연(2012). 장애인 가족지원을 위한 증거기반의 실제. 서울: 학지사.

박진경(2010). 한국의 다문화주의와 다문화정책의 선택적 적용. 한국정책학보, 19(3), 2-3.

박찬옥, 이은경(2013). 다문화 가정 어머니의 부모역량 프로그램 개발에 관한 연구. 유아교육학논집, 17(3), 527-547.

박혜성, 박현숙(2014). 국내 특수교육학술지에 나타난 다문화 관련 연구의 동향. 특수교육저널: 이론과 실천, 15(3), 339-374.

방혜경(2014). 소집단 부모교육에 참여한 베트남 이민자가정 아버지들의 영유아기 자녀양육 어려움 및 변화과정. 성신여자대학원 박사학위논문.

방혜경, 배지희(2014). 소집단 부모교육에 참여한 베트남 이민자가정 아버지들의 영유아기 자녀양육 어려움 및 변화과정. 유아교육연구, 34(4), 251-280.

배소영, 김미배(2010). 초등 저학년 다문화 가정 아동의 읽기와 언어. 언어청각장애연구, 15(2), 146-156.

배지희, 조미영, 봉진영, 김은혜(2011). 유아교육기관에서의 부모교육 및 참여에 대한 부모들의 경험과 기대. 유아교육연구, 31(3), 279-304.

배향원(2014). 다문화가족 자녀의 자아정체성 혼란, 학습부진, 학교생활 부적응에 대한 부모 상호 간 인식 연구. 연세대학교 행정대학원 석사학위논문.

백목원, 권순희(2015). 다문화 가정 어머니와 자녀 간 의사소통 양상 연구. 한국초등국어교육, 57, 45-92.

변수정, 조성호, 이상림, 서희정, 정준호, 이윤석(2014). 동아시아 국가의 다문화가족 현황 및 정책 비교연구. 2014-22-5. 서울: 한국보건사회연구원.

보건복지부(2014). 2014년 장애인 실태조사.

봉귀영, 이소현(2013). 반응적 상호작용 전략 중심의 부모교육 프로그램이 다문화 가정 내 자폐범주성장애 유아의 모와 상호작용에 미치는 영향. 특수교육학연구, 47(4), 113-138.

서문희, 양미선, 조혜주, 정은미(2011). 다문화가족 자녀 양육 및 지원 실태와 요구. 서울: 육아정책연구소.

서미, 조영아, 양대희 문소희, 이은별, 김혜영(2016). 다문화 청소년 또래상담 프로그램 개발-탈북청소년 중심으로. 서울: 한국청소년상담복지개발원.

서은경(2013). 다문화 가정 부부갈등과 자녀 사회적응 관계: 사회적 지지와 자아탄력성. 단국대학교 대학원 박사학위논문.

서울대학교 교육연구소(1995). 교육학용어사전. 서울: 하우동설.

서종남(2009). 전국 결혼이민자 정착 우수사례발표회 및 바람직한 다문화 가정 정책을 위한 워크숍 자료집. 한국지방자치단체국제화재단.

______(2010). 결혼이민자 가정의 문제점과 해결방안 연구. 시민교육연구, 40(1), 103-126

______(2011). 다문화교육의 필요성과 방향. 배움학 연구, 3(2), 23-40.

성연옥(2013). 미국, 캐나다, 호주의 다문화주의 비교 연구. 경영컨설팅 리뷰, 4(2), 23-44.

성용구, 김근이(2014). 결혼이주여성 가정의 부모교육. 학부모연구, 1(1), 89-111.

송미경, 이은경, 신효정(2009). 다문화 가정 어머니의 양육효능감 증진을 위한 집단상담 프로그램 개발. 상담학연구, 10(3), 1627-1643.

송선화, 안효자(2011). 필리핀 결혼이주여성의 자녀 양육경험. 정신간호학회지, 20(20), 167-179.

송혜림, 전숙영, 김경은(2016). 다문화가족 부모교육 프로그램 개발. 서울: 여성가족부.

신순식, 김태선, 신은정(2010). 다문화가족 자녀 양육지원 방안: 영유아·초등학생·중도입국 자녀를 중심으로. 서울: 육아정책연구소.

신지원, 육주원, 김철효, 신예진, 박동혁, 레베카 윌리엄스, 엘사 콜레스. 이민정책 해외 사례 연구: 다문화 정책의 최근 논의를 중심으로. IOM MRTC 2011-08. 경기: 이민정책연구원.

심보경, 김정숙(2012). 여성결혼이민자의 학부모 역량강화를 위한 시기별 한국어교육 및 자녀 학습 지도방안 연구. 어문연구, 71, 57-78.

양미경(2007). 저소득 한 부모 가정의 자립지원 방안에 관한 연구. 한국한부모가정연구소, 2007(1), 108-149.

양심영, 박수경, 김미숙(2013). 다문화 가정 아동의 이중문화특성 및 사회적 자본이 심리적 적응에 미치는 영향. 한국콘텐츠학회논문지, 13(6), 270-282.

양옥경, 김연수(2003). 가족탄력성 증진을 위한 부모 역할 프로그램 개발연구. 사회과학 연구 논총, 11, 11-147.

여성가족부(2010). 다문화 가정 실태조사 보고서. 서울: 여성가족부.

__________(2010). 2010년 조손가족 실태조사. 서울: 여성가족부.

__________(2013). 다문화가족정책과 보도자료. 서울: 여성가족부.

__________(2015). 전국 다문화가족 실태조사. 서울: 여성가족부.

__________(2016). 다문화가족부모교육 프로그램 개발. 서울: 여성가족부.

__________(2017). 한부모가족 지원사업 안내. 서울: 여성가족부.

염지숙(2012). 발달장애아를 둔 결혼이 주여성의 삶: 희망과 가능성의 이야기. 유아교육연구, 32(4), 403 425.

오가영(2011). 다문화 가정 유아의 사회·정서발달 및 모-자 관계를 위한 미술치료 사례 연구: 치료놀이를 적용한 모-자 미술치료를 중심으로. 미술치료연구, 18(3), 509-527.

오경미(2003). 놀이치료사의 공감능력과 내담 아동 어머니의 상담자 평가 및 부모상담 만족도. 숙명여자대학교 대학원 석사학위논문.

오성배(2007). 국제결혼가정의 교육환경과 문제. 교육비평, 22, 86-213.

오연경(2008). 다문화가족 상담을 위한 초등학교 담임 교사의 역할. 한양대학교 교육대학원 석사학위논문.

유미숙, 이영미, 이정화, 정윤경(2003). 놀이치료핸드북. 서울: 양지.

유안진, 김연진(2003). 부모교육의 이론과 실제. 서울: 동문사.

유영주, 김순옥, 김경신(2013). 가족관계학. 경기: 교문사.

유윤영(2011). 부모교육. 서울: 정민사.

윤란(2011). 다문화 가정 어머니의 장애자녀 양육경험에 대한 질적 접근. 강남대학교 교육대학원 석사학위논문.

윤은영(2015). 다문화 가정 아동의 부모-자녀 관계가 문화적응에 미치는 영향: 영적 안녕감과 자아탄력성의 매개효과를 중심으로. 숙명여자대학교 대학원 박사학위논문.

윤인진(2012). 민족교육, 시민교육, 세계시민교육. 민족연구, 50, 4-23.

이경숙(2015). 부모교육 프로그램이 유아기 자녀를 둔 베트남이주여성의 양육태도에 미치는 효과. 다문화교육연구, 8(1), 107-131.

이경숙(2016). 한국 다문화 영재교육 현황과 과제. 2016년 한국영재교육학회 춘계학술대회 자료집.

이경아(2007). 어머니의 역할만족도 및 언어통제유형과 유아의 감정 조절과의 관계. 성균관대학교 교육대학원 석사학위논문.

이경아, 김민호, 오성배, 윤창국, 임영희, 김세화(2012). 다문화 가정 학부모교육 프로그램 개발 연구보고서. TR 2012-9. 서울: 국가평생교육진흥원.

이경화, 임희정(2012). 다문화가족의 한국인 아버지가 경험하는 자녀양육에 관한 이야기. 열린유아교육연구, 17(5), 69-98.

이경희(2010). 다문화가족지원법의 문제점과 개선방향-다문화가족의 정의 및 범위를 중심으로. 법학논고, 32, 509-536.

이명숙(2011). 유아기 자녀를 둔 다문화가족 부모역량강화 프로그램 구안. 한국가족복지학, 16(3), 209-224.

이명순(2009). P.E.T. 부모교육 프로그램이 부모-자녀 간의 의사소통, 부모의 양육태도 및 자녀의 자아존중감에 미치는 효과. 동아대학교 대학원 석사학위논문.

이미란(2011). 경상북도 다문화가족 부모교육 프로그램 개발-유아기자녀 양육을 중심으로. 연구 2011-53. 대구: 대구경북연구원.

이미숙, 노진아, 김연하, 김정민, 김태영, 한민경(2012). 장애아 가족지원: 가족, 전문가, 장애아 협력과 신뢰를 통한 긍정적 성과. 서울: 학지사.

이미옥, 김신향(2015). 결혼이주여성에게 적용한 중재 프로그램의 효과성에 대한 메타분석. 여성건강간호학회지, 21(4), 342-354.

이삼식(2007). 2006년 출산동향 분석과 정책적 함의. 보건복지포럼, 134, 70-86.

이삼식, 최효진, 박성재(2009). 다문화가족의 증가가 인구의 양적질적 수준에 미치는 영향. 서울: 한국보건사회연구원.

이샛별(2012). 다문화 가정 초등학교 저학년 아동의 사회성 향상 집단상담 프로그램 개발. 한국교원대학교 석사학위논문.

이선경(2015). 다문화 가정 부모지원 방향 모색: 부모교육 프로그램과 자료를 중심으로. 글로벌사회복지연구, 5(2), 57-74.

이세나(2012). 다문화 가정 자녀양육을 위한 부모교육 프로그램 개발. 중앙대학교 대학원. 박사학위논문.

이신동, 김진호, 이상희, 이경숙, 이연우, 성영화, 차재경(2016). 다문화 아동교육론. 경기:

양서원.

이신동, 김진호, 이상희, 이경숙, 차재경, 이영(2017). 다문화와 교사교육. 서울: 학지사.

이신동, 이경숙(2015). 외국의 소외계층 학생을 위한 영재교육 프로그램 비교: 미국, 영국, 독일, 호주, 이스라엘 사례중심으로. 영재교육연구, 25(3), 439-463.

이신동, 이정규, 박춘성(2015). 최신영재교육학개론. 서울: 학지사.

이엄지, 이채원(2014). 결혼이주여성의 교육적 관여가 자녀의 학교적응 및 학업성취에 미치는 영향=부모자녀 유대감의 매개효과. 학교사회복지, 29.

이영선, 김금희, 민기연, 박미숙, 박순덕, 방현희, 선곡유화, 이석란, 전경미, 팜티휀짱, 이설희(2015). 이중적 어려움: 다문화 가정 그리고 장애, 특수교육, 14(1), 227-253.

이영숙, 박경란, 전귀연(2008). 가족문제와 복지. 서울: 신정.

이은경(2013). 다문화 가정 어머니의 부모역량강화 프로그램 개발 및 적용. 중앙대학교 박사학위논문.

_____(2015). 다문화 가정 어머니의 부모역량 교육을 통한 변화과정의 의미 탐색. 열린유아교육연구, 20(2), 55-86.

이은하, 견주연(2012). 농촌지역 국제결혼가정 부부의 자녀, 배우자, 자신에 대한 삶의 탐색. 아동학회지, 33(3), 45-62.

이인숙(2011). 다문화 가정 장애아동의 교육실태와 부모의 어려움. 부산대학교 교육대학원 석사학위논문.

이재림, 김지애, 차동혁, 이향희(2013). 부모교육 프로그램의 효과성 메타분석: 국내학술지 연구를 중심으로. 한국가정관리학회, 31(3), 27-47.

이재분, 유경재, 여승수, 김아름(2011). 소외계층 영재학생 사례 발굴 및 지원방안 연구. 서울: 한국교육개발원.

이재분, 김혜원(2009). 다문화가족을 위한 통합적 교육지원방안 탐색 및 프로그램 개발(Ⅰ): 다문화가족 교육지원 실태·요구 분석 및 대응방안 탐색. RR 2009-12. 서울: 한국교육개발원.

이재분, 김혜원, 오성배(2009). 학교에서의 다문화가족 교육지원 실태 및 요구조사.

이재연, 김경희(1998). 부모교육. 서울: 양서원.

이재영, 공태명(2010). 가정, 학교, 지역사회 사회자본과 청소년 일탈행동. 사회과학연구, 17(3), 61-82.

이재화(2011). 다문화 가정 여성의 가족관계 스트레스에 따른 사회적 지지가 생활 만족도에 미치는 영향. 대구한의대학교 대학원 박사학위논문.

이정주, 이종연(2014). 부모교육 프로그램의 연구 동향. 상담학연구, 15(2), 943-967.

이지은, 한미령, 장은진(2010). 다문화 가정 아동의 정신 건강을 위한 집단 미술치료 및 부모교육 병합 프로그램에 관한 예비연구. 한국심리학회지: 건강, 15(4), 854-864.

이필상(2009). 특수교육적 관점에서 바라본 다문화가정 아동. 재활심리연구, 16(3), 189-210.

이혜진(2009). 2009년 다문화교육 정책 방향. 제9회 포럼자료집. 교육과학기술부 교육복지정책과.

인천한누리학교(2017). 알림마당. http://hannuri.icesc.kr/boardCnts/updateCnt.do?boardID=18625&viewBoardID=18625&boardSeq=23821544&lev=0&action=view&searchType=null&statusYN=W&page=5(검색일: 2017년 10월 6일).

임민정(2012). 유아기 자녀를 둔 다문화 부모 관련 국외 연구 동향. 유아교육학논집, 16(1), 501-522.

임은미, 김종운(2014). 다문화 부모교육 프로그램이 국제결혼 이주여성의 자아존중감과 양육태도 및 사회적 유능감에 미치는 효과. 동북아문화연구, 39, 61-82.

임춘희, 정옥분(1997). 논문편: 초혼계모의 재혼가족생활 스트레스와 적응에 대한 경험적 연구. Family and Environment Research, 35(5), 73-102.

장경원, 이종미(2014). 정적 탐구(Appreciative Inquiry)를 활용한 참여형 학부모교육 사례 연구. 한국교육문제연구, 32(4), 55-81.

장명림, 권미경, 김혜진, 공요은(2013). 취약가족의 자녀 양육 지원 방안: 다문화가족을 중심으로. 서울: 육아정책연구소.

장명림, 장혜진, 권미경, 한영숙(2011). 육아지원기관에서의 다문화 가정 영유아 지원 방안. 연구보고 2011-14. 서울: 육아정책연구소.

장성화, 김순자, 윤향숙, 박지현, 황윤미(2011). 상담의 이론과 실제. 경기: 양서원.

장온정(2010). 다문화 가정 자녀의 학교생활적응을 위한 예비학부모 역량강화 프로그램 개발 연구. 한국실과교육학회지, 23(3), 79-99.

장인실(2006). 미국 다문화교육과 교육과정. 교육과정연구, 26(4), 27-53.

장인실, 김경근, 모경환, 민병곤, 박성혁, 박철희, 성상환, 오은순, 이윤성, 정문성, 차경희, 차윤경, 최일선, 함승환, 허창수, 황매향(2012). 다문화교육의 이해와 실천. 서울: 학지사.

장인실, 박영진(2015). 다문화 언어강사의 문화지능과 다문화 교수효능감에 관한 연구. 다문화교육연구, 8(4), 95-115.

장인실, 차경희(2012). 한국 다문화교육의 연구동향분석: Bennett 이론에 근거하여. 한국교육학연구, 18(1), 283-302.

정하성, 우룡(2007). 다문화 가정 청소년의 사회적응실태 및 사회적응 프로그램 개발방안. 한국청소년정책연구원, 54, 9-21.

장현숙(2007). 취업모의 직업만족도, 배우자지지 및 모와 자의 애착 특성이 모역할 만족도에 미치는 영향. 이화여자대학교 교육대학원 석사학위논문.

장혜진, 이정림, 윤은주, 김해인(2013). 영유아 행복을 위한 부모역량 제고 방안 연구. 서울: 육아정책연구소.

전국초등학교신문 가온누리(2017. 8. 31). 초·중·고생 1년 새 17만 명 급감. 다문화학생은 10만 명 돌파. http://gaonnews.com/news/article.html?no=4095(검색일. 2017년 11월 01일).

전우홍(2008). 한국의 다문화교육정책. 다문화 사회연구, 2(2), 125-156.

전혜리(2010). 아동청소년 상담에서의 부모상담 유형과 효과에 대한 질적 연구. 청소년시설환경, 8(4), 3-20.

전혜영, 이미숙(2014). 다문화 가정 중도·중복장애학생의 교육과 지원에 대한 질적 사례 연구. 특수교육학연구, 49(1), 105-128.

정계숙(2011). 다문화 가정의 사회적 문제를 가진 유아 모자의 상호작용 지원 프로그램 효과 연구: 치료놀이 중심 기관 및 가정 중재를 중심으로. 유아교육연구, 31(3), 55-81.

정미실(1996). 아동, 부모, 조부모 특성에 따른 아동의 노인에 대한 인식. 숙명여자대학교 대학원석사학위논문.

정민영(2009). 다문화 가정 유아의 교육기관 적응에 영향을 미치는 생태학적 변인 연구. 경북대학교 대학원위원회 이학 박사학위논문.

정수경(2011). 영유아기 자녀를 둔 다문화 가정 아버지와 어머니의 양육 스트레스. 경북대학교 과학기술대학원 석사학위논문.

정숙자(2014). 모의 양육태도 유형이 유아 공격성에 미치는 영향. 성결대학교 일반대학원 석사학위논문.

정해숙, 김이선, 이택면, 마경희, 최윤정, 박건표, 동제연, 황정미, 이은아(2016). 2015년 전국 다문화가족 실태조사 분석. 연구보고 2016-03. 서울: 한국여성정책연구원.

정현주(2012). 적극적 부모 역할 훈련이 어머니의 의사소통기술과 양육태도, 자아존중감에 미치는 영향. 순천대학교 교육대학원 석사학위논문.

정효진(2013). 어린이집 학부모상담내용 분석. 중앙대학교 대학원 석사학위논문.

조미영, 배지희(2011). 다문화 가정 어머니들의 영유아기 자녀양육 지원을 위한 멘토링 과정 탐색. 유아교육연구, 31(6), 427-453.

조석희(2005). 소외계층 영재의 발굴 및 교육방안: 소외계층 영재의 가정 및 개인특성 분석. 서울: 한국교육개발원.

조선희(2000). 상담심리의 모노그래프 상담의 이해. 서울: 홍익출판사.

조영달(2006). 다문화 가정 교육지원을 위한 자료 개발 연구. 서울: 교육인적자원부.

조원탁, 박순희, 서선희, 안효자, 송기범, 이형하, 한신애(2014). 다문화 사회의 이해와 실천. 서울: 양서원.

조유리, 강현아(2011). 아동빈곤이 가정 내 사회적 자본과 문화적 자본을 통해 학교적응에 미치는 영향. 아동과 권리, 15(3), 369-390.

조은경, 이남옥, 이지은, 박주은(2014). 부모상담. 서울: 한국청소년상담복지개발원.

조일현(2011). MBTI를 적용한 부모교육 프로그램이 다문화 가정 어머니의 자아존중감과 양육태도에 미치는 효과. 동서정신과학, 14(1), 73-90.

조진형(2009). '행복한 어머니 되기' 훈련 프로그램 개발 및 효과. 전북대학교 대학원 박사학위논문.

조추용, 오정옥, 한성심, 이채식(2003). 가족복지론. 서울: 창지사.

조흥식(1998). 가족복지학. 서울: 학지사.

주선영, 김광웅(2005). 놀이치료에서의 부모상담 현황 및 부모상담에 대한 상담자, 부모의 인식 연구. 놀이치료연구, 8(1) 49-60.

주성희(2013). 다문화 가정 어머니의 삶과 장애자녀 양육경험에 대한 내러티브 탐구. 창원대학교 대학원 석사학위논문.

주소영(2017). 그래픽 조직자를 활용한 PBL 프로그램이 영재의 비판적·창의적 사고력과 성향에 미치는 효과. 순천향대학교 대학원 박사학위논문.

주화순(2009). 유치원교사의 상담활동에 대한 학부모의 기대와 만족도. 공주대학교 교육대학원 석사학위논문.

중앙다문화교육센터(2014a). 다문화교육 중점학교 워크숍 및 성과보고회 자료집. 서울: 국가평생교육진흥원.

중앙다문화교육센터(2014b). 다문화학생 예비학교 운영 가이드라인. PM2014-20. 서울:

국가평생교육진흥원.

중앙다문화교육센터(2017). 주요정책: 네트워크. http://www.nime.or.kr/business/relativeorg(검색일: 2017년 10월 12일).

중앙다문화교육포털(2017). 다문화 부모를 위한 한국 교육제도와 진학정보 영상 콘텐츠. http://www.nime.or.kr/search/mmsVideo(접속일: 2017년 9월 1일).

최경순(1997). 새 시대의 가정교육을 위한 탐색적 연구: 조부모의 교육적 기능. 서울: 한국정신문화연구원.

최서윤(2012). 부모상담을 병행한 사회적 기술 훈련이 사회적 기술 및 자기 효능감에 미치는 영향. 한국놀이치료학회지, 15(3), 349-375.

최영미(2014). 독일 이주민 2세(자녀) 사회통합에 관한 연구: 이주민 부모교육을 중심으로. IOM 이민 정책연구원. 워킹페이퍼 시리즈, 2014-13. file:///C:/Users/PC/Downloads/IOM+MRTC+WP+2014-13.pdf(검색일: 2017년 9월 25일).

최영미(2015). 독일 이주민 자녀 사회 통합에 관한 연구: 이주민 부모교육의 역할을 중심으로. 다문화 사회연구, 8(1), 171-199.

최윤경, 양미선, 도남희, 박혜원, 이진숙, 정윤경, 이보람(2011). 다문화가족 영유아의 발달 실태 및 맞춤형 지원 방안. 육아정책연구소.

최정혜(2011). 국제결혼이주여성의 스트레스와 가족건강성 연구. 한국가족복지학, 16(4), 29-46.

최정혜(2017). 유아기 자녀를 둔 다문화 가정 부부의 부모 역할 및 부모교육 경험에 관한 연구. 코칭연구, 10(1), 45-65.

최정혜, 김명주(2016). 다문화 가정 일본인아내의 임신과 출산에 따른 가족관계 경험 연구. 비교일본학, 37, 65-86.

최진영, 김윤신, 이동은(2012). 한국 다문화 가정에서 나타나는 가족 담화의 특성과 패턴. 이중언어학, 48, 309-342.

최형성(2010). 동남아 출신 여성결혼이민자를 위한 부모훈련 프로그램 개발: 필리핀 출신 여성결혼이민자를 중심으로, 1. 대한가정학회, 48(4), 57-60.

추성경(2013). 영재부모의 역량강화를 위한 액션러닝 적용방안. 영재교육연구. 영재교육연구, 23(6), 899-917.

탄티튀히엔(2006). 국제결혼 베트남 이주여성의 현실과 적응: 메콩델타지역 농촌 여성의 사례를 중심으로. 한국학중앙연구원 한국학대학원 석사학위논문.
통계청(2015). 가족 실태조사. 대전: 통계청.
______(2016). 2015년 다문화인구동태통계. 대전: 통계청.
______(2016). 시도별 외국인주민 현황. http://kostat.go.kr/wnsearch/search.jsp(검색일: 2017년 9월 28일). 대전: 통계청.
______(2016). 다문화 인구동태 통계. 대전: 통계청.
한경님(2012). 다문화 가정 어머니들의 자녀양육을 위한 부모교육에 대한 요구. 한국 영유아보육학, 73(73), 171-190.
______(2013). 다문화 가정 유아기 부모 역할 프로그램 개발. 한국아동복지학, 43, 125-155.
______(2013). 다문화 가정을 위한 역량 있는 부모되기 프로그램 개발과 그 효과에 관한 연구. 한국사회복지교육, 24, 127-160.
______(2014). 부모 역할 프로그램이 유아기 자녀를 둔 다문화 가정 부모의 양육효능감, 역할만족감 및 양육행동에 미치는 효과성에 관한 연구. 한국영유아보육학, 89, 287-325.
한국교육개발원(2015). 교육통계분석자료집. 유·초·중등 교육통계편. 서울: 한국교육개발원.
____________(2017a). 영재교육종합데이터베이스(GED, https://ged.kedi.re.kr, 검색일: 2017년 10월 30일.
____________(2017b). 교육통계서비스: 연도별 추이-유·초등학생 수. http://kess.ke di.re.kr /index(검색일: 2017년 10월 12일).
____________(2017c). 탈북청소년 교육현황. https://www.hub4u.or.kr/hub/main
한국다문화교육연구학회(2014). 다문화교육 용어사전. 서울: 교육과학사.
____________________(1997). 부모교육학. 서울: 교육과학사.
한국유아교육학회(1997). 유아교육사전. 서울: 한국사전연구사.
한국청소년상담원(2008). 다문화 가정 부모를 위한 집단상담 프로그램 개발. 서울: 한국청소년상담원.
함보현, 김수경(2017). 다문화와 일반 가정의 어머니의 양육태도 및 아동의 감각처리능력 비교. 대한감각통합치료학회지, 8(1), 14-26.
현정환(2008). 보육시설이용 다문화 부모의 보육에 대한 기대 및 문제의식에 관한 연구. 한국보육학회지, 8(4), 31-47.
______(2008). 일본의 보육소·유치원의 다문화 가정 부모에 대한 지원 및 문제 대응 방식에

관한 연구: 교사와의 인터뷰를 통해서. 한국일본교육학연구, 17(1), 1-18.

______(2012). 일본의 보육소·유치원의 다문화 부모에 대한 지원 및 문제 대응방식에 관한 연구: 교사와의 인터뷰를 통해서. 한국일본교육학연구, 17(1), 1-18.

홍길회, 이혜란, 왕영희, 정미자(2016) 부모교육. 서울: 창지사.

홍종열(2012). 유럽의 다문화정책에 나타난 상호문화주의 고찰. 철학과문화, 25, 273-288.

황상심(2008). 농촌지역 다문화 가정 아동들의 언어특성 연구. 대구대학교 대학원 박사학위논문.

황해영, 이영선(2015). 다문화 가정 부모를 위한 부모교육 프로그램의 동향연구: 최근 10년간 국내 연구를 중심으로. 교육문화연구, 21(6), 287-320.

황현주(2003). 유치원 개인면담의 현황 및 교사와 부모의 요구. 이화여자대학교 대학원 석사학위논문.

Banks, J. A.(2008). *An introduction to multicultural education*(4th ed.). MA: Pearson Education. 모경환, 최충옥, 김명정, 임정수(공역). 다문화교육 입문. 서울: 아카데미 프레스.

Banks, J. A. & Banks, C. A. M.(2010). *Multicultural education: Issues and perspectives*(7th ed.). MA: Allyn & Bacon.

Baumrind, D.(1972). Socialization and instrument competence in young children. In W. W. Hartup(ed.), *The young child: Reviews of research*(Vol. 2). Washington, DC: Natkonal Association for the Education of Young Children.

Bennett, C.(2001). Genres of research in multicultural education. *Review of Educational Research, 71*(2), 171-217.

__________.(2007). *Comprehensive multicultural education: Theory and practice*. 김옥순, 김진호, 신인순, 안선영, 이경화, 이채식, 전성민, 조아미, 최상호, 최순종 공역(2009). 다문화교육 이론과 실제. 서울: 학지사.

Berger, E. H.(1999). *Parents as partner in education: The school and home working together*(2nd ed.) Ohio: Merrill Publishing Company.

Burks, H. M. & Stefflere, B. T.(1979). *Theories of counseling*. NY: McGraw-Hill.

Cartledge, G., Gardner, R., & Ford, D. Y.(2012). *Diverse learners with exceptionalities:*

Culturally responsive teaching in the inclusive classroom. 김동일 역. *다문화특수교육: 다문화 사회의 장애·영재학생의 통합교육*. 서울: 학지사.

Cataldo, C. Z.(1987). *Parent education for early childhood*. NY: Teachers College Press, Columbia University.

Chavkin, N. F.(1993). *Families and schools in a pluralistic society*. NY: Suny Press.

Clingempeel, W. G., Brand, E., & Segal(1987). A multilevle-multivariable-developmental perspective for future research on step families. In K. Pasley & M. Ihinger-Tallman (ed.), *Remarriage and stepparenting today: Current research and theory*. NY: Gillfored.

Coelho, Elizabeth.(1998). *Teaching and learning in multicultural schools*. Philadelphia: Multilingual Matters.

Dinkmeyer, D. C. & McKay, G. D.(1976). *Systemic training for effective parenting(STEP)*. Minnesota: American Guidance Service.

Duvall, E. A.(1977). *Marriage and family development*. NY: Lippincott Company.

Elias, B., Mignone, J., Hall, M., Hong, S. P., Hart, L., & Sareen, J.(2012). Trauma and Suicide behavior histories among a Canadian indigenous population: An empirical exploration of the potential role of Canadian's residential school system. *Social Science & Medicine, 74*, 1560−1569.

Elkind, D.(1999). *Grandparenting: Understanding today's children*. NJ: PrenticeHall.

Ennab, F.(2017). Being involved in uninvolved context: Refugee parent involvement children's education. Canadian Centre for Policy Alternatives, MANITOBA. https://www.policyalternatives.ca/sites/default/files/uploads/publications/Manitoba%20 Office/2017/04/Refugee_parent_involvement.pdf(검색일: 2017년 9월 25일).

Epstein, J. L.(1991). Effects on student achievement of teacher's practices of parent involvement. In S. B. Silvern(Ed.), Advances in reading/language research: Vol. 5. *Literacy through family, community, and school interaction*(pp. 261−276). CT: Jai press.

Felder, M. T., Taradash, G. D., Antoine, E., Ricci, M. C., Stemple, M., & Byamugisha, M.(2015). *Diversity in gifted education*. TX: PRUFROCK.

Fine, M. J(1980). Parent education movement: An introduction. In M. J. Fine(Ed.). *Handbook on parent education* (pp. 3-26). NY: Academic press.

Ford, D. Y.(1996). The underrepresentation of minority students in gifted education problems and promises in recruitment and retention. *The Journal of Special Education, 32*(1), 4–14.

Galinsky, E.(1987). *The six stages of parenthod.* 김세희 외 역(1992). 자녀와 더불어 성장하는 부모 : 부모기의 6단계. 서울: 양서원.

Ginott, H. G.(1965). *Between parent and child.* 신홍민 역(2003). 부모와 아이 사이. 서울: 양철북.

Good, C. V.(Ed.).(1945). *Dictionary of education.* New York: McGraw-Hill.

Gordon, T.(1970). *Parent effectiveness training.* New York: Wyden books.

_________(2016). *P.E.T/ Parent effectiveness training.* New York: Wyden Inc.

Gordon, I. J.(2013). Reaching the young child through parent education. *Childhood Education, 46*(5), 247–249. doi.org/10.1080/00094056.1970.10727176

Hallahan, D. P., Lioyd, J. W., Kauffman, J. M., Weiss, M. P., & Martin, E, A.(2007).

Harradine, C. C., Coleman, M. R. B., & Winn, D. C.(2014). Recognizing academic potential in students of color: Findings of U-STARS-PLUS. *Gifted Child Quarterly, 58*(1), 1-11.

Hart, J. E.(2009). Strategies for culturally and linguistically diverse students with special needs. *Preventing School Failure, 53*(3), 197- 208.

Heward, W. L., Alber–Morgan, S. R., Konrad, M.(2017). *Exceptional children: An introduction to special education*(11th ed.) 김진호, 박재국, 방명애, 유은정, 윤치연, 이효신, 한경근 공역(2017). 최신 특수교육(제10판). 서울: 시그마프레스.

Hoff, E. & Naigles, L.(2002). How children use input to acquire a Lexicon. *Child Development, 73*(2), 418–433.

Howe, W. A. & Lisi, P. L.(2017). *Becoming a multicultural educator: Developing awareness, gaining skills, and taking action.* Los Angeles: SAGE.

Incredible Years Parenting Programs(2013). Parenting Program Overview. Retrieved Sept. 15, 2017 from http://www.incredibleyears.com/programs/parent/

Johnson, C.(1996). Multicultural policy as social activism: Redefining who "counts" in multicultural education. *Race, Ethnicity, and Education, 6*(2), 107-121.

Kim, S. G., Kim, U. K., Cho, Y. J., Kim, H. R., Lee, H. K., Seol, D. H., et al.(2010). 2009 National multicultural families survey. Seoul: Ministry of Health & Welfare, Ministry of Justice, Gender Equality & Family, Health and Social Affairs Korea.

Kim, Y. S.(2008). Study on the effectiveness and adaptability of the resilient parenting program to multicultural families survey. Seoul: Ministry of Justice, Gender Equality & Family, Health and Social Affairs Korea.

Kirmayer, L., Simpson, C., & Cargo, M.(2003). Healing traditions: Culture, community and mental health promotion with Canadian aboriginal peoples. *Australasian Psychiatry, 11*(1), 15–23.

Kymlicka, W.(1995). Multicultural citizenship: A liberal theory of minority rights. 장동진, 황민혁, 송경호, 변영환 공역(2010). 다문화주의 시민권. 서울: 동명사.

Landreth, G. L.(2002). Play therapy: The art of relationship. Bristol: PA.

May, S.(2009). Critical multiculturalism and education. In J. A. Banks(ed.). *The Routledge international companion to multicultural education*(pp. 33–48). NY: Routledge.

Miedel, W. T. & Reynolds, A. J.(1999). Parent involvement in early intervention for disadvantaged children: Does it matter? Chicago Longitudinal study. *Journal of School Psychology, 37*(4), 379–402.

Milner, H. R. & Ford, D. Y.(2007). Cultural considerations in the underrepresentaton of culturally elementary students in gifted educaion. *Roeper Review, 29*(3), 166–173.

Morrison, G. S.(1978). *Parent involvement in the home, school, and community*. Ohio: Charles. E. Merrill.

O'Connor, K.(1991). *The play therapy primer. An Integration of the ories and techniques*. NY: John Wiley & Sons.

Osipow, S. H., Walsh, W. B., & Tosi, D. J.(1980). *A survey of counseling methods*. Ill.: Dorsey.

Pacer Center(2017). Working with culturally diverse families. Retrieved from http://www.pacer.org/cultural-diversity/resources-for-parents.asp(검색일: 2017년 9월 15일).

Park, Y. A.(2010). Investigation of immigrant mothers' parental experiences and teachers' child-care experiences. *Korean Journal of Early Childhood Education, 30*(1), 197–223.

Pasic, N.(2014). From refugee camps to American public schools: Understanding arental involvement of African refugee parents. Thesis(MACL)–Westminster College.

Poon-McBrayer, K. F.(2014). A call for multicultural special education in Hong Kong: Insight from a case study. *Procedia-Social and Behavioral Sciences, 116*, 409–414.

Popkin, M.(1983). *Active parenting handbook*. GA: Active Parenting.

Ra, D. S., & Park, J. I.(2009). Marital satisfaction and social supports of the female marriage immigrant influencing on the parenting behavior. *Family and Culture, 21*(4), 1–20.

Rogers, C.(1952). Client-centered psychotherapy. NY: Scientific American.

Short, K. H. & Johnston, C.(1994). Ethnocultural parent education in Canada: Current status and direction. *Canadian Journal of Community Mental Heal, 13*(1), 43–54.

Sleeter, C. E. & Grant, C. A.(1987). An analysis of multicultural education in the United States. *Harvard Educational Review, 57*, 421–444.

Smilansky, M. & Smilansky, S.(1967). Intellectual advancement of culturally disadvantaged children: An Israel approach for research and action. *International Review of Education, 13*(4), 410–431.

Song, M. K., Jee, S. H., Cho, E. K., & Lim, Y. S.(2008). A study on the parental experience of a foreign mother in a multicultural family. *The Korean Journal of Counseling and Psychotherapy, 20*, 497–517.

Stow, C. & Dodd, B.(2003). Providing an equitable service to bilingual children in the UK: A review. *International Journal of Language and Communication Disorders, 38*, 351–377.

Tamis-LeMonda, C. S., Shannon, J. D., Cabrera, N., & Lamb, M. E.(2004). Fathers and mothers at play with their 2-and 3-year-olds: Contributions to language and cognitive development. *Child Development, 75*, 1806–1820.

Tomonori, I.(2015). How to empower economically disadvantaged children of multicultural families: Case study of Japan disaster area. 2017 SECI International Symposium Resource book, 29-42. Webster–Stratton, C., Reid, M. J., & Hammond, M., Preventing conduct problems, promoting social competence: A parent and teacher training partnership in Head Start. *Journal of Clinical Child Psychology, 30*(3), 283-302.

Tyler, L. E.(1961). *The work of the counselor*. NY: Appleton-Century-Crofts.

Vygotsky, L. S.(1968). From unpublished materials. Vygotsky's presentations on a paper by A. R. Luria on December 5 and 9, 1933. Leont'ev(ed.), *Psichologiya Grammatiki, Moscow*.

University Press.

Weizman, Z. O. & Snow, C. E.(2001). Sexical input as related to children's vocabulary acquisition: Effect of cophistication exposure and support for meaning. *Development Psychology, 37,* 265–279.

Wikipedia(2017). Triple P. https://en.wikipedia.org/wiki/Triple_P_(parenting_program).(검색일: 2017년 10월 6일).

Zhang, C. & Bennett, T.(2003). Facilitating the meaningful participation of culturally and linguistically diverse families in the IFSP and IEP process. *Focus on Autism and Other Developmental Disabilities, 18*(1), 51–59.

渋谷恵(2006). 序章 乳幼児をとりまく多文化的状況. 山田千明編. 多文化に生きる子どもたち. 明石書店. 11−31.

저자소개

이신동(Lee, Shindong)
고려대학교 교육학박사(Ph.D., 교육심리학)
Standford 대학교 post-doc.
Purdue 대학교 GERI 연구교수
한국영재교육학회장
현) 순천향대학교 특수교육과 교수

김진호(Kim, Jinho)
Venderbilt 대학교 교육학박사(Ph.D., 특수교육학)
한국특수교육학회 · 한국지적장애교육학회 이사 및 편집위원
현) 순천향대학교 특수교육과 교수

이상희(Lee, Sanghee)
츠쿠바대학교 교육학박사(Ph.D., 청각 · 언어장애)
순천향대학교 입학처 입학사정관 실장
츠쿠바대학교 장애교육 상담실 상담원
현) 순천향대학교 특수교육과 교수

이경숙(Lee, Kyungsook)
Texas A&M 대학교 철학박사(Ph.D., 영재교육)
한국교육개발원 부연구위원
현) 순천향대학교 특수아동교육연구소 연구교수

차재경(Cha, Jaekyoung)
순천향대학교 교육학박사(Ph.D., 특수교육학)
순천향대학교 교육대학원 외래교수
현) 순천향대학교 특수아동교육연구소 연구교수

황은진(Hwang, Eunjin)
Southern Illinois 주립대학교 교육학박사(Ph.D., 유아교육 · 교육과정)
한동대학교 한동교육개발원 객원교수(전임)
현) 순천향대학교 특수아동교육연구소 연구교수

주소영(Joo, Soyoung)
순천향대학교 교육학박사(Ph.D., 영재교육 · 교육심리)
현) 순천향대학교 특수아동교육연구소 연구교수

이 저서는 2016년 정부(교육부)의 재원으로 한국연구재단의
지원을 받아 수행된 연구임. (NRF-2014S1A5B8063441)

다문화 가정과 부모교육

초판 1쇄 인쇄 2017년 11월 20일
초판 1쇄 발행 2017년 11월 30일

지 은 이 | 이신동 김진호 이상희 이경숙 차재경 황은진 주소영
펴 낸 이 | 김기섭
책임편집 | 이윤미
펴 낸 곳 | 창지사 www.changjisa.com
08589 서울시 금천구 가산디지털 1로 83 파트너스타워 1차 9층
전화(02) 719-2211~3
팩스(02) 701-9386
등 록 | 1977년 4월 28일·제1-421호

© 이신동 2017
- 이 책 내용의 전부 또는 일부를 재사용하려면
  반드시 저작권자와 창지사 양측의 동의를 받아야 합니다.
- 저자와 협의하여 인지는 생략합니다.

ISBN 978-89-426-0981-9 (93370)

값 17,000원

「이 도서의 국립중앙도서관 출판예정도서목록(CIP)은 서지정보유통지원시스템 홈페이지 (http://seoji.nl.go.kr)와 국가자료공동목록시스템(http://www.nl.go.kr/kolisnet)에서 이용하실 수 있습니다.(CIP제어번호: CIP2017035002)」